21世纪高职高专财经类规划教

21SHIJI GAOZHIGAOZHUAN CAIJINGLEI GUIHUA JIAOCA

黑龙江省职业教育学会2012年
黑龙江省职业教育优秀科研成果奖三等奖

财务报告编制与分析（第2版）

Caiwu baogao bianzhi yu fenxi

赵威 ◎ 主编

鞠永红 闫晓波 孙中文 ◎ 副主编

王忠孝 ◎ 主审

21SHIJI GAOZHIGAOZHUAN CAIJINGLEI GUIHUA JIAOCAI

人民邮电出版社

北京

图书在版编目（CIP）数据

财务报告编制与分析 / 赵威主编. -- 2版. -- 北京：
人民邮电出版社，2015.2（2017.8重印）
21世纪高职高专财经类规划教材
ISBN 978-7-115-37583-4

Ⅰ. ①财… Ⅱ. ①赵… Ⅲ. ①会计报表－编制－高等职业教育－教材②会计报表－会计分析－高等职业教育－教材 Ⅳ. ①F231.5

中国版本图书馆CIP数据核字(2015)第010811号

内容提要

本书大量采用企业真实数据资料，增强了内容的实务性；通过“即学即练”“学中做”“课堂讨论”的反复练习，提高了课堂教学效果；利用链接及二维码打通了网络拓展学习通道，方便读者学习。

全书共10章，主要内容包括财务报告编制与分析的理论基础与方法，企业资产负债表、利润表、现金流量表和所有者权益变动表的编制与分析，企业偿债能力、获利能力、营运能力分析及企业财务报告综合分析与评价。

本书提供电子课件、教学大纲、模拟试卷及各类答案等，索取方式参见“配套资料索取说明”。

本书既可作为会计、证券投资、工商管理等专业的教材，也可作为公司管理人员、财务人员、会计人员的自学参考书。

◆ 主　　编　赵　威
　副 主 编　鞠永红　闫晓波　孙中文
　主　　审　王忠孝
　责任编辑　万国清
　责任印制　杨林杰

◆ 人民邮电出版社出版发行　　北京市丰台区成寿寺路11号
　邮编　100164　　电子邮件　315@ptpress.com.cn
　网址　http://www.ptpress.com.cn
　三河市海波印务有限公司印刷

◆ 开本：787×1092　1/16
　印张：16.25　　　　2015年2月第2版
　字数：413千字　　　2017年8月河北第2次印刷

定价：39.80元

读者服务热线：(010)81055256　印装质量热线：(010)81055316
反盗版热线：(010)81055315
广告经营许可证：京东工商广登字20170147号

序

高等职业教育教学是围绕专业建设展开的，其核心和落脚点是课程建设。近年来课程改革创新不断加快，基于工作过程进行课程开发的改革思路得到广泛应用和推广，一大批校企合作开发的工学结合教材面世。不可否认，这些教材对于推动高等职业教育改革和教学实践产生了很大推动作用。但是也带来一个问题，即什么样的教材是好教材，以及什么样的教材是好的高等职业教育教材?

好教材一定是能够更好地实现教育目标，更好地培养人才的教材。好的高等职业教育的教材应该是更好地培养技术技能型人才的教材。围绕这一核心编辑的教材，无论是项目化教材，还是学习情境式教材，只要能够更好地实现培养目标就是好教材。所以，无须拘泥于某一特定格式，依据专业特点，制订适合的教材编写体例，既有利于学生更好地学习，也有利于教师更好的开展教学，这样的教材才是好教材。

高等职业教育有其自身的规律和特点，注重职业性、实践性和开放性，强调对学生实践动手能力的培养，为了突出这一目标要求，作为教学重要载体的教材的开发路径至少要包括三个方面：首先，校企合作，联合开发教材。专业对接产业，课程对接岗位，只有了解企业需求，明确岗位要求，才可能开发出符合行业需要的教材；其次，要明确业务流程，提炼工作任务。工作任务是转化为学习任务的基础，也是形成教材具体内容的前提；最后要工学结合，尊重教育规律。明确实际岗位需要后，在转化为学习任务过程中，要遵循教育规律，这是把工作任务转化为学习任务的目的。

黑龙江职业学院赵威老师主编的《财务报告编制与分析》紧紧抓住培养学生财务分析能力的关键，与行业企业共同对教材编写和应用进行研究，反复讨论，创新教材体例，编写质量较高。突出表现在以下几方面。

1. 突出职业技能培养，切合行业企业需求。

财务报告编制能力和分析能力是财务会计类专业学生必备的技能，是学生就业和从业的根本，本书从财务工作的实践入手，突出培养学生的财务报告编制与分析能力，教学内容把职业技能和专业知识有机结合，引导学生进行有效学习。

2. 突破传统教材体例，激发学生学习动因。

认真对财务报告编制工作进行任务分解，并总结归纳学习任务，每部分内容以“引例导读”引入，激发学生学习欲望。教材中设计“知识导航”、“推荐阅读”栏目，开拓学生视野，设计“课堂讨论”激发学生学习兴趣。以案例的形式辅助学生学习，理论知识紧紧围绕实践技能展开，做到了理实一体化。

3. 突显教材内涵创新，注重教学资源建设。

传统概念里教材是教师用来教学的课本，本书没有拘泥于此，突破了传统教材的概念，从教材是一切用于教学的材料入手，积极建设课件、教学大纲、习题答案、试卷样本等教学资源，方便学生学习，也利于教师授课。

教材对学习任务的分解与目前流行的微课的教学形式有效衔接，每个学习任务都可以成为一个微课的有效载体。教材在突出培养学生实践动手能力的同时，兼顾学生可持续发展能力的培养，理论知识有一定的系统性，为学生走上工作岗位的后续发展奠定了基础。本书是全体作者的心血和智慧结晶，本书的再版，相信会为高职财务会计类专业人才培养提供一个新的选择，做出一份新的贡献。

王忠孝
浙江金融职业学院

第2版前言

《财务报告编制与分析》第1版自2011年出版以来，得到了广大读者的厚爱。为了使本书更加密切联系实际，内容不断趋于完善，更适合教学和初学者使用，在第1版教材的基础上，对本书进行了全面、细致的修订。

在修订的过程中，我们广泛听取了会计行业专家和一线教师的意见、建议，保持了第1版的优势和特点，更正了第1版的错误，同时对有关内容进行了修改与完善，新增了部分辅助教学内容。修订的内容主要包括以下几点。

第一，更新了推荐阅读的内容，介绍了新近时期企业财务分析相关资料。

第二，扩充了“即学即练”的资料，使得课堂授课的例题资料更加完整。

第三，新增了“学中做”的内容，让读者在学习的过程中更好地把握知识点和技能点。

第四，补充了部分知识点的文字讲述内容，如增加了现金流量表的简化编制方法和报表主要项目的阅读方法等。

第五，修订了课后习题内容。

第六，利用链接及二维码打通了本书与网络世界的学习通道；完善了原书配套教学、学习资料。

此外，在本版修订的过程中引入了行业、企业会计人员参加编写，尽可能采用企业真实数据资料，使内容实务性更强，力争打造与实际工作岗位零距离的毕业生。

本次修订由黑龙江职业学院赵威担任本书主编，负责全书写作和大纲的调整，并对全书进行了总纂；浙江金融职业学院王忠孝担任主审，对全书内容进行了审阅；黑龙江职业学院鞠永红、闫晓波、黑龙江省省直住房资金管理中心孙中文担任副主编；中国邮政储蓄银行股份有限公司黑龙江省分行直属支行高大群、黑龙江职业学院陈晨、赵丽芳也参加了修订工作。具体分工如下：第三章、第五章、第九章由赵威修订，第七章、第十章由鞠永红修订，第二章由闫晓波修订，第一章由孙中文修订，第六章由高大群修订，第四章由陈晨修订，第八章由赵丽芳修订。

本书在修订的过程中得到了黑龙江职业学院祝伯红教授的大力支持，在此表示感谢。

虽然我们在编写过程中尽了最大努力，但由于水平有限，书中不足之处在所难免，恳请广大读者提出宝贵意见。

编　者

2014年9月

第1版前言

高职高专教育强调的是应用技能的培养，所以高职高专教材应突出对学生的应用能力的培养。“财务报告（表）分析”是会计类专业的必修课之一，是一门理论与实践结合较为紧密的课程。

本书以企业财务分析常用内容为核心展开，每章按照所讲授的内容给出了学习者应了解、掌握的“知识目标”，并在此基础上按照日常财务处理内容提示学习者应达到的“技能目标”，以便学习者学以致用。全书每章都设计了“引例导读”，借此，可激发学习者的学习兴趣，提升其学习欲望。此外每章还设计了多个“知识导航”、“案例”和“推荐阅读”栏目，介绍相关知识或实例，以开阔学习者的视野。同时，在各章中给出多个“课堂讨论”，使学习者进行思考并保持学习兴趣。为了巩固知识，每章给出了“本章小结”和“本章习题”，进一步帮助学习者巩固所学知识。本书在编写中，力争做到贴近实际，瞄准热点，锻炼技能，培养学生处理实际会计工作任务的能力。

为方便学生和教师使用，本书提供课件、教学大纲、习题答案、试卷样本，可参照本书末页“配套资料索取说明”索取。

赵威担任本书主编，负责全书写作大纲的拟定和编写的组织工作，并对全书进行了总纂。王忠孝担任主审，对全书内容进行了审阅。杜国用、曲晶、王梦担任副主编。石倩、张钧铭、高原也参加了编写工作。具体分工如下：第一、三、七章由赵威编写，第五、六章由杜国用编写，第九章由曲晶编写，第二章由王梦编写，第八章由石倩编写，第四章由高原编写，第十章由张钧铭编写。

虽然我们在编写过程中尽了最大努力，但由于水平有限，书中不足之处在所难免，恳请广大读者提出宝贵意见。

编　者

2010年9月

目录

模块一　财务报告编制与分析的理论基础与方法

模块二　财务报告编制与综合分析实务

模块三 财务效率分析

模块一　财务报告编制与分析的理论基础与方法

本模块主要内容：

第一章　财务报告编制与分析的理论基础
第二章　财务报告分析程序与方法

第一章

财务报告编制与分析的理论基础

【知识目标】

1. 了解财务报告的构成、分类、作用以及编制要求。
2. 理解财务报告和财务报告分析的内涵。
3. 掌握不同财务报告分析主体的分析目的。

【技能目标】

1. 能够清晰地描述出财务报表的组成及其提供的主要信息。
2. 能够表述不同的财务分析主体进行财务分析的目的。

【引例导读】

银广夏事件

银广夏公司全称为广夏（银川）实业股份有限公司，该公司的证券简称为 ST 广夏（000557）。1994 年 6 月上市的银广夏公司，曾因其骄人的业绩和诱人的前景而被称为“中国第一蓝筹股”。2001 年 8 月，《财经》杂志发表“银广夏陷阱”一文，银广夏虚构财务报表事件被曝光。专家意见认为，天津广夏（银广夏分公司）出口德国诚信贸易公司的，为“不可能的产量、不可能的价格、不可能的产品”。以天津广夏萃取设备的产能，即使通宵达旦运作，也生产不出所宣称的数量；天津广夏萃取产品的出口价格高到近乎荒谬；对德出口合同中的某些产品，根本不能用二氧化碳超临界萃取设备提取。

一、银广夏财务数据的疑点

（1）利润率高达 46%（2000 年），而深沪两市农业类、中草药类和葡萄酿酒类上市公司的利润率鲜有超过 20%的。

（2）如果天津广夏宣称的出口属实，按照我国税法，应办理几千万元的出口退税，但年报里根本找不到出口退税的项目。2000 年公司工业生产性的收入形成毛利 5.43 亿元，按 17%的税率计算，公司应当上缴的增值税至少为 9 231 万元，但公司披露 2000 年年末应缴增值税余额为负数，不但不欠，而且还没有抵扣完。

（3）公司 2000 年销售收入与应收款项保持大体同步增长的比例，货币资金和应收款项合计与短期借款也保持大体同步增长的比例，考虑到其当年销售及资金回笼并不理想，显然公司希望以巨额货币资金的囤积来显示销售及回款情况。

（4）签下总金额达 60 亿元合同的德国诚信公司只与银广夏单线联系，据称为一家百年老店，但事实上却是注册资本仅为 10 万马克的一家小型贸易公司。

（5）原材料购买批量很大，都是整数吨位，一次购买上千吨桂皮、生姜，整个厂区恐怕都盛不下，而库房、工艺不许外人查看。

（6）萃取技术是一项高温、高压、高耗电的技术，但水电费 1999 年仅为 20 万元，2000 年仅为 70 万元。

（7）1998 年及之前的财务资料全部神秘“消失”。

二、造假与违规情况

2002 年 5 月，中国证监会对银广夏的行政处罚决定书认定，该公司自 1998 年至 2001 年期间累计虚增利润 77 156.70 万元，其中：1998 年虚增 1 776.10 万元，由于主要控股子公司天津广夏 1998 年及之前年度的财务资料丢失，利润真实性无法确定；1999 年虚增 17 781.86 万元，实际亏损 5 003.20 万元；2000 年虚增 56 704.74 万元，实际亏损 14 940.10 万元；2001 年 1～6 月虚增 894 万元，实际亏损 2 557.10 万元。从原料购进到生产、销售、出口等环节，公司伪造了全部单据，包括销售合同和发票、银行票据、海关出口报关单和所得税免税文件。2001 年 9 月后，因涉及银广夏利润造假案，深圳中天勤这家审计上市公司，财务报表最多的会计师事务所实际上已经解体。财政部也于 9 月初宣布，吊销签字注册会计师刘加荣、徐林文的注册会计师资格；吊销中天勤会计师事务所的执业资格，并会同证监会吊销其证券、期货相关业务许可证，同时，将追究中天勤会计师事务所负责人的责任。

（佚名）

点评： 对于“银广夏”事件中受害的投资者而言，如果他们能够掌握财务报告分析的基本技术，就不会遭受如此巨大的损失。财务报告分析是一项专业性很强的工作，如果不懂得相关知识，读者很难通过报表的数据洞察企业的财务本质。通过学习本课程，读者将知晓企业财务报表的内容，掌握四张主要会计报表的编制方法与综合分析方法，和企业财务指标的计算与分析评价方法及其运用。

第一节　财务报告分析的信息基础

财务报告，是指有关会计主体对外提供的反映其在某一特定日期财务状况和某一会计期间经营成果、现金流量等会计信息的文件。由于财务会计采用了最能反映经济业务实质的货币作为计量单位，对企业繁杂的业务活动进行确认、计量和记录，因此财务报告作为提供有关会计主体财务状况、资本运作情况信息的主要形式需要定期汇集整理，并对外报告会计主体的财务信息。

一、财务报告的组成

财务报告包括财务报表和其他应当在财务报告中披露的相关信息和资料，如图 1.1 所示。财务报表由报表及其附注两部分组成。附注是财务报表的有机组成部分，财务报表包括资产负债表、利润表、现金流量表和所有者权益变动表。

（一）财务报表

财务报表是财务报告的核心内容，是数字部分的财务报告。企业必须按照《企业会计准则》及其有关规定，定期编制和对外公布财务报表。

1. 财务报表主表

财务报表主表包括资产负债表、利润表、现金流量表和所有者权益变动表。这四张财务报表相互结合，全面反映企业的财务状况、经营成果和现金流量等信息。

（1）资产负债表是反映企业在某一特定日期所拥有的或控制的经济资源、所承担的现时义务和所有者对净资产的要求权的财务报表。它揭露了企业所拥有或控制的经济资源及其构成、资金来源渠道等情况，提供了企业经营规模、生产能力、偿债能力、资本结构等会计信息。资产负债表的格式见表 1.1。

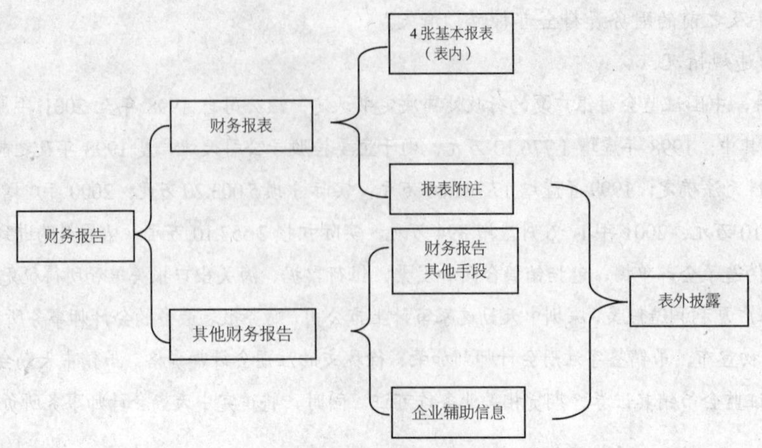

图 1.1　企业财务报告的构成

表 1.1　资产负债表

会企 01 表

编制单位：××公司　　　　××××年××月××日　　　　（单位：元）

资　　产	期末余额	年初余额	负债及所有者权益（或股东权益）	期末余额	年初余额
流动资产：			流动负债：		
货币资金			短期借款		
交易性金融资产			交易性金融负债		
应收票据			应付票据		
应收账款			应付账款		
预付款项			预收款项		
应收利息			应付职工薪酬		
应收股利			应交税费		
其他应收款			应付利息		
存货			应付股利		
一年内到期的非流动资产			其他应付款		
其他流动资产			一年内到期的非流动负债		
流动资产合计			其他流动负债		
非流动资产：			流动负债合计		
可供出售金融资产			非流动负债：		
持有至到期投资			长期借款		
长期应收款			应付债券		
长期股权投资			长期应付款		
投资性房地产			专项应付款		
固定资产			预计负债		
在建工程			递延所得税负债		
工程物资			其他非流动负债		
固定资产清理			非流动负债合计		
生产性生物资产			负债合计		
油气资产			所有者权益(或股东权益)：		
无形资产			实收资本（或股本）		

续表

资　　产	期末余额	年初余额	负债及所有者权益（或股东权益）	期末余额	年初余额
开发支出			资本公积		
商誉			减：库存股		
长期待摊费用			其他综合收益		
递延所得税资产			盈余公积		
其他非流动资产			未分配利润		
非流动资产合计			**所有者权益(或股东权益)合计**		
资产总计			**负债及所有者权益(或股东权益)合计**		

（2）利润表是反映企业在一定会计期间经营成果的报表。利润表把一定会计期间的收入与同一会计期间相关的费用进行配比，以反映出企业一定时期的净利润（或净亏损）。利润表的格式见表 1.2。

表 1.2　利润表

会企 02 表

编制单位：××公司　　××××年度　　（单位：元）

项　　目	本期金额	上期金额
一、营业收入		
减：营业成本		
税金及附加		
销售费用		
管理费用		
财务费用		
资产减值损失		
加：公允价值变动收益（损失以“-”号填列）		
投资收益（损失以“-”号填列）		
其中：对联营企业和合营企业的投资收益		
二、营业利润（亏损以“-”号填列）		
加：营业外收入		
减：营业外支出		
其中：非流动资产处置损失		
三、利润总额（亏损总额以“-”号填列）		
减：所得税费用		
四、净利润（净亏损以“-”号填列）		
五、其他综合收益税后净额		
（一）以后不能重分类进损益的其他综合收益		
（二）以后将重分类进损益的其他综合收益		
六、综合收益总额		
七、每股收益		
（一）基本每股收益		
（二）稀释每股收益		

（3）现金流量表是指反映企业一定会计期间内现金和现金等价物（除特别注明外，以下所指的现金均含现金等价物）流入和流出的报表。它揭露出企业一定期间内流入多少现金，来源于何处；支出多少现金，运用于何处。现金流量表的格式见表 1.3。

表 1.3 现金流量表

会企 03 表

编制单位：××公司　　××××年度　　（单位：元）

项　目	本期金额	上期金额
一、经营活动产生的现金流量		
销售商品、提供劳务收到的现金		
收到的税费返还		
收到的其他与经营活动有关的现金		
经营活动现金流入小计		
购买商品、接受劳务支付的现金		
支付给职工以及为职工支付的现金		
支付的各项税费		
支付的其他与经营活动有关的现金		
经营活动现金流出小计		
经营活动产生的现金流量净额		
二、投资活动产生的现金流量		
收回投资所收到的现金		
取得投资收益所收到的现金		
处置固定资产、无形资产和其他长期资产收回的现金净额		
处置子公司及其他营业单位收到的现金净额		
收到的其他与投资活动有关的现金		
投资活动现金流入小计		
购建固定资产、无形资产和其他长期资产支付的现金		
投资所支付的现金		
取得子公司及其他营业单位支付的现金净额		
支付的其他与投资活动有关的现金		
投资活动现金流出小计		
投资活动产生的现金流量净额		
三、筹资活动产生的现金流量		
吸收投资收到的现金		
取得借款收到的现金		
收到的其他与筹资活动有关的现金		
筹资活动现金流入小计		
偿还债务所支付的现金		
分配股利、利润或偿付利息支付的现金		
支付的其他与筹资活动有关的现金		
筹资活动现金流出小计		
筹资活动产生的现金流量净额		
四、汇率变动对现金及现金等价物的影响		
五、现金及现金等价物净增加额		
加：期初现金及现金等价物余额		
六、期末现金及现金等价物余额		

（4）所有者权益变动表是反映公司本期（年度或中期）内（截至期末）所有者权益变动情况的报表。2007 年以前，公司所有者权益变动情况是以资产负债表附表形式予以体现的。新准则颁布后，要求上市公司于 2007 年正式对外呈送所有者权益变动表。所有者权益变动表成为与资产负债表、利润表和现金流量表并列披露的第四张财务报表。所有者权益变动表的格式见表 1.4。

表 1.4　所有者权益变动表

会企 04 表

单位名称：××公司　　××××年度　　（单位：元）

项目	本年金额							上年金额						
	实收资本（或股本）	资本公积	减：库存股	其他综合收益	盈余公积	未分配利润	所有者权益合计	实收资本（或股本）	资本公职	减：库存股	其他综合收益	盈余公积	未分配利润	所有者权益合计
一、上年年末余额														
加：会计政策变更														
前期差错更正														
二、本年年初余额														
三、本年增减变动金额														
（一）综合收益总额														
（二）所有者投入和减少资本														
1. 所有者投入的资本														
2. 股份支付计入所有者权益的余额														
3. 其他														
（三）利润分配														
1. 提取盈余公积														
2. 对所有者或股东分配														

续表

项目	本年金额							上年金额						
	实收资本（或股本）	资本公积	减：库存股	其他综合收益	盈余公积	未分配利润	所有者权益合计	实收资本（或股本）	资本公职	减：库存股	其他综合收益	盈余公积	未分配利润	所有者权益合计
3．其他														
（四）所有者权益内部结转														
1．资本公积转增资本（或股本）														
2．盈余公积转增资本（或股本）														
3．盈余公积弥补亏损														
4．其他														
四、本年年未余额														

2. 财务报表附表

财务报表中列示的项目是高度浓缩后的信息，受制于企业财务报表格式的要求。这些信息的来源和构成无法直接在财务报表中反映，因此要编制并对外报送财务报表附表。财务报表附表包括揭露企业各项资产减值准备的增减变化情况的资产减值准备明细表、揭示企业应交增值税增减变化情况的应交增值税明细表；反映企业各行业、各地区经营业务的收入、成本、费用、营业利润、资产总额及负债总额情况的分部报表和其他附表。

【课堂讨论 1.1】

企业对外报送的财务报表有哪些？现金流量表是所有企业都要编制的吗？

（二）附注

附注是对资产负债表、利润表、现金流量表和所有者权益变动表等报表中列示项目的文字描述或明细资料，以及对未能在这些报表中列示项目的说明等。附注是财务报表的重要组成部分。附注应当按照如下顺序披露有关内容。

（1）企业的基本情况。

（2）财务报表的编制基础。

（3）遵循企业会计准则的声明。企业应当明确说明编制的财务报表符合企业会计准则的要求，真实、公允地反映了企业的财务状况、经营成果和现金流量等有关信息。

（4）重要会计政策和会计估计的说明。

（5）会计政策和会计估计变更以及差错更正的说明。

（6）重要报表项目的说明。

【知识导航】

财务报表附注与表外信息的关系

财务报表附注是对报表事项的具体说明，以及对未在报表内反映但对企业有重大影响事项的说明。也就是说，附注应包含两部分，其中绝大部分是与表内信息相关的，另外一小部分表内未反映的、可能影响投资者决策的重大事项会在附注中披露。表外信息可能有很多，对于不会影响投资者决策的非重要信息等一般不会在报表附注中披露。

显然，若将财务报表附注与表外信息看成两个集合的话，两者有交集，但是它们是两个不同的集合，不会完全重合。

二、财务报表的种类

企业的财务报表可以按不同的标准进行分类，按反映的经济内容可以分为以下三类。

（1）反映财务状况的报表，如资产负债表。

（2）反映企业经营成果的报表，如利润表。

（3）反映企业现金流量情况的报表，如现金流量表。

财务报表按反映的资金运动形态可以分为以下两类。

（1）静态报表。它反映的是截止某一时点的指标数值，如资产负债表。

（2）动态报表。它反映的是在一定时期内的指标数值，如利润表和现金流量表等。

财务报表按编制时间可分为以下两类。

（1）中期报表。中期财务报表是以短于一个完整会计年度的报告期间为基础编制的财务报表，包括月报、季报和半年报等。与年度财务报表相比，中期报表的附注披露可适当简略。

（2）年度报表。年度财务报表包括年末编制的资产负债表、利润表、现金流量表、所有者权益变动表和有关附注。

【知识导航】

由于半年度、季度和月度财务报表都是在一个会计年度内编制的，所以统称为中期财务报表。年度财务报表的会计期间是指公历1月1日至12月31日；半年度财务报表的会计期间是指公历1月1日至6月30日或7月1日至12月31日；季度财务报表的会计期间是指公历每一季度；月度财务报表的会计期间是指公历每月的1日至该月的最后一日。

财务报表按编报的主体可分为以下两类。

（1）个别财务报表。个别财务报表是由企业在自身会计核算的基础上对账簿记录进行加工而编制的财务报表，它主要用于反映企业自身的财务状况、经营成果和现金流量情况。

（2）合并财务报表。合并财务报表是以母公司和子公司组成的集团为会计主体，根据母公司和所属子公司的财务报表，由母公司编制的综合反映企业集团财务状况、经营成果和现金流量的财务报表。

三、财务报表的作用

企业编制财务报告的主要目的是为会计信息使用者提供决策有用的财务信息，促进社会资源的合理配置，为国家和社会公众服务。总体来说财务报表有以下几个方面的作用。

（1）有助于有关各方了解企业财务状况、经营成果和现金流量，据此做出投资和信贷决策。企业处于一定的社会经济环境中，与其他各个方面有着密切的联系，会计报表能为企业外部各有关方面了解其财务状况、经营成果和现金流量提供会计信息。

（2）有助于政府部门进行宏观经济管理。会计信息是经济决策的依据，也是国家宏观经济管理部门制定财政经济政策、开展宏观调控的依据。国家对社会经济的管理监督和宏观调控是社会主义市场经济体系的重要环节，会计报表能为国家执行管理监督和宏观调控提供会计信息。

（3）有助于企业加强内部经营管理。企业经营管理水平的高低直接影响着企业的经济效益、经营风险、竞争能力和发展前景，在一定程度上决定着企业的前途和命运。会计报表有关企业财务状况、经营成果和现金流量信息是企业内部经营管理的直接信息来源。

四、财务报表的编制要求

财务报表因其作用重大，编制中必须遵守以下要求。

1. 数字真实

企业应当根据真实、正确、完整的会计资料，按照国家统一的会计制度规定编制财务会计报表，以保证会计报表的真实性。不能用估计数代替实际数，更不能弄虚作假，篡改数字。

账簿记录是编制会计报表的主要依据，在编制会计报表时必须做到以下几点。

（1）按期结账。在结账之前，所有已经发生的收入、支出、债权、债务、应该摊销或预提费用，以及其他已经完成的经营活动和财务收支事项都应全部登记入账。

（2）认真进行对账和财产清查。对于各种账簿记录，在编报前必须进行认真审查和核对，对有关财产物资进行盘点和清查，对应收、应付款和银行存（借）款进行核对，以达到账证相符、账账相符、账实相符、账款相符。在清查中对会计报表各项会计要素进行合理的确认和计量，不得随意更改。

（3）在结账、对账和财产清查的基础上，通过编制总分类账户本期发生额及余额试算平衡表以验证账目有无错漏，为正确编制会计报表提供可靠数据。在编报后还必须认真复核，做到账表相符，报表与报表之间有关数字衔接一致。

2. 内容完整

每个单位必须按照国家统一会计制度规定的报表种类、格式和内容编制会计报表，以保证会计报表的完整性。对于不同的会计期间应当编报各种会计报表，必须编制齐全；应当填制的报表指标，无论是表内项目还是补充资料，必须全部填列；应汇总编制的所属各单位的会计报表，必须全部汇总，不得漏编、漏报。

3. 说明清楚

会计报表需要说明的问题，在会计报表附注中要用简要文字加以说明，对会计报表中主要指标的构成和计算方法，本报告期发生的特殊情况，如经营范围变化、经营结构变更，以及本报告期经济效益影响较大的各种因素都必须加以说明。

4. 报送及时

会计报表必须遵照国家或上级主管部门规定的期限和程序，及时编制，及时报送，以保证报表的及时性。要保证会计报表编报及时，必须加强日常核算工作，认真做好记账、算账、对账和财产清查、调整账面工作；同时加强会计人员的配合协作，使会计报表编报及时。但是，不能为赶编会计报表而提前结账，更不应为了提前报送而影响报表质量。

【知识导航】

会计报表对外报送的要求

月报应于月份终了后的6天内报送；季报应于季度终了后的15天内报送；中期报表应于半年度终了后的60天内报送；年度报表应于新年度开始后的4个月内报送。

五、财务报告信息的局限性

财务报告是由会计工作者对已发生的经济事项进行加工后编制的，用以说明企业财务状况和经验成果的书面文件，它反映了企业资金的投入及运用、利润的取得、资金筹集与分配等有关企业在一定时期的经营成果或某一时点的财务状况。财务报告编制的目的是为企业相关信息使用者提供信息，但财务报告自身也有局限性，也会对阅读者造成误导，其局限性主要体现在以下几个方面。

1. 会计具有其特定的假设前提和编制原则

我们只能在了解会计假设前提和编制原则的基础上使用财务报表数据，不能认为报表揭示了企业的全部情况。比如在货币计量假设下，会计重在反映企业资源的价值；而在目前科技高速发展的情况下，企业的很多资源是不能用货币计量的，如企业的人力资源。

例如，2014年9月阿里巴巴集团在美国首次公开招股（IPO）时，不少机构预测其市值会接近或超过2000亿美元，而其净资产仅接近百亿美元，相差20余倍。二者的差距在于现行的会计制度中不能完全由货币计量人力资源、无形资产等企业最重要的资源。这些能够给企业带来利润增长的最重要的“资产”价值不能完全在资产负债表上反映。在分析此类企业的资产负债表时，我们要注意分析表外的非货币性技术含量。

2. 财务报表在编制中的主观性和其他人为因素

由于财务报表在编制中的主观性和其他人为因素的影响，它反映的信息很有可能被人为操纵和粉饰。我们进行报表分析时通常假定报表是真实的，但实际工作并非如此。即使财务报表经过注册会计师的审计，也很难避免会计信息失真。

【知识导航】

注册会计师执行审计工作是在风险评估的基础上采用抽样审计的方法，产生的误差在注册会计师可以接受的范围之内，即使注册会计师出具了无保留意见的审计报告，也不代表财务报表完全真实、合法、公允。

3. 不同会计政策和会计估计的运用影响了财务信息的可比性

企业经济业务呈现多样化和错综复杂的特点，对于同一会计事项的账务处理，会计准则允许使用几种不同的规则和程序，企业在允许的范围内可以自由选择。

例如，某企业购入一台价值1 800万元的设备，固定资产折旧采用双倍余额递减法还是平均年限法，折旧年限是10年还是15年，不同的选择使得资产负债表中该资产的净值会有差异。

读者进一步了解注册会计师的审计报告类型，可参考中央电视台财经频道《注册会计师出具审计报告的类型》一文，该文网址及其二维码如下：

http://www.cctv.com/special/656/-1/39056.html

第二节 财务报告分析的基本理论

财务报告分析是以会计核算资料和报告资料以及其他相关资料为依据，采用一系列专门的分析技术和方法，对企业等经济组织过去和现在有关筹资活动、投资活动、经营活动的赢利能力、营运能力、偿债能力和增长能力情况等进行分析和评价，为企业的投资者、债权人、经营者及其他关心企业的组织和个人了解企业过去、评价企业现状、预测企业未来、做出正确决策与估价，提供准确的信息或依据的经济应用学科。

一、财务报告分析的主体及分析目的

（一）财务报告分析的主体

财务报告分析主体是指与企业存在一定现实或潜在的利益关系，为特定目的，对企业进行财务报告分析的单位、团体和个人。企业财务报告分析的主体一般有企业投资者、企业债权人、企业管理者、企业客户、企业供应商、政府部门和社会公众等。

（1）企业投资者。企业投资者是指企业的权益投资人。投资者既要保全投资本金，又要获得投资回报，因此，他们关心企业的获利能力、偿债能力及风险等。

（2）企业债权人。企业债权人是指贷款给企业并取得企业还款承诺的人，包括银行、企业债券持有者和融资租赁的出租方等。债权人将款项贷给企业，要求企业按期还本付息。债权人最关心的是企业的信用和风险情况，以及企业的偿债能力等。

（3）企业管理者。企业管理者是指被企业所有者聘用，对企业资产负债进行管理的个人组成的团体。企业管理者对企业的经营成败负主要责任，他们全面关注企业的财务状况、获利能力和发展能力。

（4）企业客户。企业客户是指企业产品的购买者。由于企业可能成为某个客户的重要商品或劳务的供应商而与客户保持长期的业务关系。因此客户就会关心企业能否长期持续经营下去，能否为其提供稳定的货源，产品质量的担保义务能否长期履行等，从而客户就会关注企业的获利能力和发展能力等。

（5）企业供应商。企业供应商是企业原材料等资源的提供者。供应商在向企业提供商品或劳务后，与企业形成信用关系，成为企业债权人。供应商提供信用后，必然关心企业的信用、风险情况及偿债能力，因此，需要对企业进行相应的财务分析。

（6）政府部门。政府部门主要指政府的综合管理部门和专业经济管理部门，包括财政、税务、国有资产管理部门、证券管理机构等。他们使用财务报表是为了履行自己的监督管理责任。通过财务分析，财政部门可以审查企业遵守会计法规和财务制度规范的情况，税务部门可以审查企业纳税申报数据的合理性，国有资产管理部门可以评价政策的合理性和国有企业经营业绩，证券管理机构可以评价上市公司遵守法规和市场秩序的情况。

（7）社会公众。社会公众，特别是潜在的投资者和消费者，他们越来越关心企业的财务状况和经营成果。他们对企业的获利能力和售后服务情况进行相应的分析，为投资决策和消费选择提供依据。

（二）财务报告分析的目的

财务报告分析的目的是指财务分析主体对企业进行财务报告分析所要达到的目的。由于财务报告的分析主体不同，财务报告分析的内容不同，财务报告分析的目的也有所不同。概括地说，企业投资者、债权人、供应商、政府部门和社会公众进行财务报告分析的基本目的是为进行投资决策、信贷决策、销售决策和宏观决策提供依据。此外，企业投资者、客户、企业职工、社会公众进行财务报告分析的基本目的还包括为企业经营者进行业绩评价、监督和选择经营者提供依据。

1. 企业投资者进行财务报告分析的目的

企业的投资者包括企业现有和潜在的投资者，他们进行财务报告分析的最根本目的是看企业的获利能力状况，因为获利能力是企业资本保值增值的关键。同时，为了确保企业资本保值增值，他们还研究企业权益资金结构、支付能力和营运状况。只有投资者认为企业有良好的发展前景，企业所有者才会保持或增加投资，潜在的投资者才会把资本投入给企业。此外，对企业所有者而言，财务报告分析也能评价企业经营者的经营业绩，发现经营过程中存在的问题，从而通过行使股东权利，促进企业更好的发展。

2. 企业债权人进行财务报告分析的目的

企业债权人包括企业向其借款的银行和一些金融机构，以及购买企业债券的单位和个人等。债权人进行财务报告分析的目的与管理者和投资者不同，银行等债权人从各自经营或收益的目的出发都愿意将资金贷给企业，但他们又要关注有无违约或破产清算的可能。银行、金融机构等债权人不仅要求本金及时收回，而且要求得到相应的报酬或收益，通常偿还期越长，风险越大。因此债权人进行财务分析的主要目的，一是看企业的借款及其他债权能否及时足额收回，即研究企业偿债能力的大小；二是看债务者的收益状况和风险程度是否相适应。为此，他们还将偿债能力分析与获利能力分析相结合。

3. 企业管理者进行财务报告分析的目的

企业管理者是指被企业所有者聘用，对企业资产负债进行管理的个人组成的团体。他们的分析目的是综合的、多方面的。从对企业所有者负责的角度，他们首先关心获利能力，这是他们的总体目标。但是在分析中，他们不仅仅关心获利的结果，还关注获利的原因及过程，如企业资本结构、营运状况与效率分析、经营风险与财务风险分析、支付能力与偿债能力分析等。通过综合分析，发现企业生产经营中存在的问题与不足，并采取有针对性的措施解决这些问题，使企业以现有的资源获利更多并保持获利能力的持续增长。

4. 其他财务分析者的目的

其他财务分析的主体如前所述，还包括与企业经营有关的企业单位和国家行政管理与监督部门、企业的供应商、客户等。这些单位出于保护自身利益的需要，也非常关心企业的财务状况等信息。他们进行分析的主要目的是弄清企业的信用状况及发展情况。国家行政管理与监督部门还要监督国家各项经济政策、法规、制度在企业单位的执行情况；保证企业财务会计信息与财务分析报告的真实性、准确性，为宏观决策提供可靠信息。

【课堂讨论 1.2】

教学建议：教师可以将学生分为若干组，根据讨论内容，以小组为单位进行问题讨论，通过对所学知识的讨论，锻炼学生处理具体问题的能力。

问题一：财务报告分析是一项财务管理活动还是对企业财务状况和经营成果进行分析评价的过程？

问题二：除了教材所提到的几种外，还有哪些财务报告分析主体？假设你是某一分析主体，你分析的重点和应注意的问题是什么？

二、财务报告分析的依据和标准

（一）财务报告分析的主要依据

进行财务报告分析要依据以下材料。

（1）财务报表。财务报表是指企业对外提供的反映企业某一特定日期财务状况和某一会计期间经营成果、现金流量的文件。年度、半年度的财务报表一般包括资产负债表、利润表、现金流量表、所有者权益变动表和会计报表附注。

（2）其他报告。其他报告是指除了财务报表之外的企业报告。企业报告是一个比财务报表更加广泛的概念，不仅包括财务报表还包括其他传输信息的手段。其他报告的内容直接或间接地与企业提供的信息有关，如与企业的资产、负债、利润有关的信息等。其他报告主要有企业的招股说明书、审计报告、管理当局的预测或计划、新闻发布稿等。其他报告是财务报告分析所需信息的一部分，报告使用者不能忽略。

（3）非财务信息。非财务信息在评价企业经营业绩时是不可缺少的指标之一，主要包括企业的市场占有率、产品质量与服务、客户满意度、交货效率、研究和开发水平、职工的积极性以及创新能力和技术领先地位等。

（4）企业外部环境。企业外部环境主要包括市场环境和政策环境。企业的市场环境包括金融市场、生产资料市场、技术市场、销售市场、资产市场和产权市场等，而这些市场都要受到国家宏观经济政策的影响。企业经营活动开展的好坏与企业外部环境直接相关，进行财务报告分析不能不考察企业所处的市场环境。

（二）财务报告分析的标准

单一的财务数据本身不能说明问题，一个企业财务状况的优劣、经营情况的好坏，单纯看某一时点或时期的数据无法得出结论。如人们常说的“红花还需绿叶衬”，在财务分析中要对分析对象进行评价。进行评价比较要有标准，这个标准就是分析标准。如企业的获利能力如何，是通过资产报酬率与净资产收益率等指标衡量的。在分析过程中，采用特定的方法进行比较，比较的基准也就是财务报告分析的标准。根据我国企业的实际情况，常用的分析标准有以下几种。

1. 行业标准

行业标准一般是同行业企业在相同时期内的平均水平。它是最常用的财务报告分析标准，通过将企业的实际数据、比率指标与行业标准进行比较，可以清晰地看出企业在行业中所处的地位。如行业的毛利率为15%，企业毛利率为20%，说明企业的毛利率在行业平均水平之上。

运用行业标准有一些限制条件，有的时候同行业的两家公司并不一定是可比的。例如，同样是石油行业的两家企业，一家直接从市场上购买原油产品；另一家则从开采、生产、提炼到销售石油产品为一体，这两家的经营就是不可比的。此外，一些大的公司往往跨行业经营，公司的不同经营业务有不同的赢利水平和风险程度，这时候如果采用统一的标准进行评价就是不合适的。

【案例 1.1】

十大“航母”贡献51.99%，金融股独领风骚

2008 年半年报的披露，Wind 资讯统计数据显示：上半年 1 597 家 A 股上市公司共计实现净利润 5 849.68 亿元，相比上年同期增长近 18.90%。大盘蓝筹股功不可没，共有 10 家上市公司上半年实现净利润超百亿元，累计贡献 3 041.40 亿元，占上半年 A 股上市公司净利润总额的 51.99%。其中工商银行（601398.SH）以 648.79 亿元净利润成为最赚钱的公司。

10 家净利润过百亿元的上市公司包括 5 家银行和 1 家保险公司。另外 4 家则分别为中国石油（601857.SH）、中国神华（601088.SH）、中国远洋（601919.SH）和宝钢股份（600019.SH）。其中中国远洋实现净利润 148.96 亿元，同比增长 9 倍多；招商银行（600036.SH）上半年净利润同比增长也达 1.16 倍；而中国石油和中国人寿（601628.SH）净利润虽较上年同期分别下降 31.13%和 35.84%，但净利润仍高达 552.97 亿元和 109.04 亿元，列利润榜第三和第九位。

从行业来看，银行、煤炭、钢铁等行业上市公司净利润较高，而另一重要行业——电力行业上半年却几乎全行业亏损。其中华能国际（600011.SH）亏损达7亿元，上海电力（600021.SH）和华电国际（600027.SH）也分别亏损6.5亿元和5.8亿元，三家火电上市公司分别占据了亏损上市公司排名的前三位。

值得注意的是，尽管上半年A股市场累计跌幅高达48%，但据Wind资讯统计，今年上半年仍有542家上市公司进行了证券投资。统计数据显示，美的电器（000527.SZ）曾以逾170亿元进行了证券投资，其投资金额仅低于中国人寿。持有大量中信证券（600030.SH）的雅戈尔（600177.SH）以及上半年净利润出现巨幅增长的中国远洋也分别以逾41亿元和近31亿元的资金各持有9只和6只股票。不过，按照其期末账面价值计算，它们的投资仍分别有近6.37亿元和1.76亿元的浮盈。

当然，保险和证券公司仍是证券投资的主力，其中仍以三家保险公司投资金额最高：中国人寿合计投资金额 234.22 亿元，另两家公司中国平安（601318.SH）和中国太保（601601.SH）投资金额也都超过100亿元。

从行业角度来看，除了金融保险业外，房地产、建筑、交运仓储、石化、医药等多个行业的上市公司今年上半年都有部分资金用于证券投资。

（王路，2008，有删节）

点评：可见，在财务报告分析中，行业标准是个非常实用的衡量尺度。通过企业所在行业的相关比率，我们可以清楚地看到企业在行业中所处的地位及发展情况。

2. 历史标准

历史标准是以企业过去某一时间的历史业绩作为标准。这种标准对于评价企业自身经营状况和财务状况的改善是非常有益的。历史标准可以选择历史最高水平或企业正常经营条件下的业绩水平。在分析中，也经常将企业本年的财务状况与上年进行对比，此时企业上年的业绩水平也可以视为历史标准。历史标准是企业曾经达到过的水平，所以较为可靠、可比。

3. 预算标准

预算标准是企业根据自身经营条件或经营状况所制定的目标标准。预算标准通常在一些新的行业、新建企业以及垄断性企业中应用较多。对于其他行业和企业，运用预算标准也是有益处的。因为预算标准可以将行业标准与历史标准相结合，比较全面地反映企业的状况。尤其是对于企业内部分析，预算标准在考核评价各部门经营者的经营业绩时更有优越性。

【知识导航】

预算标准在应用时的局限性

预算标准对于外部财务分析的作用不是很明显，因为预算主要是结合企业自身经营情况制定的；同时，预算标准也受到人为因素的影响，有时候缺乏客观依据。

4. 经验标准

经验标准是指依据大量、长期的实践经验而形成的标准的财务比率数值。例如，速动比率的经验标准是1，流动比率的经验标准是2。

例如，如果A企业的流动比率为2.6，大于经验标准2，A企业的短期偿债能力是否就一定强呢？答案是否定的，因为该企业的存货可能大量滞销积压，应收账款长期挂账不能收回，且应收账款和存货占流动资产的比重较大；而B企业的流动比率为1.5，但B企业的应收账款和存货都很少，流动资产主要是由货币资金构成的。在这两个企业的短期偿债能力判断中，经验标准不能给我们正确的评价。

上述四种标准中，行业标准和历史标准可以通过算数平均法、中位数法和汇总报表法加以确定，而预算标准需要根据企业预算、计划，通过预计财务标准等资料计算出来。

小　结

财务报告分析是以会计核算资料和报告资料以及其他相关资料为依据，采用一系列专门的分析技术和方法，对企业等经济组织过去及现在有关筹资活动、投资活动、经营活动的赢利能力、营运能力、偿债能力和增长能力情况等进行分析和评价，为企业的投资者、债权人、经营者及其他关心企业的组织和个人了解企业过去、评价企业现状、预测企业未来、做出正确决策与估价，提供准确的信息或依据的经济应用学科。

本章对财务报告分析的信息基础以及财务报告分析的基本概念进行了阐述，是全书的基础知识，为财务报告分析的应用奠定了理论基础。

推荐阅读

刘姝威，中央财经大学财经研究所研究员，中国企业研究中心主任，师从我国著名经济学家陈岱孙教授和厉以宁教授，专攻信贷研究，出版有专著《上市公司虚假会计报表识别技术》等。

在《上市公司虚假会计报表识别技术》一书的写作过程中，刘姝威对蓝田股份做案例分析时，发现蓝田公司存在严重问题，财务报表数据是虚假的。她在机密级《金融内参》中刊登了《应立即停止对蓝田股份发放贷款》的600字内参文章，此后引发了轰动全国的“蓝田事件”。

2001年10月26日，刘姝威在《金融内参》上发表《应立即停止对蓝田股份发放贷款》一文，引致蓝田方面的激烈反应。用中国蓝田（集团）总公司总裁瞿兆玉的话说，刘姝威的文章“让所有的银行全部停止对蓝田贷款。资金链断了，（蓝田）快死了”。

2001年12月13日，湖北省洪湖市人民法院向刘姝威下达了《应诉通知书》，称“湖北蓝田股份公司诉刘姝威侵害名誉权案”将于2002年1月23日开庭，要求刘姝威作为被告出庭。

2002年1月10日，刘姝威收到四封匿名电子邮件，内容为：“你的死期就是1月23日。”

在拥有强大势力的集团面前，刘姝威选择了以死相拼。2002年1月23日，她向全国100多家媒体发去她写的那份分析报告《蓝田之谜》，文章发表后，媒体和公众对刘姝威进行了声援。她以死相拼的结果是2002年1月蓝田公司的高层人员被公安机关拘传，同年4月湖北洪湖法院驳回了蓝田公司对刘姝威的起诉。

> 如果读者想更多了解蓝田事件详情，可以参阅腾讯财经专栏“蓝田神话的破灭”，链接及其二维码如下：
> http://finance.qq.com/zt2010/fyjjltsh/
>
> 

2003年年初，刘姝威被评为中央电视台“2002年经济年度人物”和“感动中国——2002年度人物”。中央电视台的颁奖词称：“她是那个在童话里说‘皇帝没穿衣服’的孩子，一句真话险些给她惹来杀身之祸。她对社会的关爱与坚持真理的风骨，体现了知识分子的本分、独立、良知与韧性。”

对于蓝田公司造假案件，刘姝威感慨地说：“如果投资者都能够掌握基本的识别虚假会计报表的技术，那谁还敢造假？”

（资料来源：http://news.xinhuanet.com/fortune/2002-01/20/content_254332.htm）

习 题

一、单项选择题

1. 财务报告分析的基本目的是为（　　）服务。

A. 管理决策　　B. 监督评价

C. 管理决策和监督评价　　D. 业绩考核

2. 财务报告分析的主要和基础部分依据是（　　）。

A. 其他报告　　B. 企业外部环境　　C. 非财务信息　　D. 财务报表

3. 在财务分析主体中，必须对企业的获利能力、偿债能力、营运能力和发展能力的全部信息予以详尽了解和掌握的是（　　）。

A. 企业投资者　　B. 企业债权人　　C. 企业经营者　　D. 税务机关

4. 经济活动中有关财务活动反映的运动状态变化和特征的经济信息，被称为（　　）。

A. 财务信息　　B. 经济信息　　C. 金融信息　　D. 管理信息

5. 与企业存在一定现实或潜在的利益关系，为特定目的，对企业进行财务报告分析的单位、团体和个人是（　　）。

A. 财务报告分析的目的　　B. 财务报告分析的标准

C. 财务报告分析的原则　　D. 财务报告分析的主体

6. 下列不属于财务报告分析的主体的是（　　）。

A. 企业供应商　　B. 企业债权人　　C. 企业投资人　　D. 其他企业职工

7. 投资者主要关心的是企业的（　　）。

A. 偿债能力　　B. 获利能力　　C. 营运能力　　D. 发展能力

8. 企业财务报告分析依据的其他报告除包括企业的招股说明书、管理当局的预测与计划、新闻发布稿等外，还包括（　　）。

A. 审计报告　　B. 统计分析资料　　C. 财务报告　　D. 行业分析报告

9. 下列不属于财务报表附表的是（　　）。

A. 资产减值准备明细表　　B. 所有者权益变动表

C. 应交增值税明细表　　D. 销售费用明细表

10. 分部报表是（　　）的附表。

A. 资产负债表　　B. 利润表

C. 现金流量表　　D. 所有者权益变动表

二、多项选择题

1. 偿债能力是（　）最关心的核心内容。

A. 银行　　B. 供应商　　C. 投资人　　D. 管理者

2. 财务报告信息的使用者包括（　　）。

A. 税务部门　　B. 审计局　　C. 投资人　　D. 企业管理者

3. 企业财务报告的编制要求包括（　　）。

A. 数字真实　　B. 内容完整　　C. 报送及时　　D. 说明清楚

4. 企业的财务能力主要包括（　　）。

A. 偿债能力　　B. 获利能力　　C. 营运能力　　D. 发展能力

5. 企业财务报告分析的标准有（　　）。

A. 行业标准　　B. 历史标准　　C. 预算标准　　D. 未来标准

6. 企业财务报告包括（　　）。

A. 财务报表　　B. 附注　　C. 会计凭证　　D. 审计报告

7. 年度、半年度的财务报表一般包括（　　）和会计报表附注。

A. 资产负债表　　B. 利润表　　C. 现金流量表　　D. 所有者权益变动表

8. 财务报告分析的主要依据有（　　）。

A. 财务报表　　B. 其他报告　　C. 企业外部环境　　D. 非财务信息

9. 附注是财务报表的重要组成部分。附注应当披露的内容包括（　　）。

A. 重要会计政策和会计估计的说明　　B. 企业的基本情况

C. 财务报表的编制基础　　D. 遵循企业会计准则的声明

10. 财务报表按反映的资金运动形态分类，可以分为（　　）。

A. 静态报表　　B. 中期报表　　C. 年度报表　　D. 动态报表

三、判断题

1. 会计政策和会计估计变更以及差错更正的说明属于会计报表附注的内容。（　　）
2. 如果不同企业的资产总量相同，即使资源的配置结构不同，所产生的经济效益也是相同的。（　　）
3. 财务报告分析的主体不同，分析的内容不同，分析的目的也有所不同。（　　）
4. 资产负债表是反映企业某一时期财务状况的报表。（　　）
5. 对于新的行业、新建企业以及垄断性企业的分析，最好采用行业标准。（　　）
6. 对于国有企业而言，政府机构像其他投资者一样关心企业的赢利能力、经营状况和资金状况。（　　）
7. 其他报告是财务报表分析所需信息的一部分，报表使用者不能将其忽略。（　　）

四、思考题

1. 投资者进行财务报告分析的目的是什么？
2. 财务报告的作用是什么？

五、信息收集

利用网络资料收集一家上市公司的年报资料，进行阅读，了解企业财务报表的内容及构成。

第二章

财务报告分析程序与方法

【知识目标】

1. 熟悉财务报告分析的基本原则。
2. 理解财务报告分析的程序。
3. 掌握财务报告分析的基本方法。

【技能目标】

1. 能够运用比较分析法和比率分析法编制比较报表和结构报表。
2. 能够运用因素分析法对综合指标进行分解和因素分析。

【引例导读】

巴菲特投资“金”定律

巴菲特是一个具有传奇色彩的人物。1930 年 8 月 30 日，巴菲特出生于美国内布拉斯加州的奥马哈市。他满脑子都是挣钱的道儿，五岁时就在家中摆地摊兜售口香糖。1957 年，巴菲特掌管的资金达到 30 万美元，年末则升至 50 万美元。1962 年，巴菲特合伙人公司的资本达到了 720 万美元，其中有 100 万美元是属于巴菲特个人的。1965—2006 年的 42 年间巴菲特麾下的投资公司——伯克希尔·哈撒维公司净资产的年均增长率高达 21.46%，累计增长 361156%，被美国著名基金经纪人彼得·林奇称为“历史上最优秀的投资者”。甚至当美国股市陷入走势回落之际，巴菲特却创下连续多年“永不亏损”的纪录。巴菲特的投资理念不但使他创造了巨大的财富，其选股方法也值得所有的投资者学习。

巴菲特投资“金”定律如下。

1. 利用市场的愚蠢，进行有规律的投资。
2. 买价决定报酬率的高低，即使是长线投资也是如此。
3. 不要在意某家公司来年可赚多少，而要在意其未来 5～10 年能赚多少。
4. 只投资未来收益确定性高的企业。
5. 通货膨胀是投资者的最大敌人。
6. 投资人财务上的成功与他对投资企业的了解程度成正比。
7. 拥有一只股票，期待它在下个星期就上涨，是十分愚蠢的。
8. 即使美联储主席偷偷告诉我未来两年的货币政策，我也不会为之改变我的任何投资作为。
9. 不理会股市的涨跌，不担心经济形势的变化，不相信任何预测，不接受任何内幕消息，只注意两点：①买什么股票；②买入价格。

（佚名）

点评：巴菲特的投资方法非常简单，不用学习技术分析法，也不用研读投资银行手册，就可以获得成功。他重视对公司的分析研究，所做的就是阅读大量的年报、季报和各类期刊，了解公司的发展前景和战略，然后认真评价公司的投资价值，把握好投资时机。可见，在财务报告分析中，我们要重视对企业年报数据的阅读。而且作为初学者，首先要掌握财务报告分析的基本方法。本章我们将学习财务报告分析的程序和方法。

第一节 财务报告分析的原则与程序

一、财务报告分析的原则

财务报告分析的原则是指财务报告使用者在进行财务报告分析时应遵循的一般规范。具体包括以下六个方面。

（1）明确目标原则，是指报告分析者在分析财务报告之前，必须清楚地理解财务分析的目的、要解决的问题。分析的目的决定了分析的步骤、方法以及所需收集的资料和需要的结果。

（2）全面分析原则，是指财务报告分析者要全面地看待问题。在分析评价时，要对财务指标和非财务指标综合考虑，对有利因素和不利因素综合考虑，对内部因素和外部因素综合考虑。通过全面分析，得出客观的评价。

（3）系统分析原则，是指财务报告分析者要注重事物的联系，坚持相互联系地看待问题，不能孤立地看待问题。分析者在分析财务报告时，一方面要注意局部与全局的关系、报酬与风险的关系、偿债能力与获利能力的关系，从整体把握企业的状况；另一方面在分析时，要有层次地展开，逐步深入，不要根据某个指标高低做出不恰当的结论。

（4）定量分析与定性分析相结合原则。事物要有质和量的统一，财务报告分析也要定量分析和定性分析相结合。由于企业面临的经营环境是受多方面因素影响的，有些外部环境影响很难定量，但这些环境的变化又对企业投资目标、产业发展以及企业销售情况起着重要的影响。因此，在定量分析时，要做出定性判断，在定性判断的基础上，再进一步进行定量分析与判断。财务报告分析要透过数字看本质，将定量分析与定性分析很好地结合起来。

（5）成本效益原则，是指财务报告分析者应把主要精力应用于取得最大收益的分析上。分析者在进行财务报告分析时，应该根据某一问题的重要性，确定相应的成本，讲求成本效益。

（6）动态分析原则，是指财务报告分析者应该发展地看待问题，不能静止地看待问题。企业的生产经营活动是一个动态的发展过程，而财务报告分析资料，特别是报表资料，是企业过去经济业务的综合反映，在目前和将来的情况下，即使是相同的投资也可能会有不同的产出。因此，在分析时要注意数据的时间性，在弄清楚过去情况的基础上，分析当前状况可能产生的结果，充分发挥财务报告分析的功能，即评价企业的过去、衡量企业目前财务状况和预测企业未来发展趋势。

【课堂讨论 2.1】

财务报告分析为什么要将定量分析与定性分析相结合？

二、财务报告分析程序

财务报告分析程序，也被称为财务报告分析的一般方法，是指进行财务报告分析时应遵循的一般过程。研究财务报告分析程序是进行分析的基础和关键，为正确地开展财务分析工作、掌握财务分析方法指明了方向。

财务报告分析程序有很多种提法，它们具有相同点，即在收集财务分析资料、分析财务资料、得出财务分析结论等步骤上基本是一致的，区别主要体现在具体分析环节或细节上。结合中外财务报告分析步骤与特点，考虑我国分析者需求，财务报告分析程序包括以下方面。

（一）明确分析目标

进行财务报告分析，首先必须明确：为什么要进行分析？是要评价企业经营业绩，进行投资决策？还是要制定企业未来经营策略？只有明确了财务报告分析的目的，才能正确地收集整理信息，选择正确的分析方法，从而得出恰当的结论。

（二）制定分析计划

在明确分析目标的前提下，应制定合理的财务报告分析计划，包括分析人员构成及分工、时间和进度安排、分析内容范围以及拟采用的分析方法等。分析计划是财务报告分析工作顺利进行的保证。计划可以是个草案，也可以是口头的，但没有计划是不行的。

（三）收集整理分析资料

收集分析信息是指根据分析目标和计划收集财务分析所需要的资料。通常财务报表是任何一种分析都需要的，此外，还需要相关资料，如行业情况信息、宏观经济政策、企业市场占有情况、企业销售政策与措施、产品品种、有关预测数据、主要竞争对手情况等。

（四）实施财务报告分析

1. 战略分析与会计分析

企业战略分析通过对企业所在行业或企业拟进入行业进行分析，明确企业自身地位应采取的竞争战略。企业战略分析具体包括行业分析与企业竞争策略分析。企业的价值取决于其运用资本成本的收益的能力，而这种能力又受制于行业的选择、经营战略的定位、多元化或是专业化的战略思维。只有充分了解企业行业的竞争态势、竞争优势的持久性、多元化或是专业化的适应性，才能对企业获取超额收益能力的可持续性做出合理判断。

【案例2.1】

美国西南航空公司成本战略

自“9.11”事件以来，美国航空业就被破产、裁员等坏消息所笼罩。美国前十大航空公司近几年一直处于亏损状态，只有排名第六的西南航空公司始终保持赢利，并且创下连续30年赢利的业界奇迹。据报道它已占有25%的美国市场份额，在低于500英里的短线航程上，已经占有65%的市场份额。

美国西南航空公司的成功就在于长期坚持实施低成本战略。西南航空公司从创业伊始，就成功进行了差异化的定位。正如总裁凯勒尔所说：“我们选择了独特而又恰当的市场定位，我们是世界上唯一一家只提供短航程、高频率、低价格、点对点直航的航空公司。”西南航空公司只在美国的中等城市与各大城市的次要机场之间，提供短程、廉价的点对点空运服务，刻意回避大机场，而且不飞远程。它的顾客包括商业旅客、低收入家庭及学生。再仔细分析，它的密集班次吸引了比较注重价格、原本应该坐巴士或开车的顾客，以及比较注重方便、原本应该搭乘提供全套服务班机的顾客。西南航空把机票分为旺季和淡季两种，采取降低淡季的票价来增加班机搭载率，使其收入比高价、低搭载率时还高。

西南航空把它自己定位为票价最低的航空公司。公司的策略是在任何市场环境下，都要保持最低的票价。按照传统的经商原则，当飞机每班都客满，票价就要上涨，但是西南航空在载客增加时不提价，而是增开班机扩展市场。有时候，西南航空的票价比乘坐陆地的运输工具还要便宜。正如它的管理层所言：我们不是和其他航空公司打价格战，我们是和地面的运输业竞争。

（刘松，2006）

（资料来源：http://www.emc2000.com/knowledge/content.asp?id=32541.2007）

点评：可见，企业所采取的战略会影响企业的竞争能力和收益情况。因此，在财务报告分析中，我们还要关注企业所采取的战略。

会计分析的目的在于评价企业会计资料所反映的财务状况与经营成果的真实程度。会计分析一般可以按照阅读财务报告、比较财务报表、解释财务报表和修正财务报表信息四个步骤进行。会计分析是财务报告分析的基础工作，通过会计分析，对发现由于会计原则、会计政策等原因引起的会计信息差异，应通过一定的方法说明或调整，消除会计信息失真的影响。

2. 财务指标分析和因素分析

财务指标分析，特别是财务比率分析，是财务分析的一种重要方法和形式。财务分析指标能准确反映某方面的财务状况。进行财务分析时，应根据分析的目的和要求选择正确的分析指标。债权人要求进行企业偿债能力分析，他必须选择反映企业偿债能力的指标或反映流动性的指标，如流动比率、资产负债率、产权比率等；而一个潜在的投资者在决定是否对企业进行投资时，他应选择反映企业赢利能力的指标进行分析，如总资产报酬率、净资产收益率、收入利润率等。正确地选择与计算财务分析指标是正确判断与评价企业财务状况的关键。

财务报告分析不仅要解释现象，而且要分析原因。因素分析法就是要在报表整体分析和财务指标分析的基础上，对一些重要指标的完成情况，从其影响程度角度进行分析，确定各个因素对其影响的方向和程度，为企业正确进行财务报告评价提供最基本的依据。

（五）财务报告分析综合评价阶段

财务报告分析综合评价阶段是财务报告分析实施阶段的继续，具体包括以下三个方面。

（1）财务综合分析与评价。财务综合分析与评价是在应用各种财务分析方法进行财务分析的基础上，将定量分析结果、定性分析判断以及实际调查情况结合起来，得出分析结论的过程。财务报告的分析结论是分析的关键步骤，结论的正确与否是判断财务分析质量的唯一标准。一个正确的分析结论的得出，往往需要经过几次反复。

（2）财务预测与价值评估。财务报告分析是财务管理一个循环的结束，同时也是财务管理另一个循环的开始。应用历史或现实分析结果预测未来财务状况与企业价值是现代财务分析的重要任务之一。显然，财务报告分析不能仅满足于事后分析原因，得出结论，而要对企业未来发展以及价值状况进行分析评价

（3）形成分析报告。分析报告的形成是财务分析的最后步骤。它将分析的基本问题、分析结论以及针对问题提出的措施和建议以书面的形式表示出来，为分析主体以及财务分析报告的其他收益者提供决策依据。分析报告可以作为财务报告分析工作的总结，也可以作为历史信息，供以后分析参考。

【课堂讨论 2.2】

你认为财务报告分析程序中的核心环节是什么？

第二节　财务报告分析的基本方法

财务报告分析方法是实现分析目标的手段，由于不同的信息使用者的分析目标不同，分析时须采用多种方法以实现分析目标。常用的财务报告分析方法有比较分析法、比率分析法、趋势分析法和因素分析法。

一、比较分析法

比较分析法是通过经济指标在数量上的比较，来揭示经济指标的数量关系和数量差异的一种方法。比较分析法又分为绝对数比较分析法和相对数比较分析法两种。

1. 绝对数比较分析法

绝对数比较分析法是将各个有关财务报表项目的数额与比较对象进行对比。绝对数比较分析一般是通过编制比较财务报表进行，包括比较资产负债表、比较利润表等。比如，某公司20×4年12月31日资产总额是2 000万元，20×5年12月31日资产总额是2 800万元，则总资产比上年增加了800万元。

【即学即练2.1】通过相关资料对永威公司的销售收入进行比较，得出表2.1。

表2.1　永威公司销售收入表　（单位：万元）

项　目	本公司资料			行业平均	增减额		
	20×2年	计划数	20×3年		比20×2年	比计划	比行业
主营业务收入	810 000	840 000	900 000	850 000	90 000	60 000	50 000

说明：假设行业企业与永威公司规模相同或相近。

分析点津　从表2.1的资料可以看出，永威公司20×3年销售收入比20×2年增加了90 000万元，比计划增加了60 000万元，高于行业平均水平50 000万元。说明该公司在产品销售方面取得了一定的成绩，销售业绩较好，在行业中处于先进水平。但是，应结合成本费用情况做进一步分析。

【知识导航】

运用绝对数比较分析法，应该注意比较指标在内容、时间、计量标准、企业类型、经营规模上的可比性，否则比较的结论会不客观。

2. 相对数比较分析法

相对数比较分析法是利用财务报表中有相关关系的数据的相对数进行对比。如将绝对数换算成百分比、结构比重等进行对比，以揭示相对数之间的差异。例如，某公司20×2年12月31日资产总额是2 000万元，20×3年12月31日资产总额是2 800万元，则总资产比上年增加了800万元，增长率是40%。因为绝对数比较仅通过差异数说明差异金额，但没有表明变动程度，而相对数比较则进一步说明变动程度。在实际工作中，可以将绝对数比较与相对数比较相结合，对分析资料得出充分的判断和准确的评价。

【即学即练 2.2】根据永威公司相关资料编制资产情况比较表（简表），如表 2.2 所示。

分析点津 从表 2.2 中可以看出，永威公司 20×3 年总资产比 20×2 年同期增长 108 000 万元，增长率为 6.51%。其中货币资金增长了 12 171.90 万元，增长率为 7.99%；应收账款增长了 14 823.69 万元，增长率为 15.50%；存货总额下降了 51 572.59 万元，下降率为 7.99%；固定资产增长了 1 365.67 万元，增长率为 0.50%。通过上述计算的比较分析，不仅反映了报表项目的变动额，也反映了报表项目增减变动的程度。

表 2.2 永威公司资产比较表（部分）

	资产（万元）		增 减 变 动	
	20×2 年 12 月 31 日	20×3 年 12 月 31 日	金额（万元）	百分比（%）
货币资金	152 379.67	164 551.57	12 171.90	7.99
应收账款	95 607.87	110 431.56	14 823.69	15.50
存货	645 702.62	594 130.03	−51 572.59	−7.99
固定资产	275 056.52	276 421.89	1 365.67	0.50
…				
资产总计	1 660 000	1 768 000	108 000	6.51

【学中做 2.1】

ABC公司20×3年度比较利润表如表2.3所示。根据表中数据，完成表格并利用比较分析法对公司的利润表数据进行简要分析。

表 2.3 ABC 公司 20×3 年度比较利润表 （单位：万元）

项 目	本期金额	上期金额	增减额	增减率
一、营业收入	8 240	7 640		
减：营业成本	6 400	5 420		
税金及附加	420	390		
销售费用	80	78		
管理费用	340	330		
财务费用	−100	−100		
资产减值损失				
加：公允价值变动收益（损失以“−”号填列）				
投资收益（损失以“−”号填列）	40	40		
其中：对联营企业和合营企业的投资收益				
二、营业利润（亏损以“−”号填列）	1 140	1 562		
加：营业外收入	210	210		
减：营业外支出	30	28		
其中：非流动资产处置损失				
三、利润总额（亏损总额以“−”号填列）	1 320	1 744		
减：所得税费用	320	400		
四、净利润（净亏损以“−”号填列）	1 000	1 344		

分析点津 可以围绕利润表主要项目如营业收入、营业成本、净利润等项目的变动进行分析。

二、比率分析法

比率是两个数据相比所得的值，比率分析是通过把财务报表内的某一个数据与其他的相关数据比较，建立数据之间的联系，从而得出分析结论或提出待解释问题的一种分析方法。财务比率反映各项财务数据之间的相互关系，是相互联系的指标之间的比值。财务比率包括相关比率、效率比率和构成比率。比率分析法就是把某些彼此存在着关联的项目加以对比，计算出比率，据以确定经济活动变动程度的分析方法。比率是相对数，采用这种分析方法，能够把某些条件下的不可比指标变成可比指标，便于进行分析。比率指标可以分为以下三种。

1. 相关比率

相关比率分析法是以某个项目与相互关联且性质有所相同的项目加以对比，计算出比率，反映有关经济活动的相互关系的一种分析方法。利用相关比率指标可以考察企业相关业务安排是否合理，保证企业经济活动顺利进行。如速动比率、资产负债率都属于相关比率。

2. 效率比率

效率比率是某项经济活动中所费与所得的比率，反映投入与产出的关系。利用效率比率指标可以反映企业运用单位资源获得收入和利润的能力，从而对企业的经营成果和经济效益进行考察。如计算成本费用与营业收入之间的比率、成本费用与利润之间的比率、资金占用与营业收入之间的比率。

【即学即练 2.3】永威公司与万芳公司均属于同一行业，永威公司 20×4 年营业成本为 4 000 万元，利润额为 360 万元；万芳公司 20×4 年营业成本为 1 000 万元，利润总额为 110 万元。你如何对两家公司的经营业绩做出评价？

分析点津 由于两家公司的规模不同，对利润产生的差异就不能运用绝对数比较来说明问题。我们可以分别计算它们的营业成本利润率加以分析。

$$\text{营业成本利润率（永威）}=\frac{360}{4\,000}\times100\%=9\%$$

$$\text{营业成本利润率（万芳）}=\frac{110}{1\,000}\times100\%=11\%$$

通过计算我们可以得出结论，万芳公司的每百元营业成本创造的利润比永威公司要多 2 元，万芳公司的经营业绩较好。

【即学即练 2.4】王小鱼投资股票 20 000 元，通过买卖，扣除相关费用后账户余额为 21 000 元，她如何计算自己的盈亏比率。

分析点津

$$\text{赢利率}=(21\,000-20\,000)\div20\,000\times100\%=5\%$$

通过计算说明她本次投资股票赢利率为 5%。如果她期望的投资获利率为 4%，则王小鱼可以继续对该股票进行投资。于是她打算再投资 200 000 元到股市，按照 5%的赢利水平，她将获利 10 000 元。这就是效率比率的计算和应用。

3．构成比率

构成比率也称为结构比率，它是某项经济指标的一个或几个组成部分占总体的比重，反映部分与总体之间的相互关系。其计算公式如下：

$$构成比率=\frac{某一组成部分数额}{总体数额}\times100\%$$

利用构成比率分析，可以考察总体中某一部分形成和安排得是否合理，以便协调企业的财务活动。财务报告分析中常用的构成比率有以下几种。

（1）资产各项目占资产总额的比重。

（2）负债各项目占负债总额的比重。

（3）负债、所有者权益各项目占资产总额的比重。

（4）各类固定资产占固定资产总额的比重。

（5）各成本项目占总成本的比重。

（6）各类存货占存货总额的比重。

（7）各项成本、费用、利润占营业收入的比重。

（8）各项现金流入（出）占现金总流入（出）的比重。

【即学即练 2.5】A 公司 20×3 年结构利润表如表 2.4 所示（以收入为 100%），请对该公司净利润构成情况做出简要分析。

分析点津　A 公司 20×3 年净利润构成比 20×2 年上升了 2 个百分点，主要原因有营业成本构成比重下降了 5%，导致营业利润比重上升了 5%；还有费用比重上升了 3%，各个因素共同影响使得净利润构成上升了 2%。

表 2.4　A 公司结构利润表（部分）

项　目	金额（万元）		构成比率（%）	
	20×2 年	20×3 年	20×2 年	20×3 年
营业收入	400 000	450 000	100	100
营业成本	280 000	292 500	70	65
营业利润	120 000	157 500	30	35
费用（含所得税）	100 000	126 000	25	28
净利润	20 000	31 500	5	7

【学中做 2.2】根据学中做 2.1 中 ABC 公司 20×3 年度比较利润表的资料，利用比率分析法完成表 2.5，并对其构成比率情况进行简要分析。

表 2.5　ABC 公司 20×3 年度结构利润表

项　目	本期金额（万元）	上期金额（万元）	本期构成（%）	上期构成（%）
一、营业收入	8 240	7 640		
减：营业成本	6 400	5 420		
税金及附加	420	390		
销售费用	80	78		
管理费用	340	330		
财务费用	−100	−100		
资产减值损失				
加：公允价值变动收益（损失以“−”号填列）				

续表

项　目	本期金额(万元)	上期金额(万元)	本期构成(%)	上期构成(%)
投资收益（损失以"–"号填列）	40	40		
其中：对联营企业和合营企业的投资收益				
二、营业利润（亏损以"–"号填列）	1 140	1 562		
加：营业外收入	210	210		
减：营业外支出	30	28		
其中：非流动资产处置损失				
三、利润总额（亏损总额以"–"号填列）	1 320	1 744		
减：所得税费用	320	400		
四、净利润（净亏损以"–"号填列）	1 000	1 344		

分析点津　可以围绕利润表主要项目（如营业收入、营业成本、净利润等项目）的变动进行分析。

在财务报告分析中，经常要用到财务比率，常用的财务比率可以归纳为表 2.6 所示的内容。

表 2.6　常用的财务比率

获利能力比率	营业毛利率	毛利÷营业收入	营运能力比率	存货周转率	营业成本÷平均存货
	营业净利率	净利润÷营业收入		应收账款周转率	营业收入÷平均应收账款
	总资产报酬率	息税前利润÷平均总资产		流动资产周转率	营业收入÷平均流动资产
	净资产收益率	净利润÷平均净资产		总资产周转率	营业收入÷平均总资产
	…			固定资产周转率	营业收入÷平均固定资产
偿债能力比率	流动比率	流动资产÷流动负债		…	
	速动比率	速动资产÷流动负债	发展能力比率	资产增长率	本年总资产增长额÷上年总资产
	资产负债率	负债总额÷资产总额		营业收入增长率	本年营业收入增长额÷上年营业收入
	产权比率	负债总额÷所有者权益总额		资本积累率	本年所有者权益增长额÷上年所有者权益
	…			净收益增长率	当年留存收益增长额÷年初净资产
				…	

【知识导航】

运用比率指标计算比较简便，计算结果也较容易判断，而且可以使某些指标在不同规模的企业间进行比较；但在运用这一分析方法时要注意正确计算比率，保证指标的可比性，进行行业分析时要与竞争对手进行比较，而且要综合考虑不同财务比率之间的关系，说明问题要一致，综合评价企业的全貌。

三、趋势分析法

趋势分析法是计算连续若干期的相同指标，揭示和预测发展趋势的一种方法。这种方法在统计学中被称为动态分析，通过将企业不同时期财务报告中相同的指标或比率进行比较，可直接观察其增减变动情况及幅度，考察其发展趋势，包括定比和环比两种方法。

1. 定基动态比率

定基动态比率是以某一时期为基数，其他各期均与该期的基数进行比较分析的一种比率。其计算公式为

$$定基动态比率=\frac{分析期数值}{固定基期数值}$$

2. 环比动态比率

环比动态比率是指分别以上一时期为基数，下一时期与上一时期的基数进行比较的一种比率。其计算公式为

$$环比动态比率=\frac{分析期数值}{前期数值}$$

【即学即练 2.6】A 公司自 20×2—20×6 年连续 5 年的营业收入分别为 20 000 万元、21 000 万元、25 200 万元、27 720 万元和 29 940 万元；营业利润分别为 1 000 万元、1 200 万元、1 440 万元、1 512 万元和 1 560 万元。利用趋势分析法评价 A 公司近年来经营成果的发展趋势。

分析点津 根据资料计算填制分析表，如表 2.7 所示。

表 2.7 A 公司动态比率分析表

项目		20×2	20×3	20×4	20×5	20×6
绝对金额（万元）	营业收入	20 000	21 000	25 200	27 720	29 940
	营业利润	1 000	1 200	1 440	1 512	1 560
定基比率（%）	营业收入	100	105	126	139	150
	营业利润	100	120	144	151	156
环比比率（%）	营业收入	–	105	120	110	108
	营业利润	–	120	120	105	103

从表 2.7 的计算结果可知：A 公司自 20×2 年至 20×6 年连续 5 年中，营业收入和营业利润始终保持不断增长的趋势，从增长速度来看 20×4 年达到了高峰，随后开始下降，总的经营状况较好。但是，从 20×5 年开始不仅增长速度放慢，而且营业利润的增长速度远远低于营业收入的增长速度，说明该公司的成本费用水平有所上升，该公司应该在成本费用方面加强控制，及时采取有效措施，力争在 20×6 年扭转局面。

【学中做 2.3】

AA公司20×2年至20×6年连续五年的营业收入等项目资料如表2.8所示，根据资料完成表2.9，并利用趋势分析法对AA公司营业利润变动情况进行简要分析。

表 2.8 AA 公司 20×2～20×6 年营业利润 （单位：万元）

项　目	20×2	20×3	20×4	20×5	20×6
营业收入	878	984	1116	1222	1208
减：营业成本	672	759	870	969	964
税金及附加	48	50	57	65	59
期间费用	8	9	10	14	19
营业利润	150	166	179	174	166

表 2.9 AA 公司营业利润定比环比分析表 （单位：%）

项　目	20×2		20×3		20×4		20×5		20×6	
	定比	环比	定比	环比	定比	环比	定比	环比	定比	环比
营业收入										
减：营业成本										
税金及附加										
期间费用										
营业利润										

分析点津　计算时小数点四舍五入，分析时侧重关注影响营业利润的因素及其变化趋势。

四、因素分析法

因素分析法也被称为因素替换法，它是从数量上来确定一个综合经济指标所包含的各项因素的变动对该指标影响程度的一种分析方法。因素分析法可以全面分析若干因素对某一经济指标的共同影响，又可以单独分析其中某个因素对某一经济指标的影响。因素分析法可以分为连环替代法和差额分析法。

1. 连环替代法

连环替代法是用来确定几个互相联系的因素对分析对象的影响程度的一种分析方法。其主要程序如下。

（1）分解某项综合指标的各项构成因素。

（2）确定各个因素与某项经济指标的关系，如加、减、乘、除的关系；根据分析指标的报告期数值与基期数值列出两个关系式。

（3）连环顺序替代，计算替代结果。连环顺序替代是以基期指标体系为计算基础，用实际指标体系中的每一个因素的实际数顺序替代其相应的基期数据，每次替代一个因素，替代后的因素被保留下来。计算替代结果，就是在每次替代后，按关系式计算其结果。

（4）比较各因素的替代结果，确定各因素的影响程度，即把每个指标与该因素替代前的指标相比较，确定该因素变动对经济指标所造成的影响。

（5）检验分析结果。检验分析结果就是将各因素对分析指标的影响额相加，其代数和应该等于分析对象，即报告期数据与基期数据的差额。如果相等说明分析结果可能是正确的。

上述步骤可以用下面的内容表示。

设某一经济指标 T 是由相互联系的 A、B、C 三个因素的乘积组成的，即

$$T = A \times B \times C$$

当 T 为计划指标时，则 $T_0 = A_0 \times B_0 \times C_0$；当 T 为实际指标时，则 $T_1 = A_1 \times B_1 \times C_1$；实际与计划的差异为 $D = T_1 - T_0$。

在分析各因素的变动对指标的影响时，首先要把后两个因素（B、C）保持不变，单独计算第一个因素（A）变动对指标的影响；然后，在第一个因素已变的基础上，计算第二个因素（B）变动的影响；依此类推，直到各个因素变动的影响都计算出来为止。用公式表示如下。

计划指标：

$$T_0 = A_0 \times B_0 \times C_0 \tag{1}$$

第一次替代：

$$T_2 = A_1 \times B_0 \times C_0 \tag{2}$$

式（2）−式（1）$= T_2 - T_0$，即为 A 因素变动的影响值。

第二次替代：

$$T_3 = A_1 \times B_1 \times C_0 \tag{3}$$

式（3）−式（2）$= T_3 - T_2$，即为 B 因素变动的影响值。

第三次替代：

$$T_1 = A_1 \times B_1 \times C_1 \tag{4}$$

式（4）−式（3）$= T_1 - T_3$，即为 C 因素变动的影响值。

将以上各种因素变动的影响加以综合，其结果应与实际总额偏离计划总额的总差异相等，即

$$(T_2 - T_0) + (T_3 - T_2) + (T_1 - T_3) = T_1 - T_0 = D$$

【即学即练 2.7】永威公司甲产品原材料费用有关资料如表 2.10 所示，用连环替代法分析产品产量、单位产品消耗量，以及材料单价变动对材料费用总额的影响。

分析点津 根据表 2.10 的资料，运用连环替代法编制表 2.11。

表 2.10 永威公司甲产品原材料费用资料

项 目	产品产量（件）	单位产品消耗量（千克）	材料单价（元）	材料费用总额（元）
计划费用	2 000	20	50	2 000 000
实际费用	2 200	18	55	2 178 000
差异	200	2	5	178 000

表 2.11 甲产品原材料费用差异分析表

替换次数	因素			各因素乘积		每次替换的差异		影响差异产生的因素
	产品产量	单位产品消耗量（千克）	材料单价（元）	金额（元）	编号	算式	金额（元）	
基数	2 000	20	50	2 000 000	1			
第一次	2 200	20	50	2 200 000	2	2−1	200 000	产品产量
第二次	2 200	18	50	1 980 000	3	3−2	−220 000	单位消耗量
第三次	2 200	18	55	2 178 000	4	4−3	198 000	材料单价
各因素影响程度合计							178 000	综合影响

根据计算结果可以看到，甲产品材料费用总额实际比计划增加了 178 000 元，由于甲产品产量增加了 200 件，使得材料费用上升了 200 000 元；由于单耗下降了 2 千克，使得材料费用下降

了220 000元；由于材料单价上升了5元，使得材料费用增加了198 000元。三者共同作用，使得材料费用上升了178 000元。

【知识导航】

连环替代法作为因素分析法的主要形式，在财务分析时经常应用，但在应用时应该注意几个问题：一是因素分解的相关性，即构成经济指标的因素必须是客观上存在因果关系，能够反映形成该指标差异的内在构成原因；二是因素替代的顺序性，即因素替代的顺序一经确定，不能随意颠倒，否则会得出不同的计算结果；三是分析前提的假设性，即分析某一因素对经济指标的影响时，必须假定其他因素不变，否则就不能分清各单一因素对计算结果的影响；四是顺序替代的连环性，即在确定各因素变动对分析对象的影响时，都是将某因素替代后的结果与该因素替代前的结果进行对比，一环套一环。只有这样才能保证各因素影响之和等于分析指标变动的差异，从而全面说明分析指标变动的原因。

2. 差额分析法

差额分析法是连环替代法的简化形式，基本原理与连环替代法相同；区别在于分析程序上，差额分析法可直接利用各影响因素的实际数与基期数的差额，在其他因素不变的假设条件下，计算各因素对分析指标的影响程度。

【即学即练2.8】 承即学即练2.7的资料，用差额分析法分析甲产品材料费用变动的原因。

分析对象：2 178 000 − 2 000 000 = 178 000（元）

产量变动对材料费用的影响：（2 200 − 2 000）× 20 × 50 = 200 000（元）

单位产品消耗对材料费用的影响：2 200 ×（18 − 20）× 50 = − 220 000（元）

材料单价变动对材料费用的影响：2 200 × 18 ×（55 − 50）= 198 000（元）

三个因素共同影响的结果为 200 000 − 220 000 + 198 000 = 178 000（元）

【课堂讨论2.3】

是不是所有的连环替代法都可以用差额分析法的方式进行简化？

【学中做2.4】

AA公司有关产品产量和成本资料如表2.12所示，根据资料，运用连环替代法和差额分析法分析各因素变动对产品总成本的影响。

分析点津 产品总成本=产品产量 × 单位变动成本 + 固定总成本。由于综合因素和各个指标之间不仅仅是乘法的关系，所以运用差额分析时要慎重。

财务分析的方法很多，企业在具体工作中应灵活运用。企业如何提高财务分析工作的效率，读者可以参阅“会计网”“资讯”栏目中《企业财务分析工作如何高效执行》一文，其链接及二维码如下：

http://www.kuaiji.com/shiwu/1743557

表2.12 AA公司产品产量及成本资料表

项　　目	20×3年	20×2年
产品产量（件）	1 200	1 000
单位变动成本（万元）	11	12
固定总成本（万元）	10 000	9 000
产品总成本（万元）	23 200	21 000

【学中做 2.5】某公司 20×3 和 20×4 年有关销售资料如表 2.13 所示。根据资料，运用连环替代法和差额分析法对公司的营业收入进行因素分析。

表 2.13 某公司销售资料表

项 目	20×3 年	20×4 年	差 异
营业收入(万元)	660	570	90
销售数量(件)	1000	760	240
销售单价(万元)	0.66	0.75	-0.09

小 结

财务报告分析程序，也被称为财务报告分析的一般方法，是指进行财务报告分析时应遵循的一般过程。研究财务报告分析程序是进行分析的基础和关键，为正确地开展财务分析工作、掌握财务分析方法指明了方向。财务报告分析程序包括明确分析目标、制定分析计划、收集整理分析资料、实施财务报告分析、财务报告分析综合评价五项内容。

财务报告分析方法是实现分析目标的手段，由于不同的信息使用者的分析目标不同，分析时须采用多种方法以实现分析目标。常用的财务报告分析方法有比较分析法、比率分析法、趋势分析法和因素分析法。

比较分析法是通过经济指标在数量上的比较，来揭示经济指标的数量关系和数量差异的一种方法。比较分析法又分为绝对数比较分析法和相对数比较分析法两种。

比率是两个数据相比所得的值，比率分析是通过把财务报表内的某一个数据与其他的相关数据比较，建立数据之间的联系，从而得出分析结论或提出待解释问题的一种分析方法。财务比率包括构成比率、效率比率和相关比率。

趋势分析法是计算连续若干期的相同指标，揭示和预测发展趋势的一种方法。

因素分析法也被称为因素替换法，它是从数量上来确定一个综合经济指标所包含的各项因素的变动对该指标影响程度的一种分析方法。因素分析法可以全面分析若干因素对某一经济指标的共同影响，又可以单独分析其中某个因素对某一经济指标的影响。因素分析法可以分为连环替代法和差额分析法。

推荐阅读

案例分析：企业失败的几种财务理由——软件公司A

A软件公司曾经非常红火，市场发展迅速，销售情况良好，但是现在的发展令人担忧，业绩大幅下滑。该公司有许多奇怪的情况，例如，该公司本身不在北京，其光盘代理生产厂家却在北京，该公司竟将母盘留在北京；更让人不解的是，该公司与光盘生产厂家没有一个严密协定，没有任何书面合同，没有一套严密的规章制度，公司内任何一个业务员只要一个电话就可以让厂家生产光盘。由于没有一套规范的票务管理制度，不久该公司便相继出现许多严重的问题。症结何在？窥一斑而知全豹，从下面两件事中可以看出当时该公司的问题之严重。

事件一：该公司会计接到光盘代理生产厂家电话：贵公司有人到我们公司压盘，请你们将生产费用寄过来。会计说：没有啊，我们没压过盘啊！光盘厂家说：怎么会没有啊，谁谁谁什么时候就到这里来压过盘，欠多少钱。会计自然觉得很奇怪，经查还真有这么一回事，公司某个业务员压了盘，没给钱。

事件二：就是货款转账的问题。按照正常的操作程序，公司应让业务员将货款转到指定的账户上，该公司却出现如下情况。据说当时一位老总说：还是将账转回到公司的账上吧，这样能好管理一些！而另外一个老总说：算了，转来转去也是个麻烦，反正也不会出什么大事儿。后来该公司有一个业务员在公司完全不知情的情况下跳槽到另一家公司，走的时候带走了公司存在他账上的一笔货款。当时一个老总对商家说：你们欠我们的货款怎么现在还不给我们回款呢？商家说：我们已经给了啊，某月某日汇到某某业务员的账上了，而这时此业务员已经离开了该公司，根本无法追究。此事既对该公司的利益造成了损失，又败坏了员工风气。一笔货款再怎么也是几十万元，这对公司来说可能不算啥，但对个人来说就不是一个小数目了，诱惑极大。

最后使得搞开发的科研人员再也无心搞开发，觉得还不如找一个挣钱的捷径。业务员也觉得这样辛苦站柜台没什么意思，何必这么老老实实的呢，还不如也学某业务员，其发得多快，现在也没什么损失，在另外一个公司做得好好的，说不定照样发。

具体分析

票务管理贯穿公司发展的始终，无论是最初艰难的创业阶段，还是后来蒸蒸日上的发展阶段，甚至是折戟沉沙的衰落时期，票务管理都是企业的命脉。当我们思考一个又一个悲情的商场故事时，我们往往将目光聚焦于老总们在关键时刻的错误决策，却忘了诸如票务管理这样的细枝末节，千里之堤溃于蚁穴，作为一个企业我们不能避开票据管理这样的细枝末节。然而当我们将目光停在上面的软件公司时，就会发现，最终的失败是票务管理制度的失败，可以这样说，千里之堤溃于票务管理。

就A软件公司而言存在下面几方面的问题。

1. 该公司不在北京，光盘代理生产厂家却在北京，在此情况下，不应将母盘留在北京。如果要留在北京，也应与厂家有一个严密协定，不能没有相应合同和一套票务管理制度。

2. 内部票务管理制度不健全，任何一个业务员一个电话就可以在该厂家生产光盘。光盘出厂价与市场价格相差极大，这中间有很大的利润空间，我们不难想象，一定有压了盘只给压盘费，凭发票入库而没到会计那儿报账的业务员。如此一来，公司前期开发成本很高，而收入却被业务员截流，这对于公司是很大的损失。

3. 就是货款转账的问题，没有正常的操作程序和票务管理，公司不要求业务员将货款转到指定的账户上，对业务员的货款没有监控。人脑的记忆是有限的，东西一多，时间一长，任何人都有可能记不清甚至忘记，这样就给投机的人提供了机会。

4. 老总不懂票据管理的重要性。这主要体现在下面五个方面。

（1）该公司没有严格的票据管理制度。付款没有单据，业务员付款给光盘厂没有票据，提货付款，也没有票据，这样使得公司的营销情况连会计都不知道，甚至连查都没地方查。

（2）对库管的认识不够。产品归入库房的时候要签入库单，找库管签字，库管找库房主管签字，然后到会计那儿挂账，入库单和会计的单据联号。而该公司凭发票就可以入库，这样既打乱了票据管理的规范，又使得既有的票据成为一种没有实际用处的摆设。

（3）跟光盘厂没有书面合同，与光盘代理生产厂家要有一套健全的票据管理制度，而不能仅凭一个电话就生产光盘，对于一个懂管理的老板来说这简直不可理喻。

（4）不懂发票的作用和意义，凭发票入库或提货。我国的税收制度尚不完善，很多公司和个人凭关系就能开出发票，显然不能作为凭证。

（5）不懂会计的重要性，就像用100元请了一个只会加减乘除的人来做会计，如果一个懂票据管理的老板，一定不会这样做。

（资料来源：http://enterprise.dbw.cn/system/2013/09/24/055091589.shtml）

习　题

一、单项选择题

1. 财务报告分析的起点是（　　）。

A. 收集财务信息　　B. 企业战略分析
C. 财务报表项目分析　　D. 财务业绩分析

2. 计算一项财务指标中的某一个或几个项目占总体的比重，以反映部分与总体之间相互关系的比率是（　　）。

A. 效率比率　　B. 构成比率　　C. 相关比率　　D. 流动比率

3. 在财务报告分析中，以分析期的数额与固定基期数额计算出来的动态比率是（　　）。

A. 定基比率　　B. 环比比率　　C. 财务比率　　D. 共同比率

4. 下列财务比率中能反映企业偿债能力的是（　　）。

A. 流动比率　B. 净资产收益率　C. 总资产报酬率　D. 总资产周转率

5. 下列属于反映企业发展能力的指标是（　　）。

A. 速动比率　B. 产权比率　C. 资产负债率　D. 营业收入增长率

6. 运用比率分析法进行财务报告分析时，应注意对比指标的（　　），将不具有相关关系的指标进行对比，对分析没有实际意义。

A. 有用性　B. 相关性　C. 一致性　D. 清晰性

7. （　　）是计算连续若干期的相同指标，揭示和预测发展趋势的一种方法。这种方法在统计学中也被称为动态分析。

A. 趋势分析法　B. 比较分析法　C. 比率分析法　D. 因素分析法

8. 速动比率属于（　　）。

A. 相关比率　B. 构成比率　C. 效率比率　D. 环比比率

9. 反映企业一定会计期间经营成果的报表是（　　）。

A. 利润表　B. 现金流量表　C. 所有者权益变动表　D. 资产负债表

10. （　　）指分别以上一时期为基数，下一时期与上一时期的基数进行比较。

A. 定基动态比率　B. 环比动态比率　C. 产权比率　D. 效率比率

二、多项选择题

1. 因素分析法包括（　　）。

A. 差额分析法　B. 连环替代法　C. 趋势分析法　D. 结构分析法

2. 财务报告分析的方法包括（　　）。

A. 比较分析法　B. 比率分析法　C. 因素分析法　D. 趋势分析法

3. 比较分析法是财务报告分析中最基本的方法，其可分为（　　）。

A. 绝对数比较法　B. 相对数比较法　C. 定基比较法　D. 环比比较法

4. 财务报告分析的目标是运用财务数据以及相关信息评价企业过去、现在的（　　）以及未来的发展情况。

A. 财务状况　B. 经营成果　C. 营业利润　D. 现金流量

5. 下列财务比率中属于赢利能力比率的有（　　）。

A. 应收账款周转率　B. 毛利率　C. 成本费用利润率　D. 市净率

6. 财务数据本身并不说明问题，所以财务报告分析必须与企业的（　　）相结合。

A. 筹资活动　B. 投资活动　C. 经营活动　D. 管理活动

7. 财务报告分析的基本原则包括（　　）。

A. 明确目标与全面分析原则　B. 系统分析与动态分析原则

C. 定量分析与定性分析相结合的原则　D. 成本效益原则

8. 财务报告分析中常用的构成比率有（　　）。

A. 资产各项目占资产总额的比重　B. 负债各项目占负债总额的比重

C. 负债、所有者权益各项目占资产总额的比重　D. 各类固定资产占固定资产总额的比重

9. 财务报告分析综合评价阶段是财务报告分析实施阶段的继续，具体包括（　　）工作。

A. 财务综合分析与评价　B. 财务预测与价值评估

C. 财务指标分析　D. 形成分析报告

10. 实施财务报告分析阶段的工作主要有（　　）。

A. 综合评价　　　　B. 财务指标分析和因素分析

C. 收集资料　　　　D. 战略分析与会计分析

三、判断题

1. 绝对数比较只通过差异说明差异金额，没有反映变动程度，而相对数比率可以进一步反映变动程度。（　　）

2. 资产负债表各项目占资产总额的比重，在财务报告分析中被称为效率比率。（　　）

3. 比较分析法分为差异分析法和趋势分析法。（　　）

4. 财务分析者最重要的是通过财务比率分析了解企业的全貌，所以在财务分析中必须根据某一个比率指标做出判断。（　　）

5. 投资人对财务报告进行分析可以降低投资风险。（　　）

6. 综合评价结论是财务报告分析的关键步骤，结论正确与否是判断会计报表质量的唯一标准。（　　）

7. 差额分析法和连环替代法的原理和程序都是相同的。（　　）

8. 连环替代法就是因素分析法。（　　）

9. 连环替代法分解因素要准确，在替代因素时可以采用不同的排列顺序，计算结果是相同的。（　　）

10. 因素分析法在分解指标时，其影响因素只要在数学上的算式相等，分解方法就是正确的。（　　）

四、思考题

1. 财务报告分析的基本程序有哪些？

2. 连环替代法的基本步骤是什么？

五、实务分析题

1. 某公司 20×2—20×6 年的产品营业利润如表 2.14 所示。

要求：根据该公司资料，编制其营业利润定比分析表和环比分析表，并进行简要分析。

2. 某企业 20×4 年 12 月甲产品原材料费用资料如表 2.15 所示。

表 2.14　公司 20×2—20×6 年产品营业利润表　（单位：万元）

项　目	20×2 年	20×3 年	20×4 年	20×5 年	20×6 年
营业收入	1578	1714	1930	2200	2518
减：营业成本	1090	1194	1340	1578	1778
销售费用	26	28	58	42	56
税金及附加	172	188	212	242	276
营业利润	290	304	320	338	408

表 2.15　甲产品原材料费用资料

指　标	单位	标准（预算）	实际	差异
产品产量	台	140	144	4
单位产品材料消耗	千克	600	592	−8
材料单价	元	7	7.5	0.5
直接材料成本	千克	588	639.36	51.36

要求：

（1）用连环替代法对材料成本进行因素分析；

（2）用差额分析法对材料成本进行分析。

3. 某企业 20×4 年 12 月 31 日资产负债表（简表）如表 2.16 所示，根据资料编制结构资产负债表，并对该企业财务状况做出简单评价。

表 2.16 某企业资产负债表（简表）

20×4 年 12 月 31 日　　　　（单位：万元）

资产		负债及所有者权益	
项目	金额	项目	金额
流动资产：	201 970	流动负债	97 925
其中：速动资产	68 700	长期负债	80 000
固定资产	237 000	负债合计	177 925
无形资产	138 955	所有者权益合计	400 000
资产总计	577 925	负债及所有者权益总计	577 925

模块二　财务报告编制与综合分析实务

本模块主要内容：

第三章　资产负债表的编制与分析
第四章　利润表的编制与分析
第五章　现金流量表的编制与分析
第六章　所有者权益变动表的编制与分析

第三章

资产负债表的编制与分析

【知识目标】

1. 了解资产负债表分析的作用。
2. 理解资产负债表的结构及编制方法。
3. 掌握资产负债表的分析方法。

【技能目标】

1. 根据企业资料能够完成资产负债表的编制。
2. 根据企业资料能够进行资产负债表综合分析。

【引例导读】

资产负债表的逸闻

关于资产负债表，有两个有趣的历史逸闻。美国著名会计学家张伯伦（Chamberlain，1974）曾经评价“世界上第一个亿万富翁”洛克菲勒在19世纪50年代开始经商的时候，“他精通于查看资产负债表，这给美国克利夫兰的商人们留下了深刻的印象”。而作为反例，曾经有过百年辉煌历史的前英国老牌银行帝国巴林银行的董事长彼得·巴林则认为资产负债表没有什么用。他曾经在1994年3月有过这么一段不屑的断言：“若以为揭露更多资产负债表的数据，就能增加对一个集团的了解，那真是幼稚无知。”随后不久，巴林银行就因为内部控制不力，且资产负债表对于衍生金融工具风险方面的信息没有得到应有的揭示而倒闭了。

（崔刚，2009）

点评： 资产负债表是企业对外报送的主要财务报表之一，很多人都承认，如果巴林银行新加坡分行能够将衍生金融交易过程中的风险敞口通过资产负债表较为充分地加以披露，从而引起总部和相关监管机构的重视，巴林银行也许就不会倒闭。透过这两则逸闻，资产负债表的重要地位和作用便可见一斑。通过本章的学习我们将明确资产负债表的结构及编制方法，掌握如何对资产负债表进行综合分析。

第一节　资产负债表编制

一、资产负债表概述

资产负债表是反映企业在某一特定日期所拥有的或控制的经济资源、所承担的现时义务和所有者对净资产的要求权的财务报表。它是根据资产、负债和所有者权益（或股东权益，下同）之间的相互关系，按照一定的分类标准和一定的顺序，把企业某一日期的资产、负债和所有者权益各项目予以适当排列，并对日常工作中形成的大量数据进行高度浓缩整理后编制而成的。

资产负债表是企业对外提供的一份基本报表，是报表使用者借以了解企业情况，做出相应决策的工具，对于报表使用者来说，它有以下几项作用。

（1）资产负债表可以提供某一日期的资产总额及其构成，表明企业拥有或控制的资源及其分布情况。它表明企业在特定时点所拥有的资产总量有多少，这些资产以什么形式（资金占用形态）存在，如流动资产有多少，固定资产有多少，长期股权投资有多少，无形资产有多少等。一般而言，企业拥有控制的经济资源越多，其形成和产生新的经济利益和社会财富的能力就越强。但是，同样的资源总量配置结构不同，所产生的经济利益就有所不同。因此在分析时，我们不仅要看企业拥有控制的经济资源总量有多少，还要分析其配置结构是否合理。

（2）资产负债表可以提供某一日期的负债总额及其构成，表明企业未来需要用多少资产或劳务清偿债务以及清偿的时间。如果企业的债务是流动负债，就必须在较短时期内偿还，这意味企业面临着短期的偿债压力，这也是现实中导致企业陷入危机乃至破产的一个原因；如果企业的债务是非流动负债，偿还期限相对而言比较长，就属于企业可以长期占用的资金来源。从资产负债表中可以清楚地知道在特定时点上企业欠了谁多少钱，该什么时候偿还等，这往往是信贷决策的主要依据。

（3）资产负债表可以提供某一日期的所有者权益的构成情况，表明企业所有者拥有的权益，据以判断资产保值、增值的情况以及对负债的保障程度。在资产负债表上，所有者权益作为资产减去负债后的余额，体现企业拥有的净资产及其来源，同时也体现了全体投资者对于企业剩余权益的要求权，其数值大小可以用来判断企业资本保值、增值情况及其对负债的保障程度。由于负债需要按期偿还，所有者权益是永久性资本，两者比例不同，可以反映企业的财务实力、偿债能力和支付能力。

（4）有助于评价企业的资本结构、财务弹性。资本结构主要体现为负债与所有者权益之间的比值，有时候也被表示为长期资金的结构，即非流动负债与所有者权益之间的对比关系。

【知识导航】

财务弹性，主要指企业应对各种挑战，适应各种变化和抓住各种机会的能力和变通性。资产负债表展示了企业的财力及其弹性，如果财务弹性强，意味着企业不仅能够利用获利的机会，而且能够调整资本结构和利用财务杠杆，通过“借鸡生蛋”的方式获取更大利润，即便遇到巨大的偿债压力也不至于陷入财务困境。

（5）反映企业财务状况的发展趋势。资产负债表能够反映企业财务状况的发展趋势。这一点，首先可以通过对比资产负债表初步显露出来。孤立地看某一个时点数，趋势反映的问题当然不够明显，如果把几个时点数对比分析，就可以对企业财务状况和发展趋势做出判断。同样，如果将不同企业同一时点的资产负债表进行比较，还可以对不同企业的财务状况做出评价。

二、资产负债表的结构

我国企业的资产负债表采用账户式结构。账户式资产负债表分为左右两方。左方为资产项目，大体按资产的流动性大小排列，流动性大的资产，如“货币资金”“交易性金融资产”等，排在前面，流动性小的资产，如“长期股权投资”“固定资产”等，排在后面。右方为负债及所有者权益项目，一般按要求清偿时间的先后顺序排列：“短期借款”“应付票据”“应付账款”等需要在一年以内或者长于一年的一个正常营业周期内偿还的流动负债排在前面，“长期借款”等在一年以上才须偿还的非流动负债排在中间，在企业清算之前不需要偿还的所有者权益项目排在后面。

账户式资产负债表中的资产各项目的合计等于负债和所有者权益各项目的合计，即资产负债表左方和右方平衡。因此，通过账户式资产负债表，可以反映资产、负债、所有者权益之间的内在关系，即

资产 = 负债 + 所有者权益

【知识导航】

会计上这种平衡来源于企业的经济活动。企业的运营必须有一定的物质基础，也就是我们所说的资产，企业资产的来源可以概括为两种：一是借来的，二是所有者投入的。所有者投资是为了赚钱，赚来的钱当然都属于所有者，为了赚钱就要有成本，成本也要算在所有者的账上；如果企业赚钱了，资产就会增加，同时所有者的财富也相应增加，资产负债表两边同时等额增加，又形成了新的平衡。

三、资产负债表的编制方法

【课堂讨论 3.1】

资产负债表与利润表有什么关系？四张报表之间又有什么关系？

账户式资产负债表的格式如表1.1所示。

资产负债表（如表 1.1 所示）的数据主要来自会计账簿记录，我国资产负债表主体部分的各项目都有“期末余额”和“年初余额”两个栏目，是一种比较资产负债表。有的项目可以根据有关账户的期末余额填列，有的应按有关账户调整后的期末余额填列。有关账户的具体填列方法如下。

1. “年初余额”的填列方法

表中“年初余额”栏内各项目数字，应根据上年末资产负债表“期末余额”栏内所列数字填列。如果本年度资产负债表规定的各个项目的名称和上年度不一致，应对上年末资产负债表各项目的名称和数字按照本年度的规定进行调整，按调整后的数字填入本表“年初余额”栏目内。

2. “期末余额”的填列方法

“期末余额”的填列方法有以下五种。

（1）根据总账科目的余额填列。“以公允价值计量且其变动计入当期损益的金融资产”“以公允价值计量且其变动计入当期损益的金融负债”“专项应付款”“预计负债”“递延收益”“库存股”“资本公积”“其他综合收益”“盈余公积”等项目，应根据有关总账科目的余额填列。“货币资金”项目，应当根据“库存现金”“银行存款”“其他货币资金”等科目期末余额合计填列。

（2）根据有关明细科目的余额计算填列。“开发支出”项目，应根据“研发支出”科目中所属的“资本化支出”明细科目期末余额填列；自该项目达到预定用途之日起转为无形资产项目。“应付账款”项目，应当根据“应付账款”“预付账款”等科目所属明细科目期末贷方余额合计数填列；“预收款项”项目，应当根据“应收账款”“预收账款”等科目所属明细科目期末贷方余额合计数填列。“一年内到期的非流动资产”“一年内到期的非流动负债”项目，应根据有关非流动资产或负债项目的明细科目余额分析填列。“应付职工薪酬”项目，应根据“应付职工薪酬”科目的明细科目期末余额分析填列；“未分配利润”项目，应根据“利润分配”科目中所属的“未分配利润”明细科目期末余额填列。

（3）根据总账科目和明细账科目的余额分析计算填列。“长期借款”项目，应根据“长期借款”总账科目余额扣除“长期借款”科目所属的明细科目的金额分析填列；“应付债券”项目比照上述方法填列。“长期待摊费用”项目，应根据“长期待摊费用”科目的期末余额减去将于一

年内（含一年）摊销的数额后的金额填列。“其他非流动资产”“其他非流动负债”项目，应根据有关科目的期末余额减去将于一年内（含一年）收回或偿还的金额填列；

（4）根据有关科目余额减去其备抵科目余额后的净额填列。“可供出售金融资产”“持有至到期投资”“长期股权投资”“在建工程”“商誉”项目，应根据相关科目的期末余额填列扣减已经计提的减值准备填列；“固定资产”“无形资产”“投资性房地产”等项目，应根据相关科目的期末余额扣减相关的累计折旧（摊销）填列，已计提减值准备的，还应扣减相应的减值准备。

（5）综合运用上述填列方法分析填列。“应收票据”“应收利息”“应收股利”“其他应收款”项目，应根据相关科目的期末余额，减去“坏账准备”科目中有关坏账准备期末余额后的金额填列。“应收账款”项目，应根据“应收账款”和“预收账款”科目所属各明细科目的期末借方余额合计数，减去“坏账准备”科目中有关应收账款计提的坏账准备期末余额后的金额填列。“预付款项”项目，应根据“预付账款”和“应付账款”科目所属各明细科目的期末借方余额合计数，减去“坏账准备”科目中有关预付款项计提的坏账准备期末余额后的金额填列。“存货”项目，应根据“材料采购”“原材料”“发出商品”“库存商品”“周转材料”“委托加工物资”“生产成本”“受托代销商品”等科目的期末余额合计，减去“受托代销商品款”“存货跌价准备”科目期末余额后的金额填列，材料采用计划成本核算，以及库存商品采用计划成本核算或售价核算的企业，还应按加或减材料成本差异、商品进销差价后的金额填列。

四、资产负债表编制实务

【即学即练 3.1】某企业 20×4 年 12 月 31 日结账后“库存现金”科目余额为 5 000 元，“银行存款”科目余额为 2 000 000 元。“其他货币资金”科目余额为 500 000 元。计算该企业 20×4 年 12 月 31 日资产负债表中“货币资金”项目金额。

解

货币资金 = 5 000 + 2 000 000 + 500 000 = 2 505 000（元）

【即学即练 3.2】某企业 20×4 年 12 月 31 日应付管理人员工资 150 000 元，职工福利最后实际发生额为 21 000 元。计算该企业 20×4 年 12 月 31 日资产负债表中“应付职工薪酬”项目金额。

解

应付职工薪酬 = 150 000 + 21 000 = 171 000（元）

【即学即练 3.3】某企业 20×4 年“长期待摊费用”期末余额为 187 500 元，将于一年内摊销的金额为 102 000 元。计算资产负债表中 20×4 年“长期待摊费用”的金额。

解

长期待摊费用 = 187 500 − 102 000 = 85 500（元）

【即学即练 3.4】某企业 20×4 年 12 月 31 日结账后“固定资产”科目余额为 500 000 元，“累计折旧”科目余额为 45 000 元。固定资产减值准备科目余额 5 000 元计算资产负债表中 20×4 年 12 月 31 日“固定资产”项目金额。

解

固定资产 = 500 000 − 45 000 − 5 000 = 450 000（元）

【即学即练 3.5】某企业 20×4 年 12 月 31 日结账后有关科目所属明细科目借贷方余额如表 3.1 所示。计算该企业 2014 年 2 月 31 日资产负债表有关项目金额。（假定应收账款未计提坏账准备）

表 3.1　某企业明细科目借贷方余额

20×4 年 12 月 31 日　　（单位：元）

会计科目	明细科目借方余额	明细科目贷方余额
应收账款	800 000	50 000
预付账款	400 000	30 000
应付账款	200 000	900 000
预收账款	300 000	700 000

解　计算该企业 20×4 年 12 月 31 日资产负债表

有关项目金额如下：

应收账款 = 800 000 + 300 000 = 1 100 000（元）

预付账款 = 400 000 + 200 000 = 600 000（元）

应付账款 = 30 000 + 900 000 = 930 000（元）

预收账款 = 700 000 + 50 000 = 750 000（元）

【即学即练 3.6】某企业“持有至到期投资”账户 20×4 年 12 月 31 日期末借方余额为 500 000 元，其中 20×1 年 3 月购入的四年期国库券为 300 000 元，20×3 年末购入企业债券 200 000 元。假设上述投资没有计提减值准备，该企业不存在其他一年内到期的非流动资产。在编制 20×4 年度资产负债表时，“一年内到期的非流动资产”和“持有至到期投资”的金额分别为多少元？

解

一年内到期的非流动资产 = 300 000（元）

持有至到期投资 = 500 000 − 300 000 = 200 000（元）

【即学即练 3.7】根据以下 WW 公司 20×5 年有关资料，编制资产负债表。

资料一：该公司年初资产负债表如表 3.2 所示。

表 3.2 资产负债表　　会企 01 表

编制单位：WW 公司　　20×5 年 1 月 1 日　　（单位：元）

资　产	期末余额	年初余额	负债和所有者权益（或股东权益）	期末余额	年初余额
流动资产：			**流动负债：**		
货币资金		4 619 400	短期借款		200 000
交易性金融资产		210 000	交易性金融负债		0
应收票据		368 580	应付票据		585 300
应收账款		119 000	应付账款		105 900
预付款项		108 200	预收款项		0
应收利息		0	应付职工薪酬		3 500
应收股利		0	应交税费		450
其他应收款		2 500	应付利息		0
存货		5 508 400	应付股利		0
一年内到期的非流动资产		0	其他应付款		16 700
其他流动资产		0	一年内到期的非流动负债		750 000
流动资产合计		10 936 080	其他流动负债		0
非流动资产：			**流动负债合计**		1 661 850
可供出售金融资产		0	**非流动负债：**		
持有至到期投资		0	长期借款		854 600
长期应收款		0	应付债券		0
长期股权投资		302 500	长期应付款		0
投资性房地产		0	专项应付款		0
固定资产		1 422 900	预计负债		0
在建工程		202 300	递延所得税负债		0
工程物资		0	其他非流动负债		0
固定资产清理		0	**非流动负债合计**		854 600
生产性生物资产		0	**负债合计**		2 516 450
油气资产		0	**所有者权益（或股东权益）：**		
无形资产		305 600	实收资本（或股本）		10 000 000

续表

资　　产	期末余额	年初余额	负债和所有者权益（或股东权益）	期末余额	年初余额
开发支出		0	资本公积		235 700
商誉		0	其他综合收益		
长期待摊费用		0	减：库存股		0
递延所得税资产		0	盈余公积		185 430
其他非流动资产		0	未分配利润		231 800
非流动资产合计		2 233 300	**所有者权益（或股东权益）合计**		10 652 930
资产总计		13 169 380	**负债和所有者权益（或股东权益）合计**		13 169 380

资料二：该公司本期发生经济业务如下。

（1）从银行借入期限 3 年、利率 5%、分期付息到期偿还本金的借款 2 000 000 元，已存入银行账户，该项借款将用于厂房的建造。

（2）购入原材料一批，收到的增值税专用发票上注明的原材料价款 200 000 元，增值税税额 34 000 元，另支付运杂费 1 000 元，所有款项通过银行转账支付，材料尚未验收入库。

（3）将交易性金融资产（股票投资）出售，价款 200 500 元已存入银行，该投资的成本为 170 000 元，公允价值变动为增值 10 000 元。

（4）购入不需安装的设备一台，价款 85 000 元，支付的增值税为 14 450 元，支付的包装费为 3 000 元。价款及包装费均以银行存款支付，设备已交付使用。

（5）用银行本票支付采购材料价款，公司收到开户银行转来银行本票多余款收账通知，通知上填写的多余款为 268 元，购入材料支付价款及运费 99 800 元，支付增值税税额 16 862 元，原材料已验收入库，该批原材料计划价格 100 000 元。

（6）归还短期借款本金 30 000 元。

（7）购入工程物资一批，收到的增值税专用发票上注明的物资价款和增值税税额合计为 260 000 元，所有款项以银价存款支付。（假定该工程物资用于职工宿舍建造，进项税不予抵扣）

（8）提取本年用于厂房建造的 3 年期借款利息 100 000 元。

（9）提取应计入本年损益的长期借款利息 16 000 元，该借款为分期付息。

（10）支付长期借款利息 116 000 元。

（11）提取现金 500 000 元，准备发放工资。

（12）支付工资 500 000 元，其中包括支付在建工程人员的工资 200 000 元。

（13）分配应支付的职工工资 500 000 元，其中生产人员工资 275 000 元，车间管理人员工资 10 000 元，行政管理人员工资 15 000 元，在建工程人员工资 200 000 元。

（14）本年职工福利费实际发生额为 70 000 元，其中生产工人福利费 38 500 元，车间管理人员福利费 1 400 元，行政管理部门人员福利费 2 100 元，在建工程人员的福利费 28 000 元。

（15）销售产品价款 1 200 000 元，增值税销项税额 204 000 元，货款 1 404 000 元收到并存入银行。产品销售成本 900 000 元。

（16）生产车间产品领用原材料 700 000 元，一般消耗领用低值易耗品 40 000 元，采用一次摊销法摊销。

（17）结转领用原材料和低值易耗品应分摊的材料成本差异，材料成本差异率为 3%。

（18）生产车间一台机床批准报废，原价 300 000 元，已提折旧 180 000 元，清理费用 500 元，残值收入 800 元，均通过银行存款收支。该项固定资产已清理完毕。

（19）计提自用无形资产摊销 60 000 元；以银行存款支付生产车间厂房维修费用 20 000 元。

（20）以银行存款支付产品销售广告费 20 000 元，支付产品展览费 8 000 元。

（21）计提固定资产折旧 125 000 元，其中生产车间固定资产折旧费 105 000 元，行政管理部门固定资产折旧费 20 000 元。

（22）计算并结转本期完工产品成本，假设没有期初在产品，本期生产的产品全部完工入库。

（23）M 公司资本公积增加 300 000 元（本公司持有 M 公司 30%股权，长期股权投资采用权益法核算）。

（24）销售产品开出的增值税发票上注明的销售价款为 350 000 元，增值税销项税额为 59 500 元，产品已发出，货款尚未收到。该商品成本 200 000 元。

（25）本期销售产品应交的消费税为 41 300 元，应交城建税为 15 115 元，应交教育费附加为 6 885 元。

（26）用银行存款交纳增值税 178 000 元，交纳教育费附加 5 710 元，交纳消费税 12 300 元，交纳城市维护建设税 13 320 元。

（27）盈余公积 60 000 元转增资本，资本公积 35 000 元转增资本。

（28）收到应收账款 80 500 元存入银行，偿还应付账款 75 000 元。

（29）将各损益类账户结转至本年利润。

（30）计算税前的会计利润及所得税费用和应交所得税，并将所得税费用结转入“本年利润”账户，所得税税率 25%。假设本例中，资产和负债的账面价值与其计税基础不存在差异。

（31）计算税后净利润，将“本年利润”账户的余额转入“利润分配——未分配利润”账户。

（32）依据净利润的 10%、5%、20%提取法定盈余公积金、任意盈余公积金和分配普通股现金股利。

（33）将利润分配各明细账户的余额均转入“未分配利润”明细账户。

解 根据经济业务编制会计分录如下。

（1）借：银行存款　　2 000 000
　　贷：长期借款　　2 000 000

（2）借：材料采购　　201 000
　　应交税费——应交增值税（进项税额）　　34 000
　　贷：银行存款　　235 000

（3）借：银行存款　　200 500
　　贷：交易性金融资产——成本　　170 000
　　　　——公允价值变动　　10 000
　　　　投资收益　　20 500
　借：公允价值变动损益　　10 000
　　贷：投资收益　　10 000

（4）借：固定资产　　88 000
　　应交税费——应交增值税（进项税额）　　14 450
　　贷：银行存款　　102 450

（5）借：材料采购　　99 800
　　应交税费——应交增值税（进项税额）　　16 862
　　银行存款　　268

贷：其他货币资金——银行本票　116 930
借：原材料　100 000
贷：材料采购　99 800
材料成本差异　200
（6）借：短期借款　30 000
贷：银行存款　30 000
（7）借：工程物资　260 000
贷：银行存款　260 000
（8）借：在建工程　100 000
贷：应付利息　100 000
（9）借：财务费用　16 000
贷：应付利息　16 000
（10）借：应付利息　116 000
贷：银行存款　116 000
（11）借：库存现金　500 000
贷：银行存款　500 000
（12）借：应付职工薪酬——工资　500 000
贷：库存现金　500 000
（13）借：生产成本　275 000
制造费用　10 000
管理费用　15 000
在建工程　200 000
贷：应付职工薪酬——工资　500 000
（14）借：生产成本　38 500
制造费用　1 400
管理费用　2 100
在建工程　28 000
贷：应付职工薪酬——职工福利　70 000
（15）借：银行存款　1 404 000
贷：主营业务收入　1 200 000
应交税费——应交增值税（销项税额）　204 000
借：主营业务成本　900 000
贷：库存商品　900 000
（16）借：生产成本　700 000
贷：原材料　700 000
借：制造费用　40 000
贷：周转材料——低值易耗品　40 000
（17）借：生产成本　21 000
贷：材料成本差异　21 000
借：制造费用　1 200

贷：材料成本差异　　1 200

（18）借：固定资产清理　　120 000
累计折旧　　180 000
贷：固定资产　　300 000
借：固定资产清理　　500
贷：银行存款　　500
借：银行存款　　800
贷：固定资产清理　　800
借：营业外支出　　119 700
贷：固定资产清理　　119 700

（19）借：管理费用　　80 000
贷：累计摊销　　60 000
银行存款　　20 000

（20）借：销售费用　　28 000
贷：银行存款　　28 000

（21）借：制造费用　　105 000
管理费用　　20 000
贷：累计折旧　　125 000

（22）借：生产成本　　157 600
贷：制造费用　　157 600
借：库存商品　　1 192 100
贷：生产成本　　1 192 100

（23）借：长期股权投资——其他权益变动　　90 000
贷：资本公积——其他资本公积　　90 000

（24）借：应收账款　　409 500
贷：主营业务收入　　350 000
应交税费——应交增值税（销项税额）　　59 500
借：主营业务成本　　200 000
贷：库存商品　　200 000

（25）借：税金及附加　　63 300
贷：应交税费——应交消费税　　41 300
——应交城市维护建设税　　15 115
——应交教育费附加　　6 885

（26）借：应交税费——应交增值税（已交税金）　　178 000
——应交消费税　　12 300
——应交城市维护建设税　　13 320
——应交教育费附加　　5 710
贷：银行存款　　209 330

（27）借：盈余公积　　60 000
贷：实收资本　　60 000

借：资本公积 35 000

贷：实收资本 35 000

（28）借：银行存款 80 500

贷：应收账款 80 500

借：应付账款 75 000

贷：银行存款 75 000

（29）借：主营业务收入 1 550 000

投资收益 30 500

贷：本年利润 1 580 500

借：本年利润 1 454 100

贷：公允价值变动损益 10 000

财务费用 16 000

管理费用 117 100

营业外支出 119 700

主营业务成本 1 100 000

销售费用 28 000

税金及附加 63 300

（30）借：所得税费用 31 600

贷：应交税费——应交所得税 31 600

借：本年利润 31 600

贷：所得税费用 31 600

（31）借：本年利润 94 800

贷：利润分配——未分配利润 94 800

（32）借：利润分配——提取法定盈余公积 9 480

——提取任意盈余公积 4 740

——应付现金股利或利润 18 960

贷：盈余公积 14 220

应付股利 18 960

（33）借：利润分配——未分配利润 33 180

贷：利润分配——提取法定盈余公积 9 480

——提取任意盈余公积 4 740

——应付现金股利或利润 18 960

根据上述会计分录编制 20×5 年年末资产负债表，如表 3.3 所示。

表 3.3 资产负债表

会企 01 表

编制单位：WW 公司　　20×5 年 12 月 31 日　　（单位：元）

资　产	期末余额	年初余额	负债和所有者权益（或股东权益）	期末余额	年初余额
流动资产：			流动负债：		
货币资金	6 612 258	4 619 400	短期借款	170 000	200 000
交易性金融资产	30 000	210 000	交易性金融负债	0	0

续表

资　　产	期末余额	年初余额	负债和所有者权益（或股东权益）	期末余额	年初余额
应收票据	368 580	368 580	应付票据	585 300	585 300
应收账款	448 000	119 000	应付账款	30 900	105 900
预付款项	108 200	108 200	预收款项	0	0
应收利息	0	0	应付职工薪酬	73 500	3 500
应收股利	0	0	应交税费	84 208	450
其他应收款	2 500	2 500	应付利息	0	0
存货	5 139 100	5 508 400	应付股利	18 960	0
一年内到期的非流动资产	0	0	其他应付款	16 700	16 700
其他流动资产	0	0	一年内到期的非流动负债	750 000	750 000
流动资产合计	12 708 638	10 936 080	其他流动负债	0	0
非流动资产：			**流动负债合计**	1 729 568	1 661 850
可供出售金融资产	0	0	**非流动负债：**		
持有至到期投资	0	0	长期借款	2 854 600	854 600
长期应收款	0	0	应付债券	0	0
长期股权投资	392 500	302 500	长期应付款	0	0
投资性房地产	0	0	专项应付款	0	0
固定资产	1 265 900	1 422 900	预计负债	0	0
在建工程	530 300	202 300	递延所得税负债	0	0
工程物资	260 000	0	其他非流动负债	0	0
固定资产清理	0	0	**非流动负债合计**	2 854 600	854 600
生产性生物资产	0	0	**负债合计**	4 584 168	2 516 450
油气资产	0	0	**所有者权益（或股东权益）：**		
无形资产	245 600	305 600	实收资本（或股本）	10 095 000	10 000 000
开发支出	0	0	资本公积	290 700	235 700
商誉	0	0	减：库存股	0	0
长期待摊费用	0	0	其他综合收益		
递延所得税资产	0	0	盈余公积	139 650	185 430
其他非流动资产	0	0	未分配利润	293 420	231 800
非流动资产合计	2 694 300	2 233 300	**所有者权益（或股东权益）合计**	10 818 770	10 652 930
资产总计	15 402 938	13 169 380	**负债和所有者权益（或股东权益）合计**	15 402 938	13 169 380

【学中做 3.1】根据余额表编制旭日公司资产负债表。

旭日公司 20×4 年年末有关总账账户余额资料如表 3.4 所示，明细账户余额如表 3.5 所示。

表 3.4　旭日公司 20×4 年 12 月 31 日有关总账账户余额表　（单位：元）

账户名称	借方余额	贷方余额	账户名称	借方余额	贷方余额
库存现金	70 000		短期借款		235 000
银行存款	250 000		应付票据		220 000
其他货币资金	205 000		应付账款		500 000
应收票据	35 000		预收账款		20 000
应收股利	35 000		应付职工薪酬		135 000
交易性金融资产	125 000		应付股利		120 000
应收账款	356 000		应交税费		45 000

续表

账户名称	借方余额	贷方余额	账户名称	借方余额	贷方余额
坏账准备		6 000	其他应付款		35 000
预付账款	60 000		长期借款		500 000
其他应收款	20 000		实收资本		1 500 000
原材料	300 000		资本公积		89 000
库存商品	165 000		盈余公积		256 000
周转材料	50 000		利润分配		125 000
生产成本	185 000				
长期股权投资	390 000				
长期股权投资减值准备		20 000			
固定资产	2 000 000				
累计折旧		650 000			
在建工程	120 000				
无形资产	90 000				
合　计	4 456 000	676 000	合　计		3 780 000

表 3.5　旭日公司 20×4 年 12 月 31 日有关明细账户余额表

（单位：元）

账 户 名 称	借 方 余 额	贷 方 余 额
应收账款——Z 公司	366 000	
——X 公司		10 000
预收账款——Y 公司		20 000
应付账款——V 公司	20 000	
——W 公司		520 000
预付账款——S 公司	65 000	
——T 公司		5000

要求：根据上述资料编制旭日公司 20×4 年年末资产负债表，如表 3.6 所示。

表 3.6　资产负债表

会企 01 表

编制单位：旭日公司　　　　20×4 年 12 月 31 日　　　　（单位：元）

资　　产	期 末 余 额	年 初 余 额	负债和所有者权益（或股东权益）	期 末 余 额	年 初 余 额
流动资产：			流动负债：		
货币资金			短期借款		
交易性金融资产			交易性金融负债		
应收票据			应付票据		
应收账款			应付账款		
预付款项			预收款项		
应收利息			应付职工薪酬		
应收股利			应交税费		
其他应收款			应付利息		
存货			应付股利		

续表

资产	期末余额	年初余额	负债和所有者权益（或股东权益）	期末余额	年初余额
一年内到期的非流动资产			其他应付款		
其他流动资产			一年内到期的非流动负债		
流动资产合计			其他流动负债		
非流动资产：			**流动负债合计**		
可供出售金融资产			**非流动负债：**		
持有至到期投资			长期借款		
长期应收款			应付债券		
长期股权投资			长期应付款		
投资性房地产			专项应付款		
固定资产			预计负债		
在建工程			递延所得税负债		
工程物资			其他非流动负债		
固定资产清理			**非流动负债合计**		
生产性生物资产			**负债合计**		
油气资产			**所有者权益（或股东权益）：**		
无形资产			实收资本（或股本）		
开发支出			资本公积		
商誉			减：库存股		
长期待摊费用			其他综合收益		
递延所得税资产			盈余公积		
其他非流动资产			未分配利润		
非流动资产合计			**所有者权益（或股东权益）合计**		
资产总计			**负债和所有者权益（或股东权益）合计**		

第二节 资产负债表重点项目分析

一、资产重点项目分析

1. 货币资金

货币资金反映企业库存现金、银行存款和其他货币资金的合计数。这些货币资金构成企业的“血液”，也是现金流量表中所谓的“现金”主体。一般而言，一个企业的货币资金越多，说明企业的支付能力和财务弹性越强。但是，由于货币资金的获利能力弱，因此，货币资金并不是多多益善。相反，货币资金积压过多，反而意味企业资金运作效率和水平较低。

货币资金分析还应注意企业货币资金的管理情况。首先应分析企业货币资金收支是否符合国家有关的规定。国家对货币资金管理有严格的规定，企业必须遵守国家有关的结算政策、现金管理制度，合理调度资金。其次应从企业自身的货币资金管理角度进行分析。企业在收支过程中的内部控制制度的完善程度及实际执行情况，直接关系到企业货币资金的运用质量。

在企业的经营业务涉及多种货币，企业拥有多种货币资金的情况下，由于不同的货币币值有不同的未来走向，从而也影响企业货币资金的质量。此时，对企业保有的各种货币进行汇率趋势分析，就可以确定企业持有的货币资金未来质量。

【知识导航】

实务中，人们常常把那些因为不善于理财和找不到很好的投资机会而拿着很多钱不知道该怎么花的企业称为“现金牛”，道理就在于货币资金的获利能力差。货币资金本身意味着机会成本。企业应当根据自身需求，确定一个最佳货币资金持有量，以合理调度货币资金余缺，避免货币资金过多或者过少给企业造成的不良后果。

企业如何确定合理的现金持有量，财务管理中有系统的方法，如果想了解现金持有量确定的方法，可以参阅360百科“最佳现金持有量”词条，其链接及二维码如下：

http://baike.so.com/doc/6758665.html

【即学即练 3.8】ABC公司20×4年资产负债表资料如表3.7所示。

要求：根据资料对该公司的货币资金规模和结构进行分析。

表3.7　资产负债表

会企01表

编制单位：ABC公司　　20×4年 12 月 31 日　　（单位：元）

资　　产	期末余额	年初余额	负债和所有者权益（或股东权益）	期末余额	年初余额
流动资产：			流动负债：		
货币资金	31 001 508	5 859 128	短期借款	5 290 425	10 799 005
交易性金融资产			交易性金融负债		
应收票据	870 072		应付票据	22 001 910	14 919 650
应收账款	30 563 647	22 171 670	应付账款	28 297 504	19 973 712
预付款项	7 615 188	9 678 675	预收款项	2 354 299	1 310 931
应收利息			应付职工薪酬	1 254 505	2 496 670
应收股利			应交税费	−3 045 290	−1 762 010
其他应收款	1 096 129	1 149 108	应付利息	10 483	19 261.40
存货	33 343 224	21 311 019	应付股利		
一年内到期的非流动资产	100 000		其他应付款	1 268 498	750 000.60
其他流动资产			一年内到期的非流动负债		
流动资产合计	104 589 768	6 016 600	其他流动负债		35 06 160
非流动资产：			流动负债合计	57 432 334	52 013 380
可供出售金融资产			非流动负债：		
持有至到期投资			长期借款		4 008 277

续表

资　产	期末余额	年初余额	负债和所有者权益（或股东权益）	期末余额	年初余额
长期应收款			应付债券		
长期股权投资	4 900 000	250 000	长期应付款	200 000	200 000
投资性房地产			专项应付款		
固定资产	37 695 030	22 467 853	预计负债		
在建工程	1 310 552	629 774	递延所得税负债		
工程物资			其他非流动负债		
固定资产清理			**非流动负债合计**	200 000	4 208 277
生产性生物资产			**负债合计**	57 632 334	56 221 657
油气资产			**所有者权益（或股东权益）：**		
无形资产	11 632 250	2 030 034	实收资本（或股本）	18 820 000	14 070 000
开发支出			资本公积	55 298 943	41 961
商誉			减：库存股		
长期待摊费用	319 583		其他综合收益		
递延所得税资产	447 932	389 862	盈余公积	5 073 082	2 300 758
其他非流动资产			未分配利润	24 070 756	13 302 747
非流动资产合计	56 305 347	25 767 523	**所有者权益（或股东权益）合计**	103 262 781	29 715 466
资产总计	160 895 115	85 937 123	**负债和所有者权益（或股东权益）合计**	160 895 115	85 937 123

表 3.8　ABC 公司货币资金规模和结构变动分析表

项　目	期末	期初	增减额	增减幅度（%）	结构（占总资产）（%）		
					期末	期初	结构变动
货币资金	31 001 508	5 859 128	25 142 330	429.11	29.64	9.74	19.9
流动资产总额	104 589 768	60 169 600	44 420 168	73.82	100.00	100.00	

分析点津　从表 3.8 的计算结果可知，ABC 公司 20×4 年度的货币资金较 20×3 年度增长了 429%，增长幅度很大，占流动资产的比重也较 20×3 年增长了 19.9%，表明该公司资产的流动性增强，支付能力强。但是，该公司应警惕资产利用效率低下，资金剩余浪费的现象出现。由于该公司货币资金变动幅度较大，该公司管理者应引起注意。货币资金的变动应结合现金流量表进一步分析。

2. 应收票据

应收票据是指企业因销售商品、产品和提供劳务等收到的商业汇票，包括银行承兑汇票和商业承兑汇票两种形式。商业汇票是一种载有一定付款日期、付款地点、付款金额和付款人的无条件支付的流通证券，也是一种可以由持票人自由转让给他人的债权凭证。应收票据与一般的应收款项相比，流动性和安全性更强，更容易在市场上流通转让，供货方比较容易接受。鉴于此，在过去，应收票据一般不考虑坏账风险而是按照其原值反映；但其毕竟也是一种商业信用，依然存在风险，因此根据新准则规定，应收票据也要根据实际情况计提坏账准备，并按照扣除坏账准备后的净额列示。

应收票据分析应从分析票据的业务基础及报表附注中披露的信息两方面进行。商业汇票要求以商品交易为前提。在具有良好的业务合作的企业之间，特别是关联方之间，会出现相互开具商业汇票的行为。债权企业先用商业承兑汇票向银行贴现，然后将从银行取得的贴现款划给原票据债务企业，从而达到原票据债务企业从银行间接融资的目的。此时，开具商业承兑汇票的目的是向银行融资，这种票据反映的情况就不具有真实的经济交易，从而加大了企业的财务风险。此外，分析应收票据时还要结合会计报表附注中披露的信息，了解企业是否存在已经贴现的商业承兑票据，是否会影响企业未来偿债情况。

【知识导航】

应收票据可以向银行贴现，也就是把应收票据扣除一定的利息后换成现金。贴现的时候，持票人要在票据背面签字，即“背书”，背书后，当签发票据的人到期日不能承付款项时，背书人就要替出票人付款，承担连带责任。例如，A公司急需用钱，将票面金额为1 000万元B公司承付的票据向银行贴现，银行扣除贴现息40万元后（假定是40万元），把960万元交给A公司；如果B公司在票据到期日没有钱支付给银行，那么A公司就要向银行支付1 000万元。企业拿应收票据到银行贴现后，实际上仍然存在潜在的债务。资产负债表中的“应收票据”是扣除了已经贴现的应收票据后的金额，为了全面反映企业的情况，这种可能的负债要在财务报表附注中披露，并注明应收票据是否已贴现等具体情况。

【案例 3.1】

长虹用票据打通了流通

四川长虹电子集团有限公司（以下简称长虹）军转民后搞彩电生产，在四川绵阳建立了深度配套的生产作业流程，使该企业在生产过程中有极强的效率。但是倪润峰很清楚，这个厂建在绵阳，违反了经济学的基本规则。经济学的基本规则是工厂要么靠近原材料基地，要么靠近市场。可是绵阳离成都有上百公里的路，所谓蜀道难，难于上青天。这种情况下，他要从珠江三角洲千里迢迢地把物料运到绵阳，或者把北京、咸阳的这些彩色显像管运到绵阳，组装后再千里迢迢运往全国去销售。长虹彩电能否快速进入流通领域，一开始就存在障碍。

怎样打通流通是长虹面临的最大问题。但是，倪润峰不可能一夜之间建立起流通渠道。倪润峰不愧是优秀的企业家，因为，他能看透企业经营中的要害是什么，并且能利用金融市场这个杠杆搞承兑。

如何承兑呢？比如长虹把10个亿的产品给郑百文，郑百文不需要马上把钱给长虹，可以通过银行搞承兑，等产品都卖完了，半年内把钱还给银行，银行再把钱给长虹。长虹的生产成本较低，加上这种承兑方式，给经销商的扣点远远超过了当时的康佳等厂商，因此吸引了很多经销商经销长虹的产品。

（佚名）

点评：谁打通了商业谁就有未来，这就是倪润峰看到的要害。像这种利用金融杠杆制造扣点的，现在还有很多企业。

3. 交易性金融资产

交易性金融资产是指企业为了交易而持有的金融资产，包括企业从二级市场上购入的股票、债券和基金等，该项目反映了企业持有的交易性金融资产的期末余额。企业持有交易性金融资产的目的是暂时存放闲置资金，以替代较大量的非营利的现金余额，并从中获取一定的证券投资收益。

通过阅读该项目可以知晓企业流动资金的投向，能够部分反映企业的短期变现能力，进而可以分析企业的短期偿债能力。当然，我们也要通过对比年初和年末的数据变动，进而做出准确的分析和判断。

4. 应收账款

应收账款是指企业因销售商品、产品和提供劳务等而应向购买单位收取的各种款项，如应收的价款、增值税款以及代垫的运杂费等。在正常情况下，这种账款在一年内应该能够收回，所以一般归属于流动资产，但在现实经济生活当中，企业可能因为信用危机导致应收账款长期被占压而迟迟收不回来。企业应收账款管理的目标就是要在应收账款信用政策所增加的赢利和这种政策的成本之间做出权衡，以使企业的利润最大化或企业价值最大化。

【知识导航】

应收账款产生的原因分析

企业产生应收账款的原因一般有如下几点。

（1）销售的增加自然会引起应收账款的增加。

（2）客户有意拖延付款造成应收账款的增加。

（3）企业采用了赊销的销售政策造成应收账款的增加。

（4）企业采用了宽松的信用政策造成应收账款的增加。

其中，原因（1）造成的应收账款是正常的，通常会很快收到款项。原因（2）造成的应收账款通常要通过加强收账以及对客户的信用管理来收回。原因（3）、（4）反映了企业的销售策略。

为了体现应收账款的真实价值，应收账款应当估计其坏账损失，按照商业信用金额扣除所计提的坏账准备的净额列示。应收账款分析应与销售额分析、现金流分析联系起来。应收账款的起点是销售，终点是现金。正常的情况是销售增加引起应收账款增加，现金的存量和经营现金流量也会随之增加。如果一个企业应收账款日益增加，而销售和现金日益减少，则企业的营销政策就可能已出现问题，甚至变得比较可疑，有虚构收入操纵利润之嫌疑。

实务中应收账款分析主要是通过比较分析、结构分析、比率分析来进行。

所谓比较分析就是将应收账款的变化与销售收入的变化加以比较。一般说来，应收账款与销售收入规模存在一定的正相关，当企业放宽信用限制时，往往会刺激销售，同时也增加了应收账款；而企业紧缩信用，在减少应收账款时又会影响销售。因此，如果应收账款的增长率明显大于销售收入的增长率，则说明应收账款过多。

所谓结构分析就是将企业的应收账款占总资产的比例（即结构）与同行业其他企业的情况加以比较。一般来说，每一个行业都有其独特的资产结构。如果企业的应收账款占总资产的比例显著超过同行业的一般水平，则往往说明应收账款过多。

所谓比率分析就是将企业的应收账款周转率与同行业其他企业的情况加以比较。应收账款周转率是用一段时间内的（信用）销售额，除以同期内流通在外的应收账款平均余额。计算公式为应收账款周转率＝销售收入/应收账款平均余额。如果企业的应收账款周转率显著低于同行业的一般水平，则往往说明应收账款过多，周转过慢。

此外，在对应收账款的分析中，除了采用比较分析、结构分析和比率分析来判断应收账款是否过多之外，还应进行账龄分析和对象分析来进一步判断应收账款的风险。

应收账款的账龄是指资产负债表中的应收账款从销售实现、产生应收账款之日起，至资产负债表日止所经历的时间，简而言之，就是应收账款停留在企业账簿上的时间。在分析应收账款时，一定要仔细分析财务报表附注，了解应收账款的账龄情况。一般来说，1 年以内的应收账款在企业正常信用期限范围内；1～2 年的应收账款虽属逾期，但也属正常；2～3 年的应收账款风险较大；而 3 年以上的应收账款通常回收的可能性极小。

5. 存货

存货是指企业在生产经营过程中为销售或耗用而储存的各种有形资产，包括各种原材料、包装物、低值易耗品、委托加工材料、产成品、库存商品以及委托代销商品等。存货作为一项重要的流动资产，它区别于固定资产等非流动资产的最基本特征在于，企业持有存货的最终目的是为了出售。

在资产负债表上，存货按照成本与可变现净值孰低计价。成本指的是取得存货的历史成本。可变现净值是指在日常活动中，存货估计售价减去至完工（主要是指原材料存货）时估计将要发生的成本、估计的销售费用以及相关税费后的金额。存货的这种计价方式主要是为了避免存货价值虚增，体现了稳健性原则。

存货金额的大小应当采用辩证的观点来看。通常而言，在“适时制”及“零存货”等新的管理理念下，存货意味着较大的成本负担，而且给人造成“积压滞销”之嫌，但也不排除企业在特殊情况下，为了“囤积居奇”或战略性目的而把持着大量存货。企业存货管理的目标就是要尽力在各种存货持有成本与短缺成本之间做出权衡，以使企业的利润最大化或企业价值最大化。

对存货的具体分析主要包括比较分析、结构分析和比率分析。

所谓比较分析，就是将存货的变化与营业收入的变化加以比较。一般说来，存货与营业收入规模存在一定的正相关。正常情况下，企业的营业收入规模越大，存货的规模越大；企业的营业收入规模越小，存货规模越小。因此，如果存货的增长率明显大于营业收入的增长率，则说明存货过多。

所谓结构分析，就是将企业的存货占总资产的比例（即结构）与同行业其他企业的情况加以比较。一般来说，每一个行业都有其独特的存货结构。如果企业的存货占总资产的比例显著超过同行业的一般水平，则往往说明存货过多。

所谓比率分析，就是将企业的存货周转率与同行业其他企业的情况加以比较。存货周转率是用一段时间内的营业成本，除以同期内存货的平均余额。计算公式为存货周转率 = 营业成本/存货平均余额。如果企业的存货周转率显著低于同行业的一般水平，则往往说明存货过多，周转过慢。

【知识导航】

在可变现净值计量下，资产按照其正常对外销售所能收到的现金或者现金等价物扣减资产至完工时估计将要发生的成本、销售费用以及相关税费后的金额计量。例如，库存商品预计售价为 160 万元，估计销售费用为 4 万元，则

$$可变现净值 = 160 - 4 = 156（万元）$$

我国《企业会计准则——存货》中规定了成本与可变现净值孰低法，即资产负债日，存货发生减值的，按照存货可变现净值低于成本的差额，借记“资产减值损失”，贷记“存货跌价准备”，同时减少利润表中的利润。已经计提跌价准备的存货价值以后得以恢复的，在原计提的存货跌价准备金额内，恢复相应的金额。

6. 可供出售金融资产

可供出售金融资产项目反映的是企业对外金融资产投资中，划分为可供出售金融资产的部分，它是介于“持有至到期投资”和“交易性金融资产”之间的证券投资，是不准备长期持有，但又不准备近期出售的股票或基金等有公允报价的有价证券投资，即未划分为交易性金融资产，它是企业的长期性对外投资资金，能够提高企业的长期偿债能力。

7. 长期投资

长期投资主要包括“持有至到期投资”和“长期股权投资”两个项目。“持有至到期投资”反映了企业持有的到期日固定，回收金额固定或可确定，且企业有明确的意图和能力持有至到期的非衍生金融资产。如购入一年期以上的公司债券并持有至到期。“长期股权投资”是指投资企业对被投资单位实施控制、重大影响的权益性投资，以及对合营企业的权益性投资。这两个项目分别用“持有至到期投资”和“长期股权投资”两个科目的余额减去“持有至到期投资减值准备”和“长期股权投资减值准备”后的余额填列。长期投资对于企业的作用和影响表现在以下方面。

（1）通过长期投资实施企业的发展战略。企业通过对竞争对手实施兼并，可以扩大市场占有率；通过对上下游的企业控制或兼并，可以获得稳定的原材料供应或者销售渠道。因此，利用长期投资实施发展战略，可快速扩大企业的规模。

（2）通过对外长期投资实现多元化经营。多元化经营可以有效降低企业的经营风险，稳定企业的赢利能力，但也对企业的经营管理能力提出了很高的要求，因为多元化经营可以使企业陷入极大的财务风险中。

（3）复杂的对外长期投资可能为某些赢利操纵行为提供空间。对被投资企业具有控制、共同控制或者重大影响的长期股权投资，可以形成关联方关系，其间的很多交易存在背离公允价值的可能。如上市公司可以将商品以高于市场的价格销售给关联方企业，从而提高当期收益。

鉴于企业长期投资对经营成果、财务状况影响的复杂性，进行分析时，既要注意投资规模的变化，又要结合其他报表、如利润表、现金流量表判断投资质量的高低，从而分析企业经营策略是否需要调整，是否存在过度投资，是否投资质量过低，是否存在影响企业主营业务发展或人为操纵利润的情况，是否侵犯了债权人的利益等。

8. 固定资产

固定资产是指企业为生产商品、提供劳务、出租或经营管理而持有的，使用寿命超过一个会计年度的有形资产。固定资产是企业经营规模大小的标志，是企业最重要的生产力要素之一，是企业经济效益和竞争力的源泉。高质量的固定资产应当表现为：①技术装备水平较高，其生产能力与存货的市场份额所需要的生产能力相匹配，且能够将符合市场质量需要的产品推向市场，并获得利润；②周转速度适当，资产的闲置率不高；③结构合理，符合行业特征。判断技术装备水平高低的财务指标主要是固定资产综合成新率。固定资产的综合成新率 =（固定资产原值 − 累计折旧）/固定资产原值。一般情况下，设备、厂房越新，技术装备水平越高；设备、厂房越旧，技术装备水平越低。因此，如果企业的综合成新率明显低于同行业的平均水平，则往往说明企业的技术装备水平相对较低。

判断周转速度快慢的财务指标主要是固定资产周转率。固定资产周转率 = 营业收入/固定资产平均余额。如果企业的固定资产周转率明显低于同行业的平均水平，则说明固定资产的周转速度较慢，资产闲置率较高。

判断固定资产结构是否合理的财务指标主要是固定资产占总资产的比重。固定资产占总资产的比重 = 固定资产/总资产。一般来说，每一个行业的企业都有其独特的固定资产结构。例如金融类企业，赢利模式为吸存放贷，主要的营利性资产是贷款、债券投资，固定资产是其非生息性资产，所以，对于银行来说，固定资产所占比重应当尽量低；制造业企业的固定资产通常为厂房、机器设备、运输工具等，固定资产是企业的生产设施，同时企业资产的相当部分也会以存货和应收款项的形式存在，因此固定资产所占总资产比重适中；如果是电力企业，由于其主要营利资产是电厂机组，固定资产占总资产的比重则非常高。因此，判断固定资产结构是否合理总是将企业的固定资产占总资产的比重与同行业的一般水平加以比较。如果企业的固定资产占总资产的比重明显超过同行业的一般水平，则往往说明固定资产过多，企业大量的资金砸在了厂房、设备里。

在资产负债表上，固定资产按照固定资产原值减去累计折旧和固定资产减值准备后的净额列示。累计折旧计提方法有多种，企业通常基于税收方面的考虑而选用不同的折旧方法，由此导致的固定资产账面价值的变化，财务报告使用者需要结合附注信息予以分析，在必要时可以还原固定资产的原始价值，以便考核企业的经营实力，正确评估固定资产的整体运行情况，对其使用效率和综合竞争力水平予以全面而公允的评价。

在分析时还要重视企业固定资产的构成，在各类固定资产中，生产用固定资产，特别是生产设备在企业全部固定资产中应占有较大比重，而非生产用固定资产、未使用固定资产和不需用固定资产占全部固定资产的比重应该较低。因此，分析固定资产的利用率或闲置率可以评价企业固定资产的使用效率。此外，考察固定资产更新情况，可以判断企业固定资产的更新改造情况。通常，更新改造程度越高，意味着企业固定资产的质量和性能越好，企业的发展潜力越强。

【案例 3.2】

产业特征决定固定资产结构差异

不同产业的企业，其固定资产占总资产的比重是不同的，下面以招商银行、四川长虹、用友软件、粤电力 20×1 年年末的报表数据为例来说明。有关数据资料如表 3.9 所示。

表 3.9　四企业 20×1 年 12 月 31 日的固定资产比重

企业名称	资产总计（千元）	固定资产（千元）	比例（%）
招商银行	266 317 155	4 856 473	1.8
四川长虹	17 426 334	2 297 284	13.18
用友软件	1 167 865	64 087	5.48
粤电力	12 193 080	7 260 083	59.54

点评：招商银行属于金融类企业，赢利模式为吸存放贷，主要的营利性资产是贷款、债券投资，固定资产是其非生息性资产，所以，对于银行，固定资产所占比重应当尽量低；四川长虹是电器制造业企业，制造业企业的固定资产通常为厂房、机器设备、运输工具等，固定资产是企业的生产设施，同时企业资产的相当部分也会以存货和应收账款的形式存在，因此固定资产所占总资产比重适中；用友软件是高科技企业，主要生产财务软件，从根本上说，软件业企业的核心赢利能力来自其智力资源，固定资产是从属于智力资源的，所以，这类企业的固定资产占总资产的比重较低；粤电力的主要营利资产是电厂机组，固定资产占总资产的比重非常高。

【课堂讨论 3.2】

固定资产的折旧方法有哪些？企业应该如何选择？分别如何计算？

9. 无形资产

无形资产是指企业拥有或者控制的、没有实物形态的、可辨认的非货币性资产，包括商标权、著作权（版权）、专利权、非专利技术、土地使用权、特许权等。与固定资产类似，无形资产是能够给企业带来较长期的经济利益的资产。随着科技进步和知识创新步伐的加快，无形资产所占比重对于部分企业而言会越来越大，并构成企业价值和核心竞争力的主要来源。在资产负债表上，无形资产项目按照无形资产的取得成本减去相关累计摊销后的金额列示。据此可以看出，无形资产在财务报表上反映的企业这方面的投入金额并不能反映其无形资产真正的价值，而在现实经济生活当中，其成本和价值可能相去甚远。因此，其在财务分析中的作用可用聊胜于无来形容。

至于开发支出项目，可以用来表示正处于开发过程，而且估计能够开发成功并具有一定价值，因此能够资本化的无形资产的投入成本预示着企业的科技进步前景。

【即学即练 3.9】根据表 3.7 数据资料，对 ABC 公司的总资产变动规模及结构进行分析，如表 3.10 所示。

表 3.10　总资产规模和结构变动分析表

项　目	20×4 年（元）	20×3 年（元）	增减额（元）	增减幅度（%）	结构（占总资产）（%）		
					20×4	20×3	结构变动
流动资产	104 589 768	60 169 600	44 420 168	73.82	65.00	70.02	−5.02
非流动资产	56 305 347	25 767 523	30 537 824	118.51	35.00	29.98	5.02
资产总额	160 895 115	85 937 123	74 957 992	87.22	100.00	100.00	—

分析点津　从表 3.10 的计算结果可以分析得出：

第一，从流动资产看，流动资产比上年增加了 73.82%，虽然占总资产的比重有所下降，但在资产总额中还是占很大比重，主要是存货和应收账款增加导致的，说明该公司的经营成果带来了资产的增加；

第二，从非流动资产情况看，非流动资产较上年增长了 118.51%，在总资产中比重也增长了 5.02%，具体看，主要是固定资产增加，说明该公司采取了不断扩大资产规模，提升资产赢利潜力的发展策略，未来的收益会有所提高，但固定资产的弹性较差，风险高，进而加大公司的经营风险。

【学中做 3.2】根据 Z 公司资产负债表资料（如表 3.11 所示），对 Z 公司总资产规模和结构变动情况进行分析。

表 3.11　Z 公司总资产规模和结构变动分析表

项　目	20×4 年（元）	20×3 年（元）	增减额（元）	增减幅度（%）	结构（占总资产）（%）		
					20×4	20×3	结构变动
流动资产	52 756 690	50 514 000					
非流动资产	35 619 700	33 500 000					
资产总额	88 376 390	84 014 000					

【知识导航】

商标权是商标专用权的简称，是指商标主管机关依法授予商标所有人对其注册商标受国家法律保护的专有权。我国商标权的获得必须履行商标注册程序，而且实行申请在先原则。商标是产业活动中的一种识别标志，所以商标权的作用主要在于维护产业活动中的秩序，与专利权的作用主要在于促进产业的发展不同。著作权分为著作人格权与著作财产权，其中著作人格权的内涵包括了公开发表权、姓名表示权及禁止他人以扭曲、变更方式，利用著作损害著作人名誉的权利；著作财产权是无形的财产权，是基于人类知识所产生之权利，故属知识产权之一种，包括重制权、公开口述权、公开播送权、公开上映权、公开演出权、公开传输权、公开展示权、改作权、散布权、出租权等。专利权简称"专利"，是发明创造人或其权利受让人对特定的发明创造在一定期限内依法享有的独占实施权，是知识产权的一种。非专利技术又称专有技术，是指未经公开也未申请专利，但在生产经营活动中已采用了的，不享有法律保护的，为发明人所垄断的，具有实用价值的各种技术和经验，如设计图纸、资料、数据、技术规范、工艺流程、材料配方、管理制度和方法等。土地使用权是指单位或者个人依法或依约定，对国有土地或集体土地所享有的占有、使用、收益和有限处分的权利。特许权就是特许人授予受许人的某种权利，在该权利之下，受许人可以在约定的条件下使用特许人的某种工业产权和/或知识产权，它可以是单一的业务元素，如商标、专利等；也可以是若干业务元素的组合。

二、负债重点项目分析

1. 短期借款

短期借款指企业向银行或其他金融机构等借入的期限在一年以下（含一年）的各种借款。短期借款相对而言资金成本较低，但其作为流动负债，通常带有强制性的偿还负担，如果资金安排不当，容易造成企业短期偿债压力。企业在举债时，应测算短期借款到期时的现金流量状况，确保企业有足够的现金偿还本息。此外，在对短期借款进行分析时，还要关注短期借款的数量与流动资产的相关项目相适应，关注借款偿还时间，预测企业未来现金流量，评价企业的短期借款偿还能力。

短期借款筹资的优点在于可以随企业的需要安排，便于灵活使用，取得程序较为简便。银行为了防范风险，对发放中长期贷款一般比较谨慎，利率也较高，这种情况下，短期借款就成为很多企业最为重要的财务资源通道。短期借款最突出的缺点是短期内要归还，于是需要保证资产的流动性，以符合一定的流动比率、速动比率要求。

需要防止出现的是短期借款用于长期用途，即"短贷长投"，这是一种非常危险的现象。在这种情况下，企业必须要能持续创造良好的经营活动现金流，否则，如果企业资产的赢利能力不强，经营活动现金流量匮乏，就会使企业资金的周转发生困难，造成流动比率下降，偿债能力恶化，陷入难以自拔的财务困境。

【课堂讨论 3.3】

企业的短期借款发生变动的原因有哪些？

2. 应付票据

应付票据反映企业因购买材料、商品或接受劳务供应等开出的商业票据，包括商业承兑汇票和银行承兑汇票。相对于应付账款而言，应付票据可变现能力更强，更容易为客户所接受。应付票据的付款时间有约束力，如果到期不能支付，则会影响企业的信誉及以后资金的筹集，而且还会受到银行的处罚。

【知识导航】

我国现行《银行结算办法》规定，只有合法的商品交易，如购买原材料、销售产品等才能签发商业汇票。企业间提供劳务等非商品交易业务时，禁止使用商业汇票。资产负债表应付票据项目反映的是尚未到期付款的应付票据面额。

3. 应付账款

应付账款反映企业因购买材料、商品或接受劳务供应等而应付给供应商的款项。应付账款是一种商业信用行为，要求以企业的商业信用做保证。

在分析应付账款时应与存货联系起来。在供货商赊销政策一定的条件下，企业应付账款的规模会和企业采购规模有一定的关系；如果企业产销平衡，应付账款的规模还应该与营业收入有对应关系。通常应注意企业应付账款平均付款期是不是比较稳定，如果企业购销状况没有很大变化，同时供应商没有改变信用政策，而企业的应付账款不正常的增加，平均付款期不正常的延长，就表明企业支付能力恶化。

【知识导航】

通过比较应付票据和应付账款占负债和所有者权益总额的比例，可以判断一个企业在购货环节的市场谈判力。一般来说，应付票据占负债和所有者权益总额的比例较高的企业，其购货环节的市场谈判力相对较弱；应付账款占负债和所有者权益总额的比例较高的企业，其购货环节的市场谈判力相对较强。

这就是说，应付账款规模的适当扩大对企业是有好处的。一是与短期借款相比，应付账款是无须支付利息的负债，可以说是成本为零；二是与应付票据相比，应付账款的约束相对较软。然而，应付账款的还款期限一旦被拉长，则往往预示着财务风险。因此，必须防止出现的情况是：应付账款规模不正常增加的同时，应付账款平均付账期也不正常地延长。

4. 预收账款

预收账款是指企业因销售商品、提供劳务而预先向客户收取的款项。作为一笔流动负债，它意味着后续的商品或服务支出。企业大量而稳定的预收账款的存在往往意味着后续期内较为稳定的收入来源，这对于以后期间的利润具有一定的保障作用，同时也可能展示出该企业商品或劳务供应的“紧俏性”和优越感，对市场而言不免是一项利好消息。

【课堂讨论3.4】

哪些行业的预收账款比较多？

5. 应付职工薪酬

应付职工薪酬反映企业按照规定应当向职工支付的各项报酬。作为新企业会计准则改革的一项重要内容，会计上树立了完整的人工成本概念，使得职工薪酬的内容变得十分丰富。它不仅包括传统意义上的工资和职工福利费，诸如社会保险费、住房公积金、工会经费与职工教育经费、非货币性福利、辞退福利、现金结算的股份支付等都被纳入职工薪酬的范畴。

应付职工薪酬的额度和期限如果在正常的范围内，就不会体现企业的资金和信誉情况。如果企业出现明显拖欠职工薪酬的情况，就表明企业信誉不良或是资金周转出现了困难。

【知识导航】

从应付职工薪酬的定义上看，该项目体现的是企业使用各种人力资源所付出的全部代价，以及产品成本在人工成本中所占的比重。我们依据资产负债表该项目列示的余额和财务报表附注提供的本期数据，可以分析评估企业人力资源的劳动效率，还可以通过该项目不同年度的发生额，对企业生产经营趋势做出评价，甚至可以洞察企业的某些异常变动。

6. 应交税费

应交税费用来核算企业按照税法规定计算应缴纳的各种税费，这些税费在尚未缴纳之前暂时停留在企业，形成一项负债。其具体包括增值税、消费税、所得税、资源税、土地增值税、城市维护建设税、房产税、土地使用税、车船税、教育费附加等。企业不需要预计应交数，直接计算缴纳的税金，如印花税、耕地占用税等，不在本科目核算。

税金与企业的经营息息相关，当一个企业在没有减免税优惠的情况下收入非常高，其缴纳的税费却非常低，我们要关注该企业是否有偷税行为。而一个企业本期收入与上期相比没有大幅度增长，税金却明显增加时，我们要了解该企业是否因为上期违反税法规定而补交税款，或者行业税率有什么调整，这种变化是否对该企业本期和以后的生产经营产生影响。

分析应交税费时应注意以下问题：第一，税款的内容与构成，有针对性地分析企业应交税费产生的原因，分析应交税费是正常的余额还是有积压的欠税；第二，结合企业实际实现的利润情况，分析各项税金计算的正确性与合理性。若该项目与相关计税依据基本同增同减，说明情况基本正常。

【案例 3.3】

消费税调整对化妆品企业的影响

财政部 2006 年 3 月 22 日出台了消费税调整方案，将原本属于护肤护发征税范围的高档护肤类化妆品列入了化妆品税目，这意味着自 2006 年 4 月 1 日起按照 30%的税率对化妆品征收消费税，原来的税率为 8%。这对宝洁、欧莱雅等国际化妆品巨头税负影响都很大，其应缴税金也会增加。

7. 长期借款

长期借款作为我国传统的企业长期资金融通方式，相对于发行股票和债券而言，具有融资成本低、筹资速度快、借款弹性大等优点。企业可以在有利的经营环境下，充分发挥其财务杠杆效应，为股东和企业谋取更大价值。同时，长期借款也给企业带来风险，而且通常借款的限制条件较多，筹资数量有限。如果企业长期借款的比重较大，财务报告使用者应当结合公司的资本结构安排和发展规划及前景，综合加以考虑，即一方面它可能代表企业与金融机构的信任与融洽关系，并揭示企业经营的胆识和魄力，另一方面也可能意味企业“靠借钱过日子”，并可能由此引发企业较大的财务危机。

分析长期借款时，应注意长期借款与企业的固定资产、无形资产的规模相适应，是否与企业的当期收益相适应。此外，还应关注长期借款费用处理的合规性与合理性。

【即学即练3.10】根据ABC公司资产负债表（如表3.7所示）资料，对ABC公司总负债规模和结构变动情况进行分析，如表3.12所示。

表3.12 负债规模和结构变动分析表

项　目	20×4年（元）	20×3年（元）	增减额（元）	增减幅度（%）	结构（占总资产）（%）		
					20×4	20×3	结构变动
流动负债合计	57 432 334	52 013 380	5 418 954	10.42	35.70	60.52	−24.80
长期借款合计	200 000	4 208 277	−4 008 277	−95.25	0.12	4.90	−4.90
负债总额	57 632 334	56 221 657	1 410 677	2.51	35.82	65.42	−29.60
资产总额	160 895 115	85 937 123	74 957 992	87.22	100.00	100.00	−

从表3.12的计算结果可以分析得出：

第一，ABC公司负债总金额比上年有所增加，负债占资产总额的比重比上年大幅度下降，负债占总资产的比重由65.42%下降到35.82%，说明该公司的资金来源转向了自有资本，财务实力增强，财务风险降低；

第二，ABC公司负债结构中长期负债的比重相对较小，该公司的负债成本相对较低；负债主要来源于短期负债，财务风险较高，应关注该公司资金的流动性及短期偿债能力。

【知识导航】

引起长期借款变动的情况主要包括以下方面。

（1）银行信贷政策以及资金市场供求状况的改变。如金融业调整了利息率，降低到企业可以接受的水平，一直用短期借款“拆东墙补西墙”的企业可能考虑改变这种状态，转成长期借款。

（2）为了满足企业对资金的长期需要。如有新的赢利水平较好的项目，企业又没有更好的资金来源，通过担保、抵押方式借入长期借款是很多企业的选择。

（3）保持权益资金的稳定性。当企业收益率远远高于资本市场收益率时，企业股东喜欢“借鸡生蛋”，因为债权人要的仅仅是固定利息，高出利息的收益将全部归股东所有。借款越多，赚钱越多，股东分得的高出资本金利息部分的收益就越多。

（4）调整负债结构降低财务风险。如果老板觉得企业欠款实在是太多了，企业财务风险已经高到他不能接受的时候，可能会考虑归还部分长期借款，从而导致长期借款余额发生变化。

8. 应付债券

长期债券的利率较高且固定，利息可以分次支付，也可以期满后一次支付。相对于长期借款而言，发行债券需要经过一定的法定手续，但对款项的使用没有过多的约束和限制。某些可转换债券可在一定时期后按规定比率将债券转换为股票而不须偿还，反而减轻了企业的偿债压力。在进行报表分析时，应对应付债券的金额、增减变动及其对财务状况的影响予以关注。

9. 长期应付款

长期应付款是除了长期借款和应付债券以外的各种长期应付款项，包括采用补偿贸易方式引进国外设备的应付价款，融资租入固定资产的租赁费等。对补偿贸易项目的分析应当关注企业设备安装是否及时到位，生产能否如期进行，产品成本能否得到有效控制等。对企业融资租入的固定资产，应关注以下问题：一是企业的租赁是否符合融资租赁的确认条件；二是资产的入账价值是否正确、合理；三是是否采用与自有固定资产相一致的折旧政策计提折旧。

【学中做 3.3】根据 Z 公司资产负债表资料（如表 3.13 所示），对 Z 公司负债规模和结构变动情况进行分析。

表 3.13　Z 公司负债规模和结构变动分析表

项　目	20×4 年（元）	20×3 年（元）	增减额（元）	增减幅度（%）	结构（占总资产）（%）		
					20×4	20×3	结构变动
流动负债	24 255 440	26 514 000					
非流动负债	10 000 000	6 000 000					
负债总额	34 225 440	32 514 000					

【知识导航】

2006 年，华能国际按照原准则核算的净利润为 55.50 亿元，在新准则下的净利润上升到 68.89 亿元，其中仅“借款费用资本化”一项所导致的差异就高达 2.2 亿元。中国石化公布的 2006 年年报显示，执行新会计准则后，因“一般性借款费用资本化”因素而调增的期初股东权益就高达 26.36 亿元。

（朱德峰，2007 年）

借款费用资本化是指企业购置、建造和生产符合资本化条件的资产而发生的借款费用，在满足特定的条件时，并不作为当期利润的抵减项目计入财务费用，而是通过资本化成为固定资产、可销售状态的存货或投资性房产等的组成部分。更多借款费用资本化的相关知识可以参阅智库·百科“借款费用资本化”词条，其链接及二维码如下：

http://wiki.mbalib.com/wiki/借款费用资本化

三、所有者权益项目分析

1. 股本

上市公司发行的全部股份按面值计算，在会计上称之为股本。对于一般企业而言，叫作实收资本，即反映投资者实际投入的资本金数额。我国实行注册资本金制度，开办企业必须依法筹集最低限度的资本金，即注册资本。例如，《公司法》第 78 条规定股份有限公司最低注册资本不低于 1 000 万元。注册资本是国家授予企业法人经营管理的财产或者企业法人自有财产数额的表现，它能反映公司法人财产权的大小，并用以作为公司经营的保障和社会信用方面的保障。

【知识导航】

引起股本变化的原因包括以下方面。

（1）公司增发新股或配股。这是投资者追加投资引起的变化，如果减少资本则相反。

（2）资本公积或盈余公积转增股本。股本增加，所有者权益总额不变。

（3）以送股方式进行利润分配。股本增加，未分配利润减少，所有者权益总额不变。

2. 资本公积

资本公积在会计核算中被分为两大类：一是资本（股本）溢价，二是其他资本公积。投资者直接投入到企业的资金包括两部分：第一部分就是前述的股本或实收资本；第二部分就是企业收到投资者出资超过其在注册资本或股本中所占份额的部分，即所谓的资本溢价或股本溢价，在会计上通过“资本公积”项目核算。

资本公积除了包括资本溢价之外，还包括其他资本公积，主要是指直接计入所有者权益的利得和损失。比如，会计核算中调整其他资本公积的事项有：可供出售金融资产公允价值发生变动；采用权益法核算的长期股权投资，随着被投资方除净损益之外的所有者权益的其他变动而变动；以权益结算的股份支付所换取的职工或其他方服务的金额；自用房地产或存货转换为公允价值计量的投资性房地产，转换日公允价值大于账面价值的差额等。

【即学即练 3.11】甲、乙、丙三人共同出资，到工商局注册了一个广告传媒有限公司，其注册资金为 300 万元。三方约定甲出资 100 万元，乙出资 120 万元，丙出资 140 万元。此时公司一共有多少资产？

分析点津 公司的资产有 360 万元，而注册资本只有 300 万元，会计上核算实收资本 300 万元，超过注册资本的那部分就叫作资本公积，为 60 万元。其实 360 万元都是投资者入资的，把它一分为二，以便于和我国注册资本政策保持一致。

3. 盈余公积和未分配利润

盈余公积和未分配利润合称为留存收益，它们都表示企业经营活动中的积累，二者并没有本质区别。有人把盈余公积定义为“具有特定用途的留存收益”，这里所谓的“特定用途”其实是一个误解。盈余公积作为一项资金来源，并没有什么特定用途。如果说它有特定用途，就是指盈余公积对于利润分配的限定。换言之，只要不被当作红利分给股东，至于这部分资金用于内部经营活动的什么方面，并没有什么限制和特殊的规定。除了法定盈余公积之外，公司还可以根据股东大会或类似权力机构的批准，按规定提取一定比例的盈余公积，以进一步扩大资本积累。

未分配利润是利润具体分配后的剩余。确切地说，就是公司期初的累积未分配利润，加上本期实现的净利润，减去提取的盈余公积、向投资者分配的利润等之后的余额。未分配利润是企业可自由支配的资金来源，可以留待以后年度进行分配，对于稳定或调整企业的利润分配政策有一定意义。

【即学即练 3.12】根据 ABC 公司资产负债表（如表 3.7 所示）资料，对 ABC 公司所有者权益规模和结构变动情况进行分析，如表 3.14 所示。

表 3.14 所有者权益规模和结构变动分析表

项目	20×4 年（元）	20×3 年（元）	增减额（元）	增减幅度（%）	结构（占总资产）（%）		
					20×4	20×3	结构变动
实收资本	18 820 000	14 070 000	4 750 000	33.76	18.23	47.35	−35.65
资本公积	55 298 943	41 961	55 256 982	131 686.52	53.55	0.14	54.41
盈余公积	5 073 082	2 300 758	2 772 324	120.50	4.91	7.74	−2.83
未分配利润	24 070 756	13 302 747	19 768 009	80.95	23.31	44.77	−21.46
所有者权益合计	103 262 781	29 715 466	73 547 315	247.51	100.00	100.00	–

从表 3.14 的计算结果可以分析得出：

第一，ABC 公司所有者权益总额增长很快，未分配利润、资本公积和盈余公积增长额和增长幅度都较高；

第二，ABC 公司的所有者权益增长，很大部分是来自于盈余公积和未分配利润的增长，说明该公司 20×4 年的获利情况较好，应结合利润表的赢利情况进一步分析。在全部资产中，所有者权益占资产的比重达到 64.18%（103 262 781÷160 895 115×100%），说明该公司财务实力强，所有者权益总额的增加也说明了该公司所有者投资得以保值与增值。

【学中做 3.4】根据 Z 公司资产负债表资料如表 3.15 所示，对 Z 公司所有者权益规模和结构变动情况进行分析。

表 3.15 Z 公司所有者权益规模和结构变动分析表

项　目	20×4 年（元）	20×3 年（元）	增减额（元）	增减幅度（%）	结构（占总资产）（%）		
					20×4	20×3	结构变动
实收资本	50 000 000	50 000 000					
资本公积							
盈余公积	1 262 095	1 000 000					
未分配利润	2 858 855	500 000					
所有者权益合计	54 120 950	51 500 000					

【知识导航】

未分配利润变化的原因

未分配利润来源于历年的积累，每期都在发生变化，主要变动原因有以下两条。

（1）企业生产经营活动的业绩。这包括本年经营活动和以前年度经营活动形成的经营业绩的积累。

（2）企业利润分配政策的执行。企业确认本期分配利润，未分配利润则会减少，所有者权益也随之减少，如果企业暂时不分配利润，未分配利润就积累下来了。

【案例 3.4】

根据报表关键项目诊断企业问题

2009 年年末，某公司财务总监把各种财务报表放到总经理面前说："刘总，今年的财务状况非常良好。"总经理对财务并不是太熟悉，但他把财务中的一些关键项目熟记于心。这次依然这样，他看了资产负债表中的关键项目并发现问题：资产负债表中虽然负债和资产结构很合理，但资产中应收账款过多，且多集中在一家最大的客户处。平时这家客户按期结付，这次为什么发生了巨额拖欠呢？如果这家客户出了问题，公司资金链就危险了。因为公司上游还有材料供应商，也都是有赊销账期的，如果回款不及时，无法如期偿付，上游断货，生产将受到严重影响。刘总马上决定，暂停新项目投资，把未投入的资金转作流动资金，作为准备金；停止向该客户赊销，及时催讨账款。原来那家客户经营的确出了问题，重大投资决策失误导致资金周转紧张，拖欠刘总的货款短期无法偿还，这时刘总的部分银行贷款到期，幸好刘总事先有准备，企业才没有出现大问题。

点评：本案例告诉我们，不是财务总监没有能力发现问题，而是财务总监虽然精通财务知识，但是缺乏对企业营销管理的常识，对财务数据的审视不能和生产、营销工作结合起来，容易发生判断失误或根本发现不了问题。所以，建议企业财务人员也应该多了解企业生产营销知识，而生产营销人员也应该多了解财务知识。

第三节　资产负债表综合分析

一、资产负债表比较分析

资产负债表比较分析主要是通过对企业连续两期或多期资产负债表中的数据进行比较，计算其增减变动的数额和增减变动的百分比，从而了解企业财务状况的变化趋势，包括资产、负债和所有者权益项目变动的方向、数额和幅度，从而预测企业未来财务活动的发展前景。

如果企业的生产经营活动处于持续健康发展状态，那其资产负债表上的主要财务数据或财务指标就应该呈现出持续稳定发展的趋势。如果企业的主要财务数据或财务指标异常波动或出现恶化趋势，则意味着企业的生产经营活动的某些方面发生了重大变化。

资产负债表比较分析主要是通过编制比较资产负债表（也称为水平资产负债表）来进行。通过比较资产负债表，直接观察其金额或比率变动数额和变动幅度，分析其变动趋势是否合理，并据以预测未来。

资产负债表比较分析除了计算出某个项目的变动额和变动率外，还应计算出该项目变动对总资产或负债和所有者权益总额的影响程度，以便确定影响总资产或负债和所有者权益总额的重点，为进一步分析指明方向。某项目变动对总资产或负债和所有者权益总额的影响程度的计算公式为

某项目变动对总资产（负债和所有者权益总额）的影响

= 某项目的变动额 ÷ 基期总资产或总权益 × 100%

（一）比较资产负债表的编制与分析

比较资产负债表分析时可以参照以下步骤。

第一，从投资或资产角度进行分析评价。

（1）分析总资产规模及各类、各项资产的变动状况，揭示资产变动的主要方面，从总体上了解企业经过一定时期经营后资产的变动情况。

（2）发现变动幅度较大或对总资产变动影响大的重点项目。

（3）注意资产变动的合理性与效益性。

（4）注意考察资产规模变动与所有者权益变动的适应程度。

（5）注意分析会计政策变动的影响。

第二，从筹资或权益角度进行分析评价。

（1）分析权益总额的变动状况以及各类、各项筹资的变动状况，揭示出权益总额变动的主要方面，从总体上了解企业经过一定时期经营后权益总额的变动情况。

（2）发现变动幅度大或对权益总额变动影响较大的重点类别和重点项目，为进一步分析指明方向。

（3）注意结合会计报表附注，分析表外数据对权益的影响。

【即学即练 3.13】根据 WW 公司 20×5 年资产负债表（如表 3.3 所示）的资料，编制比较资产负债表，如表 3.16 所示，并对其进行分析。

表 3.16　WW 公司比较资产负债表

项　目	年末余额（元）	年初余额（元）	增减额（元）	增减（%）
流动资产：				
货币资金	6 612 258	4 619 400	1 992 858	43.14
交易性金融资产	30 000	210 000	−180 000	−85.71
应收票据	368 580	368 580	0	0
应收账款	448 000	119 000	329 000	2.76
预付款项	108 200	108 200	0	0
应收利息				
应收股利				
其他应收款	2 500	2 500	0	0
存货	5 139 100	5 508 400	−369 300	−6.70
一年内到期的非流动资产				
其他流动资产				
流动资产合计	12 708 638	10 936 080	1 772 558	16.21
非流动资产：				
可供出售金融资产				
持有至到期投资				
长期应收款				
长期股权投资	392 500	302 500	90 000	29.75
投资性房地产	0	0		
固定资产	1 265 900	1 422 900	−157 000	−11.03
在建工程	530 300	202 300	328 000	162.14
工程物资	260 000	0	260 000	
固定资产清理				
生产性生物资产				
油气资产				
无形资产	245 600	305 600	−60 000	−19.63
开发支出				
商誉				
长期待摊费用				
递延所得税资产				
其他非流动资产				
非流动资产合计	2 694 300	2 233 300	461 000	20.64
资产总计	15 404 938	13 169 380	2 233 558	16.96
流动负债：				
短期借款	170 000	200 000	−30 000	−15
交易性金融负债				
应付票据	585 300	585 300	0	0
应付账款	30 900	105 900	−75 000	−70.82
预收款项				

续表

项　　目	年末余额（元）	年初余额（元）	增减额（元）	增减（%）
应付职工薪酬	73 500	3 500	70 000	2 000
应交税费	84 208	450	83 758	18 612.89
应付利息				
应付股利	18 960	0	18 960	
其他应付款	16 700	16 700	0	0
一年内到期的非流动负债	750 000	750 000	0	0
其他流动负债				
流动负债合计	1 729 568	1 661 850	67 718	4.07
非流动负债：				
长期借款	2 854 600	854 600	2 000 000	234.03
应付债券				
长期应付款				
专项应付款				
预计负债				
递延所得税负债				
其他非流动负债				
非流动负债合计	2 854 600	854 600	2 000 000	234.03
负债合计	4 584 168	2 516 450	2 067 718	82.17
所有者权益：				
实收资本（或股本）	10 095 000	10 000 000	95 000	0.95
资本公积	290 700	235 700	55 000	23.33
减：库存股				
盈余公积	139 650	185 430	−45 780	−24.69
其他综合收益				
未分配利润	293 420	231 800	61 620	26.58
所有者权益合计	10 818 770	10 652 930	165 840	1.56
负债及所有者权益合计	15 402 938	13 169 380	2 233 558	16.96

分析点津

1. 资产变化情况分析

该公司总资产本年比上年增加了2 233 558元，增长了16.96%，表明该公司占有的经济资源有所增加，资产规模有所扩大。进一步分析资产增加的原因，流动资产增加了1 772 558元，对资产总额的影响为13.46%（1 772 558 ÷ 13 169 380 × 100%）；非流动资产增加了461 000元，对资产总额的影响为3.50%。在流动资产中，货币资金增加了1 992 858元，增长了43.14%，对资产的影响为15.13%，这会增加该公司资产的流动性和偿债能力，但同时也应该警惕该公司是否存在货币资金浪费的现象，从而影响该公司的营利性；应收账款本期增加了329 000元，增长了2.76%，对资产总额的影响为2.49%，应结合该公司的销售情况、信用政策、应收账款的管理情况进一步分析；存货项目减少了369 300元，降低了6.70%，使得总资产减少了2.80%，存货总额的变化受存货构成及销售情况影响。在非流动资产中，在建工程增加了328 000元，增长162.14%，工程物资增加 260 000 元，对资产总额的影响分别为 2.49%和 1.97%，在建工程项目的增加虽然对本期经营成果没有太大影响，但随着在建工程的完工，有助于扩张该公司的生产能力。

2. 权益变化情况分析

该公司本年度负债总额增加了 2 067 718 元，增长了 82.17%，使得权益总额增长了 15.70%。其中流动负债增加了 67 718 元，增长了 4.07%；非流动负债的增长主要来自长期借款的增加，长期借款本期增加 2 000 000 元，增长了 234.03%，对权益总额的影响为 15.17%，这会加大该公司未来的偿债压力。

该公司本年所有者权益总额增加了 165 840 元，增长 1.56%，使得权益总额增长 1.26%，主要来自实收资本的增加和未分配利润的增加，说明该公司的财务实力有所增强。

【学中做 3.5】根据【学中做 3.1】旭日公司资产负债表数据，编制旭日公司比较资产负债表，如表 3.17 所示，并进行简要分析。

表 3.17 旭日公司比较资产负债表

项　目	年末余额（元）	年初余额（元）	增减额（元）	增减（%）
流动资产：				
货币资金				
交易性金融资产				
应收票据				
应收账款				
预付款项				
应收利息				
应收股利				
其他应收款				
存货				
一年内到期的非流动资产				
其他流动资产				
流动资产合计				
非流动资产：				
可供出售金融资产				
持有至到期投资				
长期应收款				
长期股权投资				
投资性房地产				
固定资产				
在建工程				
工程物资				
固定资产清理				
生产性生物资产				
油气资产				
无形资产				
开发支出				
商誉				
长期待摊费用				

续表

项　目	年末余额（元）	年初余额（元）	增减额（元）	增减（%）
递延所得税资产				
其他非流动资产				
非流动资产合计				
资产总计				
流动负债：				
短期借款				
交易性金融负债				
应付票据				
应付账款				
预收款项				
应付职工薪酬				
应交税费				
应付利息				
应付股利				
其他应付款				
一年内到期的非流动负债				
其他流动负债				
流动负债合计				
非流动负债：				
长期借款				
应付债券				
长期应付款				
专项应付款				
预计负债				
递延所得税负债				
其他非流动负债				
非流动负债合计				
负债合计				
所有者权益：				
实收资本（或股本）				
资本公积				
减：库存股				
其他综合收益				
盈余公积				
未分配利润				
所有者权益合计				
负债及所有者权益合计				

【课堂讨论 3.5】

比较资产负债表分析从哪些方面进行？

（二）资产负债表变动原因分析

我们从资产负债表单项分析侧重于分析资产负债表项目发生了哪些变化，还不能揭示资产负债表变动的深层次原因。如果从资产负债表左右两方对应关系方面进行分析，对资产负债表的变动原因的解释则更具有说服力。一般而言，引起资产负债表变动的原因可以归纳为以下四种类型。

1. 负债变动型

负债变动型是指在其他权益项目不变时，由于负债变动引起资产发生变动。其典型形式如表 3.18 所示。

表 3.18 负债变动型资产负债表 （单位：万元）

资　产	期　初	期　末	负债及股东权益	期　初	期　末
流动资产			负债	1 000	1 400
固定资产			股本	600	600
…			盈余公积	200	200
…			未分配利润	200	200
总计	2 000	2 400	总计	2 000	2 400

从表 3.18 中可以看出，本期企业总资产增加了 400 万元，增长率为 20%，完全来自于负债的增加。尽管企业经营规模扩大了，但这不表示企业经营业绩好，对于这种变化我们不能予以良好评价，这只是企业筹资理财的结果。

2. 追加投资变动型

追加投资变动型是指其他权益项目不变时，由于投资人追加或收回投资引起的资产发生变动。其典型形式如表 3.19 所示。

表 3.19 追加投资变动型资产负债表 （单位：万元）

资　产	期　初	期　末	负债及股东权益	期　初	期　末
流动资产			负债	1 000	1 000
固定资产			股本	600	1 000
…			盈余公积	200	200
…			未分配利润	200	200
总计	2 000	2 400	总计	2 000	2 400

从表 3.19 中可以看出，本期企业总资产增加了 400 万元，增长率为 20%，是由于投资人追加投资引起的。尽管企业经营规模扩大了，但并不是企业主观努力，搞好经营活动引起的。当一个企业不是依靠自身努力经营，而是依靠投资人追加投资扩大经营规模时，很难对其做出良好评价。

3. 经营变动型

经营变动型是指其他权益项目不变时，由于企业经营引起资产变动。其典型形式如表 3.20 所示。

表 3.20 经营变动型资产负债表 （单位：万元）

资　产	期　初	期　末	负债及股东权益	期　初	期　末
流动资产			负债	1 000	1 000

续表

资　产	期　初	期　末	负债及股东权益	期　初	期　末
固定资产			股本	600	600
…			盈余公积	200	600
…			未分配利润	200	200
总计	2 000	2 400	总计	2 000	2 400

从表3.20中可以看出，本期企业盈余公积增加了400万元导致总资产增加了400万元，增长率为20%，其根本原因是企业本期赢利，从而通过提取盈余公积扩大企业经营规模。这是企业主观努力的结果，理应给予良好评价。如果情况相反，则会因企业经营失败导致经营规模缩减。

4. 股利分配变动型

股利分配变动型是指在其他权益项目不变的情况下，由于股利分配原因引起资产发生变动。其典型形式如表3.21所示

表3.21　股利分配变动型资产负债表

（单位：万元）

资　产	期　初	期　末	负债及股东权益	期　初	期　末
流动资产			负债	1 000	1 000
固定资产			股本	600	600
…			盈余公积	200	200
…			未分配利润	200	600
总计	2 000	2 400	总计	2 000	2 400

从表3.21中可以看出，本期企业从赢利中留用了利润400万元，导致资产增长了400万元，这表明企业当年经营卓有成效。当企业赢利时，盈余公积也会相应增加，这里仅为说明这一类型而假定盈余公积不变。相反，如果股利分配总额超过当期扣除各项提取后的净利润，会使资产规模缩小，但并不表明企业经营失败，而是企业实行某种股利政策的结果。

在企业实务中，很难有一个企业的资产负债表变动与上述几种典型情况之一一致，但任何一个企业资产负债表变动都可以通过以上几种类型结合来说明。

【即学即练3.14】AAA公司资产负债表简表如表3.22所示，根据资料编制变动原因分析表，对该公司资产负债表进行变动原因分析。

表3.22　资产负债表（简表）

（单位：万元）

资　产	期　初	期　末	负债及所有者权益	期　初	期　末
流动资产			负债	282 487	306 330
…			股本	500 000	500 000
固定资产			资本公积	107 000	102 640
…			盈余公积	82 423	85 320
			未分配利润	10 700	37 720
总计	982 610	1 032 010	总计	982 610	1 032 010

分析点津　根据表3.22编制资产负债变动原因表，如表3.23所示。

表 3.23　资产负债表变动原因分析表　（单位：万元）

资　产	期　初	期　末	负债及所有者权益	期　初	期　末	变动数
流动资产			负债	282 487	306 330	23 843
…			股本	500 000	500 000	0
固定资产			资本公积	107 000	102 640	−4 360
…			盈余公积	82 423	85 320	2 897
			未分配利润	10 700	37 720	27 020
总计	982 610	1 032 010	总计	982 610	1 032 010	49 400

从表 3.23 的计算结果可以看出，该公司本期生产经营规模扩大，总资产增加了 49 400 万元，其原因有两个方面。

（1）通过举债，使生产经营规模扩大了 23 843 万元，使得资产总额增长了 2.43%。

（2）此外，本期生产经营活动卓有成效，从当期赢利中提取盈余公积和未分配利润 29 917 万元，使得总资产增长了 3.04%。

二、资产负债表结构分析

会计报表的结构分析（也称为垂直分析）是在同一会计报表的同类项目之间，通过计算同类项目在整体中的权重或份额及同类项目之间的比例，来揭示它们之间的结构关系，分析财务状况、经营成果、现金流量结构及变动的合理性。

资产负债表结构是指资产负债表中各个项目之间的相互关系及各项目所占的比重。资产负债表结构分析是财务分析者通过对资产负债表各项目间的依存关系及各项目在总体中的比重进行对比分析，以深入了解企业在某一时点的财务状况。具体来讲就是：

（1）分析评价企业资产结构变动情况及变动的合理性；

（2）分析评价企业资本结构变动情况及变动的合理性；

（3）分析评价企业资产结构与资本结构的适应程度。

资产负债表结构分析主要是通过编制结构资产负债表（也称为垂直资产负债表）来进行。通过结构资产负债表，可从静态上分析本期资产、负债及所有者权益各项目实际构成情况；也可以从动态上分析企业资产、负债及所有者权益结构的变动情况。

（一）结构资产负债表编制与分析

资产负债表结构分析可以参照以下步骤进行。

第一，资产结构分析评价。

（1）从静态角度观察企业资产的配置情况，特别关注流动资产和非流动资产的比重以及其中重要项目的比重，分析时可以通过与行业平均水平或可比企业的资产结构进行对比，对资产的流动性和资产风险进行判断，进而对企业资产结构的合理性做出评价。

（2）从动态角度分析资产结构的变动情况，对企业资产结构的稳定性做出评价，进而对企业资产结构的调整情况做出评价。

第二，资本结构分析评价。

（1）从静态角度观察资本结构的构成，衡量企业的财务实力，评价企业的财务风险，同时结合企业的获利能力和经营风险，评价资本结构的合理性。

（2）从动态角度分析企业资本结构的变动情况，对资本结构的调整情况以及对股东收益可能产生的影响做出评价。

【即学即练 3.15】根据 WW 公司资产负债表（如表 3.3 所示）的资料，编制结构资产负债表（如表 3.24 所示）并对其进行分析。

表 3.24　WW 公司结构资产负债表

项　目	年末余额（元）	年初余额（元）	年末结构（%）	年初结构(%)	差异（%）
流动资产：					
货币资金	6 612 258	4 619 400	42.93	35.08	7.85
交易性金融资产	30 000	210 000	0.19	1.59	1.40
应收票据	368 580	368 580	2.39	2.80	0.41
应收账款	448 000	119 000	2.91	0.90	2.01
预付款项	108 200	108 200	0.70	0.82	−0.12
应收利息					
应收股利					
其他应收款	2 500	2 500	0.02	0.02	0
存货	5 139 100	5 508 400	33.36	41.83	−8.47
一年内到期的非流动资产					
其他流动资产					
流动资产合计	12 708 638	10 936 080	82.51	83.04	−0.53
非流动资产：					
可供出售金融资产					
持有至到期投资					
长期应收款					
长期股权投资	392 500	302 500	2.55	2.36	0.25
投资性房地产	0	0			
固定资产	1 265 900	1 422 900	8.22	10.80	−2.58
在建工程	530 300	202 300	3.44	1.54	1.90
工程物资	260 000	0	1.69	0	1.69
固定资产清理					
生产性生物资产					
油气资产					
无形资产	245 600	305 600	1.59	2.32	−0.73
开发支出					
商誉					
长期待摊费用					
递延所得税资产					
其他非流动资产					
非流动资产合计	2 694 300	2 233 300	17.49	16.96	0.53
资产总计	15 404 938	13 169 380	100	100	0
流动负债：					
短期借款	170 000	200 000	1.10	1.52	−0.42

续表

项　目	年末余额（元）	年初余额（元）	年末结构（%）	年初结构(%)	差异（%）
交易性金融负债					
应付票据	585 300	585 300	3.80	4.44	−0.64
应付账款	30 900	105 900	0.20	0.80	−0.60
预收款项					
应付职工薪酬	73 500	3 500	0.48	0.03	0.45
应交税费	84 208	450	0.55	0.003	0.547
应付利息					
应付股利	18 960	0	0.12	0	0.12
其他应付款	16 700	16 700	0.11	0.13	−0.02
一年内到期的非流动负债	750 000	750 000	4.87	5.70	−0.83
其他流动负债					
流动负债合计	1 729 568	1 661 850	11.23	12.62	−1.39
非流动负债：					
长期借款	2 854 600	854 600	18.53	6.49	12.04
应付债券					
长期应付款					
专项应付款					
预计负债					
递延所得税负债					
其他非流动负债					
非流动负债合计	2 854 600	854 600	18.53	6.49	12.04
负债合计	4 584 168	2 516 450	29.76	19.11	10.65
所有者权益：					
实收资本（或股本）	10 095 000	10 000 000	65.54	75.93	−10.39
资本公积	290 700	235 700	1.89	1.79	0.10
减：库存股					
其他综合收益					
盈余公积	139 650	185 430	0.91	1.41	−0.5
未分配利润	293 420	231 800	1.90	1.76	0.14
所有者权益合计	10 818 770	10 652 930	70.24	80.89	−10.65
负债及所有者权益合计	15 402 938	13 169 380	100	100	0

分析点津

1. 资产结构分析评价

从静态方面分析，该公司流动资产比重本年为82.51%，非流动资产比重为17.49%，说明该公司资产的流动性较强，资产风险小；在流动资产的构成中，货币资金占42.93%，存货占33.36%，这种结构的合理性应结合该公司所在行业的情况进一步分析。

从动态方面分析，该公司流动资产比重下降了0.53%，非流动资产比重上升了0.53%，在流动资产中货币资金比重上升了7.85%，存货比重下降了8.47%，说明该公司的流动资产变现性增强。非流动资产中在建工程与工程物资比重分别上升了 1.90%和 1.69%；固定资产比重下降了

2.58%，应分析是资产报废引起的还是计提折旧等因素导致的。总体而言，流动资产和非流动资产的比重变化不大，该公司的资产结构较为稳定。

2. 权益结构分析评价

从静态方面分析，该公司所有者权益比重为70.24%，负债比重为29.76%，资产负债率不高，财务风险小，该公司的财务实力较强。这种结构的合理性应结合该公司的获利能力进一步分析。

从动态方面分析，负债比重上升了10.65%，从理论上会加大该公司的财务风险，但资产负债率不高，说明该公司本期注重利用负债财务杠杆的作用为企业创造更多的收益。所有者权益比重下降了10.65%，该公司的财务实力有所降低。

【学中做 3.6】 根据学中做3.1 旭日公司资产负债表数据，编制旭日公司结构资产负债表，如表3.25所示，并进行简要分析。

表3.25 旭日公司结构资产负债表

项目	年末余额（元）	年初余额（元）	年末结构（%）	年初结构(%)	差异（%）
流动资产：					
货币资金					
交易性金融资产					
应收票据					
应收账款					
预付款项					
应收利息					
应收股利					
其他应收款					
存货					
一年内到期的非流动资产					
其他流动资产					
流动资产合计					
非流动资产：					
可供出售金融资产					
持有至到期投资					
长期应收款					
长期股权投资					
投资性房地产					
固定资产					
在建工程					
工程物资					
固定资产清理					
生产性生物资产					
油气资产					
无形资产					
开发支出					
商誉					

续表

项 目	年末余额（元）	年初余额（元）	年末结构（%）	年初结构(%)	差异（%）
长期待摊费用					
递延所得税资产					
其他非流动资产					
非流动资产合计					
资产总计					
流动负债：					
短期借款					
交易性金融负债					
应付票据					
应付账款					
预收款项					
应付职工薪酬					
应交税费					
应付利息					
应付股利					
其他应付款					
一年内到期的非流动负债					
其他流动负债					
流动负债合计					
非流动负债：					
长期借款					
应付债券					
长期应付款					
专项应付款					
预计负债					
递延所得税负债					
其他非流动负债					
非流动负债合计					
负债合计					
所有者权益：					
实收资本（或股本）					
资本公积					
减：库存股					
其他综合收益					
盈余公积					
未分配利润					
所有者权益合计					
负债及所有者权益合计					

【课堂讨论 3.6】

结构资产负债表分析的基本思路是什么样的？

（二）资产负债表对称结构分析

企业的资产结构受制于行业的性质，不同的资产性质，其资金融通方式也有所不同。因此，即使总资产或总资本相同的企业，由于不同的投资方式产生的资产结构与不同筹资方式产生的资本结构也不完全相同。资产负债表的结构可以说是千差万别，但归纳起来可以分为保守结构、稳健结构、平衡结构和风险结构四种类型。

1. 保守结构

在保守结构的形式中，无论资产负债表左方的资产结构如何，资产负债表右方的资金全部来源于长期资金，非流动负债与所有者权益的比例高低不影响这种结构形式，其形式如表 3.26 所示。

表 3.26 保守结构资产负债表

流动资产	非流动负债
非流动资产	所有者权益

从表 3.26 中可以看出，保守结构的主要标志是企业全部资产的资金依靠长期资金来源满足。其结果有以下几种。

（1）企业风险极低。因为筹资风险是建立在经营风险的基础之上的，只要企业资产经营不存在风险，其偿债风险就会消除。由于这一形式中的偿债风险极低，因此，即使提高长期资产的比例，资产风险加大，两方综合起来，也会形成一方较大的风险被另一方较小的风险中和，而使企业风险降低。

（2）导致较高的资金成本。相对于其他结构形式，这一形式的资金成本最高，但前提是短期债务成本高于长期债务成本。

（3）筹资结构弹性弱。一旦企业进入用资淡季，对资金存量不易做出调整，尽管企业可以通过将闲置资金投资于短期证券市场来调节，但必须以存在完善的证券市场为前提，而且这种投资的收益也不一定能够消除这种高成本的差异。

在实务中保守结构的形式很少被企业普遍采用。

2. 稳健结构

在稳健结构形式中，长期资产的资金需要依靠长期资金来解决，短期资产的资金需要则使用长期资金和短期资金共同解决，长期资金和短期资金的资金需要方面的比例不影响这一形式。其形式如表 3.27 所示。

表 3.27 稳健结构资产负债表

流动资产	流动负债
	非流动负债
非流动资产	所有者权益

从表 3.27 中可以看出，稳健结构的主要标志是企业流动资产的一部分资金需要使用流动负债来满足，另一部分资金需要则由非流动负债来满足。其结果是：①足以使企业保持相当优异的财务信誉，通过流动资产的变现来满足偿还短期债务的需要，企业风险较小；②企业可以通过调整流动负债与非流动负债的比例，使负债成本达到企业目标标准，相对于保守结构形式而言，这一形式的负债成本相对较低，并具有可调节性；③无论是资产结构还是资本结构，都具有一定的弹性，特别是当临时性资产需要降低或消失时，可通过偿还短期债务或进行短期证券投资来调整，一旦临时性资产需要再产生时，又可以通过重新举债或出售短期证券来满足其所需。

这是一种能够被所有企业普遍采用的资产与权益对称结构。

3. 平衡结构

在平衡结构的形式中，以流动负债来满足流动资产的资金需要，以非流动负债及所有者权益来满足长期资产的资金需求，长期负债与所有者权益之间的比例关系不是判断这一结构形式的标志。其形式如表 3.28 所示。

表 3.28 平衡结构资产负债表

流动资产	流动负债
非流动资产	非流动负债
	所有者权益

从表 3.28 中可以看出，平衡结构的主要标志是企业流动资产的资金需要全部依靠流动负债来满足。其结果是：①同样高的资产风险与筹资风险中和后，使企业风险均衡；②负债政策要依靠资产结构变化进行调整；③存在潜在的风险。这一形式以自已变现时间和数量与偿债时间和数量相一致为前提，一旦两者出现时间上的差异和数量上的差异，如营业收入未能按期取得现金，应收账款没能足额收回，短期证券以低于购入成本出售等，就会使企业产生资金周转困难，并有可能陷入财务危机。

这一结构形式只适用于经营状况良好，具有较好成长性的企业。

4. 风险结构

在风险结构形式中，流动负债不仅用于满足流动资产的资金需要，而且还用于满足部分长期资产的资金需要，这一结构形式不因为流动负债在多大程度上满足长期资产的资金需求而改变。其形式如表 3.29 所示。

表 3.29 风险结构资产负债表

流动资产	流动负债
非流动资产	
	非流动负债 所有者权益

从表 3.29 中可以看出，风险结构的主要标志是以短期资金来满足部分长期资金的需要。其结果是：①财务风险较大，较高的资产风险和较高的筹资风险不能匹配；流动负债和长期资产在流动性上并不对称，如果通过长期资产的变现来偿还短期内到期的债务，必然给企业带来沉重的偿债压力，从而要求企业极大地提高资产的流动性；②相对于其他结构而言，其负债成本最低；③存在破产的潜在威胁。由于企业时刻面临偿债压力，一旦市场发生变动，或意外事件发生，就可能引发企业资产经营的风险，使得企业资金周转不灵而陷入财务困境，造成企业因不能偿还到期债务而破产。

这一结构只适用于处在发展壮大时期的企业，而且只能在短期内采用。

【即学即练 3.16】B 公司资产负债表简表如表 3.30 所示，根据资料对其对称结构进行分析。

表 3.30 资产负债表（简表） （单位：万元）

资　产	期　初	期　末	负债及所有者权益	期　初	期　末
流动资产			负债	282 487	306 330
…			股本	500 000	500 000
固定资产			资本公积	107 000	102 640
…			盈余公积	82 423	85 320
			未分配利润	10 700	37 720
总计	982 610	1 032 010	总计	982 610	1 032 010

表 3.31 B公司稳健结构资产负债表

流动资产 228 510	流动负债 83 330
	非流动负债 223 000
非流动资产 803 500	所有者权益 725 680

分析点津 根据资料编制对称结构表，如表 3.31 所示。根据表 3.31 可以看出，该公司资产与权益对称结构属于稳健结构。主要标志是该公司流动资产的一部分资金需要使用流动负债来满足，另一部分资金需要则由非流动负债来满足。

小 结

本章主要介绍了资产负债表的含义、作用、结构，资产负债表的编制方法以及资产负债表的综合分析和重点项目分析。资产负债表是反映企业在某一特定日期所拥有的或控制的经济资源，所承担的现时义务和所有者对净资产的要求权的财务报表。我国企业的资产负债表采用账户式结构。资产负债表的数据主要来自会计账簿记录，可以直接根据总账账户余额填列；根据几个总账账户的余额计算填列；根据总账科目和明细科目的余额分析计算填列；根据有关明细科目余额计算填列；根据有关总账账户与其备抵账户抵消后的净额填列。在对资产负债表分析时，要注意其各项目的构成及相互关系。资产负债表综合分析主要是对比较资产负债表和结构资产负债表进行分析。在分析时，要注意揭示资产负债表各项目变动的根本原因及其资本结构的合理性。

本章学习的重点是根据企业的资料完成资产负债表的编制，并能够运用比较分析法和结构分析法进行资产负债表的综合分析。

推荐阅读

力拓改变战略获得成功

2013 年 1 月，全球矿业巨头力拓集团同时完成了从全球 CEO 到中国区总裁的更迭。其后，在不到一年半的时间里，新任 CEO 山姆 · 威尔士已五次来到中国，加上过往与中国的“渊源”，64 岁的他来中国的次数超过 40 次。威尔士于 1991 年加入力拓，就任公司全球一把手前，负责力拓集团铁矿石业务整整 8 年。

履新后，威尔士为力拓制订了与其前任艾博年大不相同的战略计划，比如削减开支、剥离非核心资产、暂停收购、同时强调灵活性等。“在担任总裁之前，我就加入了力拓董事会，我去过我们的每一个矿山，跟每一个矿山的管理层都很熟悉。当然，目前的工作与铁矿石的业务有很大不同，不光是要从客户角度考虑问题，还要关注政府和股东。从个人来讲，无论是个人背景还是公司董事会，我都要对新的角色做最充分的准备。”

在战略执行方面，力拓会强调更多地试用个人特质、专注、纪律性以及责任感，确保在运营成本和资本支出方面更加明智。

从去年开始，力拓加大力度对非核心、表现不好的资产进行剥离，专注于表现好并能给公司带来最大价值的资产，“公司将在市场需求更加强劲的领域继续进行投资，如铁矿石、铜等。”

剥离非核心资产

对很多大型跨国企业来说，剥离与投资几乎是一对孪生兄弟。

2013 年，力拓营收略增 0.4%至 511.7 亿美元，利润 102 亿美元，净利润为 36.65 亿美元。资本支出下降及削减债务帮助提振全年现金流，使其增加 22%至 201 亿美元。

力拓将公司利润提高主要归因于成本大幅削减、资本支出减少，以及公司铁矿石、动力煤产量达创纪录水平；“铜产量的回升也对我们的利润增长做出了贡献”。目前矿业繁荣期正在冷却，力拓正着力加强其资产负债表，并在多种大宗商品价格不理想的时候保护其利润。

威尔士告诉《英才》记者，公司去年试运行的“矿石卓越加工中心”通过对力拓全球七个矿区作业情况的实时跟踪，有效降低矿区运营成本，今年公司希望借助创新提升生产效率和企业竞争力。

在经济低谷期，资产剥离成为普遍行为。从 2012 年开始，力拓便已加大了资产剥离力度，宣布进一步出售一些非核心业务资产，包括完成 Lynemouth 电厂以及加铝电缆公司中国业务的出售等。威尔士重视资产本身的价值，将保留那些可以带来高价值的资产，但“如果有人报价高于预估，我们也会考虑出售。”

履新 CEO 后，山姆 · 威尔士设定了 2013 年约 20 亿美元和 2014 年约 30 亿美元的成本缩减计划，其中三分之二集中在铝板块和能源板块。“力拓不仅提供铁矿石，也包括其他品类大宗商品，但不同商品的周期不同。从目前看，市场变化很快，铁矿石仍会有不错的需求。未来，我觉得，铜、工业矿物，以及铀或者动力煤等资源的需求也会有不错的前景。”威尔士告诉《英才》记者，资产剥离计划与公司战略一致，力拓的资源目标是那种大储量、寿命长、低成本，而且是可以扩产的项目，“我们进行剥离的资产，其实都是非核心的资产。”

对于力拓秉持的投资原则，威尔士进行了更加具体的解释：储量大可以给未来供给上很好的保证；寿命长可以给力拓足够的时间把项目的投入收回；低成本能够保证力拓的项目成本在全行业的前四分之一的低成本区域，这样能够应对各种不同的经济周期；可扩产，主要是这个项目能够给力拓一定的时间，保证对这个项目扩产。

此外，当前中澳自贸区谈判进入关键阶段。威尔士对中澳自贸区签署协议的前景持乐观态度，称这将进一步扩大力拓在中国市场的采购和销售份额。

巨头的玩法

在矿业市场大幅波动的周期，力拓 2013 年铁矿石产量却再创新高，达到 2.66 亿吨，增长 5%。

2010 年 10 月，力拓对外宣布年产能 2.83 亿吨的扩产项目；2014 年 5 月，力拓表示其皮尔巴拉业务包括矿山、铁路和港口扩产项目取得重大进展。

“目前基础设施的建设正按计划进行，预计将在 12 个月后按期完成，从 2014 年到 2017 年，我们有一个迅速的、低成本的方案在当前 2.9 亿吨年产量的基础上增加超过 6000 万吨的年产能。”威尔士告诉《英才》记者，力拓配套的港口和铁路运输设施正在建设中。此外，力拓已经批准一项总投资为 59 亿美元，位于西澳大利亚的港口和铁路设施扩建计划。

令部分投资者疑惑的是，全球范围内频繁、大规模的矿业扩产已经让市场“消化不良”。据统计，世界主要铁矿石生产商目前有总价值近 2 500 亿美元的新建投资项目，未来大量的铁矿石供应可能使得大宗商品价格降至更深的“泥潭”。据瑞士信贷银行预计，今年铁矿石价格将维持在 106 ~ 110 美元/吨；2015 年价格将跌至 87～90 美元/吨。

在产能过剩及并不乐观的价格前景下，力拓、必和必拓、淡水河谷等全球主要铁矿石生产商却纷纷表示将继续扩产。对于价格下跌，而产量不断扩张的怪圈，威尔士仅表示力拓的生产成本相当低，目前是 20 美元/吨。根据研报评估各大矿商损益平衡现金成本来看，力拓为 43 美元/吨，必和必拓为 45 美元/吨，而 FMG、BC 铁矿和阿特拉斯铁矿公司，则分别高至 72 美元/吨、70 美元/吨和 82 美元/吨。

矿商们的扩产还因为铁矿石业务保持的高回报。德意志银行分析师保罗 · 杨（Paul Young）对力拓在皮尔巴拉地区的扩产计划表达了支持：“我们在分析之后发现，这个项目的回报率在世界主要的大型项目中是最高的，所以对该项目进行扩建对于股东而言更为合算。”百川资讯首席分析师张如凤告诉《英才》记者，即使未来铁矿石价格继续下跌，铁矿石业务也还是三大矿业公司最赚钱的业务；而铁矿石价格如果下跌到 80 美元/吨的价位，很多力拓的竞争者都可能消失，“几大矿商无论是扩产还是造船，或许就是利用了自身的规模和成本优势。”

山姆 · 威尔士隐而未发的事实，还包括微妙而残酷的矿业市场竞争逻辑：新建项目的延迟会刺激其他矿商来扩产从而填补市场的需求。如果一方停止扩产，那么另一方将占有对方的市场份额；如果力拓铁矿石项目出现任何推迟，其所产生的市场空白都将“无情地”被其他矿业生产商填补。

（资料来源：http://finance.eastmoney.com/news/1354,20140731406802937.html）

习 题

一、单项选择题

1. 以下属于经营性资产的是（　　）。

A. 货币资金　　B. 应收账款　　C. 应收票据　　D. 其他应收款

2. 在通货膨胀时期，存货采用先进先出法对利润表的影响是（　　）。

A. 利润被低估　　B. 利润被高估

C. 基本反映当前的利润水平　　D. 高估或低估利润

3. 下列资产中流动性最强的是（　　）。

A. 固定资产　　B. 存货　　C. 应收票据　　D. 商誉

4. 企业的收益主要来源于（　　）。

A. 经营活动　　B. 投资活动　　C. 筹资活动　　D. 投资收益

5. 普通股发行股数与面值的乘积为（　　）。

A. 资本公积　　B. 盈余公积　　C. 普通股股本　　D. 公司市场价值

6. 下列属于所有者权益项目的有（　　）。

A. 应付股利　　B. 应收股利　　C. 资本公积　　D. 长期股权投资

7. 不属于盈余公积的法定用途的是（　　）。

A. 弥补亏损　　B. 转增资本　　C. 分配股利　　D. 转增股本

8. 能够减少企业流动资产变现能力的因素是（　　）。

A. 取得商业承兑汇票　　B. 未决诉讼形成的或有负债

C. 有可动用的银行贷款指标　　D. 长期投资的到期收回

9. 当累计法定盈余公积达到注册资本的（　　）时，可以不再计提。

A. 5%　　B. 10%　　C. 25%　　D. 50%

10. 资本结构具体是指企业的（　　）的构成和比例关系。

A. 所有者权益与负债　　B. 长期债权投资与流动负债

C. 长期应付款与固定资产　　D. 递延资产与应付账款

11. 资产的流动性是指资产的（　　）。

A. 管理能力　　B. 赢利能力　　C. 变现能力　　D. 抗风险能力

12. 无形资产应按照（　　）计量。

A. 实际成本　　B. 摊余价值

C. 账面价值　　D. 账面价值与可收回金额孰低

二、多项选择题

1. 采用保守的固定资产与流动资产结构可能出现的财务结果是（　　）。

A. 资产流动性提高　　B. 资产风险降低　　C. 资产流动性降低

D. 资产风险提高　　　E. 赢利水平下降

2. 货币资金存量变动的原因有（　　）。

A. 资金调度　　　B. 信用政策变动　　　C. 销售规模变动

D. 会计政策变更　　　E. 为大笔现金支出做准备

3. 进行负债结构分析必须考虑的因素有（　　）。

A. 负债规模　　　B. 负债成本　　　C. 债务偿还期限　　　D. 财务风险

4. 应收账款变动的原因可能有（　　）。

A. 销售规模变动　　　B. 信用政策变动　　　C. 收账政策不当

D. 收账执行不力　　　E. 应收账款质量不高

5. 企业持有货币资金的动机有（　　）。

A. 支付动机　　　B. 交易动机　　　C. 投机动机　　　D. 预防动机

6. 现金周转期是指从现金投入生产经营开始到最终转化为现金的周期，包括（　　）。

A. 存货周转期　　　B. 应收账款周转期　　　C. 应付账款周转期　　　D. 存货供货期

7. 影响企业资产结构的主要因素有（　　）。

A. 行业特点　　　B. 产品生命周期　　　C. 经营性质　　　D. 宏观经济环境

8. 以下属于企业的收入的有（　　）。

A. 营业收入　　　B. 其他业务收入　　　C. 股利收入　　　D. 固定资产盘盈收入

9. 直接根据总账账户余额填列的项目有（　　）。

A. 交易性金融资产　　　B. 长期待摊费用　　　C. 递延所得税资产　　　D. 固定资产清理

10. 稳健结构的特点是（　　）。

A. 财务信誉优　　　B. 负债成本较低

C. 资产结构有一定的弹性　　　D. 存在破产的风险

11. 下列各项中，应在资产负债表的流动资产中单独反映的是（　　）。

A. 长期待摊费用中一年内摊销的部分　　　B. 预计一年内收回的长期股权投资

C. 预计一年内报废的固定资产　　　D. 将于一年内到期的持有至到期投资

12. 需要在近期内偿还的债务不仅仅指流动负债，还包括（　　）。

A. 长期负债中将到期的部分　　　B. 长期借款

C. 不可废除合同中的未来租金应付款数　　　D. 购买长期资产合同的分期付款数

三、判断题

1. 资产负债表某项目变动幅度大，对资产或权益的影响越大。（　　）

2. 资产负债表可以反映企业偿债能力大小。（　　）

3. 资产负债表结构分析通常采用水平分析法。（　　）

4. 如果本期未分配利润少于上期，说明企业本期经营亏损。（　　）

5. 稳健结构的主要标志是流动资产的一部分资金需要由长期资金来解决。（　　）

6. 资产负债表反映的信息有一定的局限性，它所反映的财务状况是在某一时点有效的，但是这种有效性也是相对的。（　　）

7. 资产结构就是各种资产的构成比例，具体而言就是指企业的流动资产、长期投资、固定资产、无形资产等占资产总额的比重。

8. 负债结构主要是指负债总额与所有者权益、非流动负债与所有者权益之间的比例关系。（　　）

9. 企业的资本结构受到筹资方式和现金流量的影响。（　　）

10. 在保守结构形式中，流动负债不仅用于满足流动资产的资金需要，而且还用于满足部分长期资产的资金需要。（　　）

11. 企业存货越多，说明其资金沉淀越多，可流动的资金就越少，资产的利用效率越低。（　　）

四、实务操作题

1. 天伦公司20×5年12月总分类账户期末余额的有关资料如表3.32所示。

表3.32　总分类账户期末余额　（单位：万元）

账户名称	期末余额		账户名称	期末余额	
	借方余额	贷方余额		借方余额	贷方余额
库存现金	8 000		短期借款		2 800 000
银行存款	2 972 000		应付票据		8 000
其他货币资金	40 000		应付账款		220 000
交易性金融资产	80 000		应付职工薪酬		36 800
应收票据	816 000		应交税费		13 200
应收账款	1 201 600		其他应付款		200
坏账准备		2 000	应付利息		3 200
原材料	2 001 200		长期借款		400 000
在途物资	22 800		实收资本		7 360 000
库存商品	1 000 000		资本公积		1 458 200
固定资产	4 600 000		本年利润		400 000
累计折旧		960 000	利润分配		80 000
无形资产	1 000 000		合计	13 741 600	13 741 600

明细账资料：应付账款——甲公司（贷方余额）260 000万元

应付账款——丁公司（借方余额）40 000万元

要求：根据上述资料编制无伦公司20×5年12月31日的资产负债表。

2. 万芳公司20×5年12月31日的资产负债表如表3.33所示，请对资产负债表进行结构分析与比率分析。

3. C公司为一家上市公司，其比较资产负债表如表3.34所示。

要求：

（1）编制比较资产负债表，并做出分析评价；

（2）编制结构资产负债表（如表3.35所示），并做出分析评价。

表3.33　资产负债表　（单位：万元）

资　　产	金　　额	负债及所有者权益	金　　额
流动资产	201 970	流动负债	97 925
速动资产	68 700	非流动负债	80 000
非流动资产	375 955	负债合计	177 925
固定资产	237 000	所有者权益	400 000
无形资产	138 955		
合　　计	577 925	合　　计	577 925

五、信息收集

上网收集一家上市公司2012年度资产负债表数据，并对其进行比较分析与结构分析。

表 3.34　比较资产负债表

资　　产	期初数（万元）	期末数（万元）	变动额（万元）	变动率（%）	对资产的影响	负债及所有者权益	期初数（万元）	期末数（万元）	变动额（万元）	变动率（%）	对权益的影响
流动资产：						流动负债：					
货币资金	40 000	50 000				短期借款	37 600	55 000			
交易性金融资产	28 000	20 000				应付账款	13 600	15 500			
庄收款项	15 500	25 000				应交税费	7 400	9 530			
存货	97 000	85 000				其他流动负债	4 487	3 300			
其他流动资产	37 910	48 510				流动负债小计	63 087	83 330			
流动资产合计	218 410	228 510				非流动负债：					
非流动资产：						长期借款	38 400	42 000			
长期股权投资	42 200	51 000				应付债券	181 000	181 000			
固定资产	631 000	658 500				非流动负债小计	219 400	223 000			
无形资产	91 000	94 000				负债合计	282 487	306 330			
非流动资产合计	764 200	803 500				股东权益：					
						股本	500 000	500 000			
						资本公积	107 000	102 640			
						盈余公积	82 423	85 320			
						未分配利润	10 700	37 720			
						股东权益合计	700 123	725 680			
合　　计	982 610	1 032 010				总　　计	982 610	1 032 010			

表 3.35 结构资产负债表

资　　产	期初数（万元）	期末数（万元）	期初结构（%）	期末结构（%）	差异（%）	负债及所有者权益	期初数（万元）	期末数（万元）	期初结构（%）	期末结构（%）	差异（%）
流动资产：						**流动负债：**					
货币资金	40 000	50 000				短期借款	37 600	55 000			
交易性金融资产	28 000	20 000				应付账款	13 600	15 500			
应收款项	15 500	25 000				应交税费	7 400	9 530			
存货	97 000	85 000				其他流动负债	4 487	3 300			
其他流动资产	37 910	48 510				**流动负债小计**	63 087	83 330			
流动资产合计	218 410	228 510				**非流动负债：**					
非流动资产：						长期借款	38 400	42 000			
长期股权投资	42 200	51 000				应付债券	181 000	181 000			
固定资产	631 000	658 500				**非流动负债小计**	219 400	223 000			
无形资产	91 000	94 000				**负债合计**	282 487	306 330			
非流动资产合计	764 200	803 500				**股东权益：**					
						股本	500 000	500 000			
						资本公积	107 000	102 640			
						盈余公积	82 423	85 320			
						未分配利润	10 700	37 720			
						股东权益合计	700 123	725 680			
合　　计	982 610	1 032 010				**总　　计**	982 610	1 032 010			

第四章 利润表的编制与分析

【知识目标】

1. 了解利润表分析的作用。
2. 理解利润表的结构及编制方法。
3. 掌握利润表的分析方法。

【技能目标】

1. 根据企业资料能够完成利润表的编制。
2. 根据企业资料能够进行利润表综合分析。

【引例导读】

利润表——收益分析的核心报表

1924—1929 年，资本主义世界经历了短暂的经济繁荣。1929 年，经济危机首先在美国爆发，随即席卷整个资本主义世界，形成了前所未有的、持续最久的世界经济危机。

20 世纪 20 年代，美国证券市场兴起投机狂潮，“谁想发财，就买股票”成为一句口头禅，人们像着了魔似地买股票，梦想着一夜之间成为百万富翁。疯狂的股票投机终于引发一场经济大灾难。1929 年 10 月 24 日，纽约证券交易所股票价格雪崩似地跌落，人们歇斯底里地甩卖股票，整个交易所大厅里回荡着绝望的叫喊声。这一天成为可怕的“黑色星期四”（Black Thursday），并触发了美国经济危机。然而，这仅仅是灾难的开始。10 月 29 日，交易所股价再度狂跌。一天之内 1 600 多万股票被抛售，50 种主要股票的平均价格下跌了近 40%。一夜之间，“繁荣”景象化为乌有，全面的金融危机接踵而至：大批银行倒闭，企业破产，市场萧条，生产锐减；失业人数激增，人民生活水平骤降；农产品价格下跌，很多人濒临破产。一场空前规模的经济危机终于爆发，美国历史上的“大萧条”时期到来。

1933 年，整个资本主义世界工业生产下降 40%，各国工业产量倒退到 19 世纪末的水平，资本主义世界贸易总额减少三分之二，美、德、法、英共有 29 万家企业破产。资本主义世界失业工人达到 3 000 多万，美国失业人口 1 700 多万，几百万小农破产，无业人口颠沛流离。经济危机引起了资本主义各国的政局动荡。经济危机也使资本主义国家之间的矛盾激化，引出一连串的关税战、倾销战和货币战。

点评：这场经济危机促使企业的投资者和债权人从只关心企业的财务状况转而更加关心企业的经营成果和获利水平。于是利润表应运而生，财务报表分析也从以资产负债表为核心的资产负债观向收益观转变。在本章的学习中，我们将介绍利润表编制与分析的知识。

第一节　利润表编制

一、利润表概述

利润表是反映企业在一定会计期间经营成果的报表。利润表把一定会计期间的收入与同一会计期间相关的费用进行配比，以计算出企业一定时期的净利润（或净亏损）。按照《企业会计准则》的规定，企业的利润主要由营业利润、利润总额和净利润三个层次构成，将每一层次的利润都分解成相应的收入和费用项目的比较，从而反映了从“核心业务”到“非核心业务”的扩展。这种利润层次体系有助于报表使用者形象地理解不同范围经营成果的形成原因。

利润表实际上是反映企业经营情况的一段录像。这段录像有起点和终点，利润表所要描述的就是从起点到终点的这个过程，因而被喻为“一段精彩的表演”。在这个过程中要记录的并不是所有内容，而是这一期间发生了多少收入和多少费用，这段时间是赢利还是亏损。

利润表反映了因为赢利活动而引起的资产负债表中的权益变化，并最终通过所有者权益表现出来。在现实经济生活中，人们对于利润表的重视显然超过了资产负债表。利润表是企业经济效益的综合体现，它所提供的信息是动态信息。利润表的作用可以表现在以下几个方面。

（1）利润表可以了解分析企业的经营成果。企业在生产经营活动中，不断地发生各种费用，同时取得各种收入。利润表通过收入和成本费用情况的反映，可以提供企业在一定期间内的收益情况、成本费用情况，以及资金的投入和产出的比例关系，可以使报表的使用者了解企业经营业绩和财务成果，从而了解企业获利能力的大小。

【课堂讨论 4.1】

如何判断一个企业是否具有持久的获利能力？

（2）利润表可以用来分析预测企业的偿债能力。企业偿债所需的资金不仅取决于现有资产的流动性，而且也受企业所获利润多少的影响。如果企业获利能力不强，营利性现金流入不足，企业资产的流动性和权益结构就会恶化，从而使企业偿债能力下降。对于报表使用者而言，分析企业不同时期以及不同企业的利润信息，可以预测评价企业的偿债能力，据此做出是否维持、增加或收缩对企业信贷的决策。

（3）利润表可以为经营者进行经营决策提供依据。通过对利润表中各项组成要素的比较分析，并与以前各期比较，可以反映出企业各项收入、费用和利润的升降趋势及其变化幅度，发现企业经营管理中存在的问题。同时，还可以分析企业利润的形成构成，对利润进行结构分析，为企业经营决策提供依据。

（4）利润表可以作为企业分配经营成果的依据。利润表比较完整地提供了企业一定时期的营业利润、投资净收益和营业外收支等有关损益的情况，在扣除了所得税费用后即可计算出企业的净利润。净利润的大小决定了企业各个利害关系人的分配数额，因此，利润表为企业分配利润提供了基础数据和依据。

（5）利润表预测企业未来获利变化趋势。借助利润表，比较和分析企业的盈亏信息，可以了解企业未来获利变化的趋势。比如，将企业一至五年的利润表进行比较，营业收入第一年为200万元，第二年为300万元，第三年为400万元，第四年为500万元，第五年为600万元，这种比较让我们看出企业的销售收入一直呈上升趋势，市场占有量增大，销售良好。

【即学即练 4.1】某公司20×4年、20×5年、20×6年的管理费用分别为120万元、100万元和 90 万元，这组数字反映了什么趋势？

分析点津　管理费用的变化说明该公司在行政管理开支压缩上取得了较好的成绩，应进一步结合收入和利润的变化情况进行分析。

【案例 4.1】

天信办公家具厂市场做得不错，销售量在当地算是老大，表面风风光光，让同行羡慕，但利润却比行业平均利润低很多。到了年终，看着辛苦一年所获得的微薄利润，总经理十分无奈，于是在各环节查找企业为什么利润不佳的原因，生产、市场、渠道……都没什么问题，最后从利润表中找到了问题：产品毛利率很高，和同行没什么差别，但净利润却很低，从报表中可以看到，坏账过多，管理费用、采购费用、促销费用过高，把利润拖了下来。原因找到了，于是企业采取严格的控制赊销条件，裁减不必要的部门与人员，优化了采购流程，减少了不必要的促销费用，逐步使企业利润得到了提升。

点评：企业中的很多问题都可以从财务报表中找到答案。因此利润表多被企业做成月度的，以便及时发现问题。

二、利润表的结构

利润表一般由表首、正表和补充资料三部分构成。其中，表首说明报表名称、编制单位、编制日期、报表编号、货币名称、计量单位等；正表是利润表的主体，反映企业形成经营成果的各个项目和计算过程；补充资料反映非经常性项目对利润总额的影响。

利润表正表的结构一般有单步式和多步式两种。我国现行的利润表采用多步式结构。所谓多步式利润表，就是通过对当期的收入、费用、支出项目按性质加以归类，按利润形成的主要环节列示一些中间性利润指标（如营业利润、利润总额、净利润），分步计算当期净损益。多步式利润表的格式如表 1.2 所示。

三、利润表的编制方法

利润表中的各个项目，应根据各损益类科目的发生额分析填列。利润表各项目的内容及其填列方法如下。

第一步，以营业收入为基础，减去营业成本、税金及附加、销售费用、管理费用、财务费用、资产减值损失，加上公允价值变动收益（减去公允价值变动损失）和投资收益（减去投资损失），计算出营业利润。

【知识导航】

企业的利润可以细分为主营业务利润和其他业务利润。主营业务利润也称为基本业务利润或产品销售利润，是指企业主营业务收入扣除主营业务成本、主营业务税金及附加后的利润，不包括其他业务利润、投资收益等因素。其他业务利润是指企业经营主营业务以外的其他业务活动实现的利润，即其他业务收入减去其他业务成本、费用以及其他业务负担的税费后的差额。

第二步，以营业利润为基础，加上营业外收入，减去营业外支出，计算出利润总额。

第三步，以利润总额为基础，减去所得税费用，计算出净利润（或亏损）。

第四步，以净利润（或净亏损）为基础，计算每股收益。

第五步，以净利润（或净亏损）和其他综合收益为基础，计算综合收益总额。

普通股或潜在普通股已公开交易的企业，以及正处于公开发行普通股或潜在普通股过程中的企业，还应当在利润表中列示每股收益信息。

利润表各项目均须填列“本期金额”和“上期金额”两栏。其中“上期金额”栏内各项数字，应根据上年该期利润表的“本期金额”栏内所列数字填列。“本期金额”栏内各期数字，除“基本每股收益”和“稀释每股收益”项目外，应当按照相关科目的发生额分析填列。如“营业收入”项目，根据“主营业务收入”、“其他业务收入”科目的发生额分析计算填列；“营业成本”项目，根据“主营业务成本”、“其他业务成本”科目的发生额分析计算填列。其他项目均按照各科目的发生额分析填列。其他综合收益的税后净额，反映企业根据企业会计准则规定未在损益中确认的各项利润和损失的所得税影响后的净额。综合收益总额，反映企业净利润与其他综合收益的会计金额。

四、利润表编制实务

【即学即练 4.2】引用【即学即练 3.7】，根据 WW 公司 20×5 年发生的经济业务编制利润表，如表 4.1 所示（假设上期金额为已知数据）。

表 4.1　利润表

会企 02 表

编制单位：WW 公司　　　　20×5 年度　　　　（单位：元）

项　目	本期金额	上期金额
一、营业收入	1 550 000	1 300 000
减：营业成本	1 100 000	1 000 000
税金及附加	63 300	52 000
销售费用	28 000	26 000
管理费用	117 100	150 000
财务费用	16 000	10 000
资产减值损失	0	0
加：公允价值变动收益（损失以“–”填列）	−10 000	0
投资收益（损失以“–”填列）	30 500	20 000
其中：对联营企业和合营企业的投资收益		
二、营业利润（亏损以“–”填列）	246 100	82 000
加：营业外收入		30 000
减：营业外支出	119 700	
其中：非流动资产处置损失	119 700	
三、利润总额（亏损总额以“–”填列）	126 400	112 000
减：所得税费用	31 600	28 000
四、净利润（净亏损以“–”填列）	94 800	84 000
五、其他综合收益税后净额		
（一）以后不能重分类进损益的其他综合收益		
（二）以后将重分类进损益的其他综合收益		
六、综合收益总额		
七、每股收益		
（一）基本每股收益		
（二）稀释每股收益		

【学中做 4.1】甲股份有限公司（以下简称甲公司）为增值税一般纳税企业，适用的增值税税率为 17%。商品销售价格中均不含增值税。按每笔销售分别结转销售成本。甲公司销售商品、零配件及提供劳务均为主营业务。

甲公司 20×7 年 9 月发生的经济业务如下。

（1）以分期收款销售方式向 A 公司销售商品一批。该批商品的销售价格为 20 万元，实际成本为 17 万元，取货单和增值税专用发票已交 A 公司。根据合同，该价款（不含增值税，下同）分三次收取，第一次收取货款的 20%，10 月 1 日和 11 月 1 日分别收取货款的 40%。第一次应收取的货款已于本月收存银行。

（2）与 B 公司签订协议，委托其代销商品一批。根据代销协议，B 公司按代销商品协议价的 5%收取手续费，并直接从代销款中扣除。该批商品的协议价为 5 万元，实际成本为 3.6 万元，商品已运往 B 公司。本月末收到 B 公司开来的代销清单，列明已售出该批商品的 50%；同时收到已售代销商品的代销款（已扣除手续费）。

（3）与 C 公司签订一项设备安装合同。该设备安装期为两个月，合同总价款为 3 万元，分两次收取。本月末收到第一笔价款 1 万元，并存入银行。按合同规定，安装程序完成日收取剩余的款项。至本月末，已实际发生安装成本 1.2 万元（假定均为安装人员工资）。

（4）向 D 公司销售特定商品一件。合同规定，该件商品须单独设计制作，总价款 35 万元，自合同签订起两个月内交货。D 公司已预付全部价款。至本月末，该件商品尚未完工，已发生生产成本 15 万元（其中，生产人员工资 5 万元，原材料 10 万元）。

（5）向 E 公司销售配件一批。该批配件的销售价格为 100 万元，实际成本为 80 万元。增值税专用发票及提货单已交给 E 公司。E 公司已开出承兑的商业汇票，该商业汇票期限为三个月，到期日为 12 月 10 日。E 公司因受场地限制，推迟到下月 23 日提货。

（6）与 H 公司签订一项设备维修服务协议。本月末，该维修服务完成并经 H 公司验收合格，同时收到 H 公司按协议支付的劳务款 50 万元。为完成该项维修服务，发生相关费用 10.4 万元（假定均为维修人员工资）。

（7）M 公司退回 20×6 年 12 月 28 日购买的商品一批，该批商品的销售价格为 6 万元，实际成本为 4.7 万元。该批商品的销售收入已在售出时确认，但款项尚未收取。经查明，退货理由符合原合同规定。本月末已办妥退货手续并开具红字增值税专用发票。

（8）计算本月应交所得税，假定该公司适用的所得税税率为 33%，采用资产负债表债务法核算所得税，假定本期无任何纳税调整事项。

其他资料：甲公司登记 9 月份发生其他账户余额如表 4.2 所示。

要求：编制上述（1）～（8）项业务的会计分录，并编制甲公司 9 月份利润表，并填入表 4.3 中）。

表 4.2 甲公司 9 月份其他账户余额表

（单位：万元）

账户名称	借方余额	贷方余额
其他业务收入		2
其他业务成本	1	
投资收益		1.53
营业外收入		20
营业外支出	40	
税金及附加	10	
管理费用	5	
财务费用	1	

表 4.3　利润表

会企 02 表

编制单位：甲公司　　　　20×7 年度　　　　（单位：元）

项　目	本期金额	上期金额
一、营业收入		
减：营业成本		
税金及附加		
销售费用		
管理费用		
财务费用		
资产减值损失		
加：公允价值变动收益（损失以“-”号填列）		
投资收益（损失以“-”号填列）		
其中：对联营企业和合营企业的投资收益		
二、营业利润（亏损以“-”号填列）		
加：营业外收入		
减：营业外支出		
其中：非流动资产处置损失		
三、利润总额（亏损总额以“-”号填列）		
减：所得税费用		
四、净利润（净亏损以“-”号填列）		
五、其他综合收益税后净额		
（一）以后不能重分类进损益的其他综合收益		
（二）以后将重分类进损益的其他综合收益		
六、综合收益总额		
七、每股收益		
（一）基本每股收益		
（二）稀释每股收益		

第二节　利润表综合分析

一、比较利润表的编制与分析

比较利润表（也称为水平利润表）是通过对企业连续两期或多期利润表中的数据进行比较，计算其增减变动的数额和增减变动的百分比，从而了解企业利润变动趋势，包括变动方向、数额和幅度，据以预测企业未来财务活动的发展前景。比较利润表分析可以分别从绝对额比较分析和百分率比较分析来进行。绝对额比较分析是以利润表中各项目的增减变动额为分析对象，通过分析各期金额的增减变化及其趋势，来判断企业的发展前景；百分率比较分析是通过利润表中各项目的增减变动百分比进行的分析，能够揭示各损益项目变动对经营成果的影响，从而判断企业的发展前景。

【即学即练 4.3】根据表 4.1 的资料，编制 WW 公司比较利润表（如表 4.4 所示），并进行简要分析。

表 4.4　比较利润表

编制单位：WW 公司　　　　　　　　　20×5　　年度

项　　目	本期金额(元)	上期金额(元)	增减金额(元)	增减率(%)
一、营业收入	1 550 000	1 300 000	250 000	19.23
减：营业成本	1 100 000	1 000 000	100 000	10
税金及附加	63 300	52 000	11 300	21.73
销售费用	28 000	26 000	2 000	7.69
管理费用	117 100	150 000	−32 900	−21.93
财务费用	16 000	10 000	6 000	60
资产减值损失	0	0		
加：公允价值变动收益（损失以“−”号填列）	−10 000	0	−10 000	
投资收益（损失以“−”号填列）	30 500	20 000	10 500	52.50
其中：对联营企业和合营企业的投资收益				
二、营业利润（亏损以“−”号填列）	246 100	82 000	164 100	200.12
加：营业外收入		30 000	−30 000	
减：营业外支出	119 700		119 700	
其中：非流动资产处置损失	119 700		119 700	
三、利润总额（亏损总额以“−”号填列）	126 400	112 000	14 400	12.86
减：所得税费用	31 600	28 000	3 600	12.86
四、净利润（净亏损以“−”号填列）	94 800	84 000	10 800	12.86
五、其他综合收益税后净额				
（一）以后不能重分类进损益的其他综合收益				
（二）以后将重分类进损益的其他综合收益				
六、综合收益总额				
七、每股收益				
（一）基本每股收益				
（二）稀释每股收益				

分析点津　WW 公司营业利润本年比上年增加了 164 100 元，增长了 200.12%，说明该公司生产经营业务获利能力明显增强。分析各项目可以看出本期营业收入比上期增加 250 000 元，增长 19.23%，营业成本增加 100 000 元，增长 10%。可见该公司对成本控制得较好。由于成本的增长速度比收入的增长速度慢，带来了营业利润的增长；同时，本期管理费用下降了 32 900 元，降低率为 21.93%，投资收益增加了 10 500 元，增长了 52.50%，也是利润上升的利好因素；由于销售的增长，本期税金及附加增加了 11 300 元，增长了 21.73%；此外，财务费用增加了 6 000 元，增长了 60%，应进一步分析原因。

该公司利润总额增加了 14 400 元，增长了 12.86%；净利润增加了 10 800 元，增长了 12.86%。利润总额和净利润的增长速度低于营业收入和营业利润的增长速度，主要是由于本期非经常性损益的影响导致的，本期营业外收入减少了 30 000 元，营业外支出增加了 119 700 元，这些都是与生产经营无关的因素，稳定性较差。

总之，该公司的生产经营获利能力增强，但由于非经常性损益的影响，导致利润总额和净利润的增长受到了不利的影响。

二、结构利润表的编制与分析

利润表结构分析是指以利润表中营业收入项目为100%，计算出各个项目占收入的百分比，再比较各个指标百分比的增减变动情况，以此判断有关费用、利润指标的变动规律和趋势，了解利润形成过程的概况，为进一步深入分析重点项目奠定基础。利润表结构分析通过编制和分析结构利润表（垂直利润表）来进行。

【即学即练4.4】根据表4.1的资料，编制WW公司结构利润表（如表4.5所示），并进行简要分析。

表4.5　结构利润表

编制单位：WW公司　　　　　　　　　　20×5年度

项　目	本期金额（元）	上期金额（元）	本期结构（%）	上期结构（%）	差异（%）
一、营业收入	1 550 000	1 300 000	100	100	
减：营业成本	1 100 000	1 000 000	70.97	76.92	−5.95
税金及附加	63 300	52 000	4.08	4	0.08
销售费用	28 000	26 000	1.81	2	−0.19
管理费用	117 100	150 000	7.55	11.54	−3.99
财务费用	16 000	10 000	1.03	0.77	0.26
资产减值损失	0	0			
加：公允价值变动收益（损失以“−”号填列）	−10 000	0	−0.66		−0.66
投资收益（损失以“−”号填列）	30 500	20 000	1.97	1.54	0.43
其中：对联营企业和合营企业的投资收益					
二、营业利润（亏损以“−”号填列）	246 100	82 000	15.88	6.31	9.57
加：营业外收入		30 000		2.31	−2.31
减：营业外支出	119 700		7.72		7.72
其中：非流动资产处置损失	119 700		7.72		7.72
三、利润总额（亏损总额以“−”号填列）	126 400	112 000	8.15	8.62	−0.47
减：所得税费用	31 600	28 000	2.04	2.15	−0.11
四、净利润（净亏损以“−”号填列）	94 800	84 000	6.12	6.46	−0.34
五、其他综合收益税后净额					
（一）以后不能重分类进损益的其他综合收益					
（二）以后将重分类进损益的其他综合收益					
六、综合收益总额					
七、每股收益					
（一）基本每股收益					
（二）稀释每股收益					

分析点津　WW公司本期营业利润占收入的比重为15.88%，比上期上升了9.57%，表明该公司生产经营获利能力大幅度提高。主要原因是由于该公司成本控制得较好，营业成本的比重本期为70.97%，比上期下降了5.95%；同时，管理费用比重降低了3.99%，投资收益比重上升了0.43%，这些都是利润比重上升的有利因素。但由于本期营业外支出比重上升了7.72%，营业外收入比重下降了2.31%，导致利润总额比重下降了0.47%，净利润比重下降了0.34%。

【学中做4.2】D公司20×4年度利润表资料如表4.6所示，根据资料编制D公司比较利润表

（如表 4.7 所示）和结构利润表（如表 4.8 所示），并进行简要分析。

表 4.6 利润表

会企 02 表

编制单位：D 公司 20×4 年度 （单位：元）

项 目	本期金额	上期金额
一、营业收入	195 756 919	154 521 867
减：营业成本	158 306 191	125 234 737
税金及附加	637 680	438 282
销售费用	11 679 764	7 135 293
管理费用	7 081 471	7 230 285
财务费用	1 847 259	1 410 414
资产减值损失	800 778	371 225
加：公允价值变动收益（损失以“-”填列）		
投资收益（损失以“-”填列）	−1 029 427	45 197
其中：对联营企业和合营企业的投资收益		
二、营业利润（亏损以“—”填列）	14 374 349	12 746 828
加：营业外收入	1 435 322	348 944
减：营业外支出	497 099	302 696
其中：非流动资产处置损失		12 793 076
三、利润总额（亏损总额以“—”填列）	15 312 572	3 502 271
减：所得税费用	3 348 116	9 290 805
四、净利润（净亏损以“—”填列）	11 964 456	
五、其他综合收益税后净额		
（一）以后不能重分类进损益的其他综合收益		
（二）以后将重分类进损益的其他综合收益		
六、综合收益总额		
七、每股收益		
（一）基本每股收益	0.64	0.66
（二）稀释每股收益	0.64	0.66

表 4.7 比较利润表

编制单位：D 公司 20×4 年度

项 目	本期金额（元）	上期金额（元）	增减金额（元）	增减率（%）
一、营业收入				
减：营业成本				
税金及附加				
销售费用				
管理费用				
财务费用				
资产减值损失				
加：公允价值变动收益（损失以“-”号填列）				
投资收益（损失以“-”号填列）				

续表

项　　目	本期金额（元）	上期金额（元）	增减金额（元）	增减率（%）
其中：对联营企业和合营企业的投资收益				
二、营业利润（亏损以“-”号填列）				
加：营业外收入				
减：营业外支出				
其中：非流动资产处置损失				
三、利润总额（亏损总额以“-”号填列）				
减：所得税费用				
四、净利润（净亏损以“-”号填列）				
五、其他综合收益税后净额				
（一）以后不能重分类进损益的其他综合收益				
（二）以后将重分类进损益的其他综合收益				
六、综合收益总额				
七、每股收益				
（一）基本每股收益				
（二）稀释每股收益				

表4.8　结构利润表

编制单位：D公司　　　　20×4年度

项　　目	本期金额（元）	上期金额（元）	本期结构（%）	上期结构（%）	差异（%）
一、营业收入					
减：营业成本					
税金及附加					
销售费用					
管理费用					
财务费用					
资产减值损失					
加：公允价值变动收益（损失以“-”号填列）					
投资收益（损失以“-”号填列）					
其中：对联营企业和合营企业的投资收益					
二、营业利润（亏损以“-”号填列）					
加：营业外收入					
减：营业外支出					
其中：非流动资产处置损失					
三、利润总额（亏损总额以“-”号填列）					
减：所得税费用					
四、净利润（净亏损以“-”号填列）					
五、其他综合收益税后净额					
（一）以后不能重分类进损益的其他综合收益					
（二）以后将重分类进损益的其他综合收益					
六、综合收益总额					
七、每股收益					
（一）基本每股收益					
（二）稀释每股收益					

第三节 利润质量分析

利润是企业一定期间的经营成果，净利润或净亏损代表企业财富的增加或减少。利润表编制的主要目的是反映企业一定时期的盈亏。利润是会计主体的一种产品，就存在着质量优劣的问题，利润的质量体现了利润的优劣程度。

利润质量一般包括利润形成的真实性及对现金流量的影响。具体包括两个方面含义：①会计利润与真实收益或现金流量的相关程度，体现了会计利润的可靠性，没有现金净流量的利润是不可靠的；②会计利润与企业未来现金流量数额、时间和可能性的匹配程度，体现了利润的预测价值和决策相关性。

良好的利润质量应该具备以下特征：①资产运转状况良好；②企业所依赖的业务同时具有较高的赢利能力和较好的发展前景；③企业对利润具有较好的支付能力；④资产结构和融资结构不断优化；⑤企业利润具有稳定性和成长性。

利润质量恶化的特征包括以下内容：①企业扩张过快；②企业经营行为短期化；③企业利润过分依赖非主营业务；④企业非正常地变更会计政策和会计估计；⑤应收账款规模的不正常增加、应收账款平均收账期的不正常变长；⑥企业存货周转过于缓慢；⑦应付账款规模的不正常增加、应付账款平均付账期的不正常延长；⑧企业举债过度；⑨注册会计师事务所变更、审计报告出现异常；⑩企业有足够可供分配的利润，但不进行现金股利分配。

一、营业利润质量分析

营业利润是企业利润表中反映的第一个层次的业绩，反映企业通过生产经营获得利润的能力。营业利润是企业基本经营活动的成果，也是企业一定时期获得利润中最重要、最稳定的来源，如果营业利润在利润总额和净利润中不占有主要地位，则说明企业的利润结构不合理，利润质量不高。在分析时也要关注利润中来自关联方交易的比例，防止企业管理当局利用关联方交易粉饰报表。

（一）营业收入分析

营业收入是指企业日常经营活动中取得的经济利益的流入。它基本上代表着整个企业的营业规模，是企业业绩的最重要、最基本的来源。营业收入包括企业主要经营活动和非主要经营活动所带来的收入总额，会计核算上分别称之为主营业务收入和其他业务收入。收入意味着企业资产的增加或负债的减少，也是企业财富和所有者权益增长的基础。

1. 营业收入构成分析

（1）品种构成分析。大多数企业从事的都是多种商品或劳务的生产经营活动。在多种经营的条件下，企业不同品种的商品或劳务的营业收入构成就会影响企业利润。占总收入比重大的商品或劳务是企业利润的主要增长点。

【即学即练 4.5】某公司营业收入构成情况如表 4.9 所示，试对该公司营业收入构成情况做出分析。

分析点津 在该公司的营业收入中，20×5 年的构成情况是：主营业务收入占 92%，其中甲产品占 25%，乙产品占 57%，丙产品占 10%；其他业务收入占 8%。因此，该公司要想增加营业收入，重点应放在扩大甲、乙两种产品的销售上。在此基础上，我们将该公司收入的构成与上年度进行比较，甲产品收入的比重比上年下降了10%，经调查是因为该产品处于成熟期，市场已经饱和，该公司应停止扩大生产该产品，避免遭受损失；乙产品收入的比重上升9%，经分析，主要原因是该产品正处于成长期，市场销售潜力仍然较大，该公司应保持其生产规模；丙产品所占市场比重并不大，但也处于上升阶段，经过调查，该产品市场前景良好，该公司应扩大该产品的生产和销售，以占有更大的市场份额。

表4.9　营业收入构成情况表

项　　目	20×4年比重（%）	20×5年比重（%）
营业收入	100.00	100.00
主营业收入	90.00	92.00
其中：甲产品	35.00	25.00
乙产品	48.00	57.00
丙产品	7.00	10.00
其他业务收入	10.00	8.00
其中：材料销售	5.00	4.00
运输业务	3.00	2.00
出租包装物	2.00	2.00

（2）地区构成分析。企业为不同地区提供商品或劳务时，其营业收入的地区构成也是我们分析的重点，占总收入比重高的地区就是企业业绩的主要来源。不同地区的消费者偏好不同，所以不同地区的市场潜力会影响企业未来的发展。

（3）营业收入中来自于关联方的比重。关联方交易价格的真实性可能是非公允的，是为了实现企业所在集团的整体利益。因此，这种收入并不一定真实，分析人员应当考虑将其单列，或者对其按照公允价值进行调整。如果难以调整的，在分析时可以直接从企业收入中扣除。

（4）行政手段造成的收入占企业收入的比重。很多地方政府利用手中的行政权力干涉企业经营，最为明显的手段就是歧视外地企业，限制外地产品流入本地，从而为本地企业减少竞争对手和增加收益。这种手段增加收入与企业自身竞争力无关，质量不高，应在财务分析中予以剔除。

（5）主营业务收入和其他业务收入在总营业收入中的构成。主营业务收入应该是构成企业收入的主要来源，其他业务利润占利润总额的比重不应过大，一般应在30%以下。企业应保持相当数量的主营业务收入，否则就有副业冲击主业之嫌，表明企业资源占用不合理。由于新准则实施后的利润表不再区分披露主营业务收入和其他业务收入，因此分析时应结合会计报表附注对营业收入详细分析。

2. 营业收入的匹配性分析

（1）营业收入与资产总额匹配性分析。营业收入代表企业的主要经营能力和获利能力，这种能力可以结合企业的生产经营规模以及企业经营生命周期来分析。当企业处于成熟期阶段，营业收入占资产总额的比重较高；当处于成长和衰退期，该指标值就会降低。

（2）营业收入与应收账款配比性分析。将营业收入与应收账款结合分析可以观察企业的信用政策。如果企业应收账款不正常地增加，应收账款收账期不正常地延长，有可能是企业为了增加收入而放宽信用政策的结果。这样会带来企业收入的增长，但也会加大企业的坏账风险。一般而言，如果赊销比重较大，应进一步将本期预算、企业以往同期实际与行业水平进行对比，评价企业营业收入的质量。如果应收账款的比重过大，收现率过低，说明企业营业收入的质量不高。

（3）营业收入增长率分析。营业收入增长率是用来考察企业营业收入的可持续情况。用该指标对利润质量进行评价，可以观察营业收入的变化趋势。

（4）防止企业操纵利润。常见的企业操纵利润的行为有三种：一是提前确认收入；二是推迟确认收入；三是先确认收入再进行销售退回或销售回购处理。提前或拖后确认收入，虚拟或隐藏收入，多计、少计或不计收入，不仅影响企业一定时期的经营业绩以及业绩背后的利润分配，而且会误导财务信息使用者。

（5）营业收入与相关税费的配比性分析。会计报表中的一些其他项目，如利润表中的“税金及附加”、资产负债表中的“应交税费”、现金流量表中的“交纳的各种税费”、“收到的税费返还”等与营业收入存在一定的配比性。因为营业收入不仅影响所得税，还是有关流转税的计税基础，取得营业收入不仅会增加资产，也会伴随税金的增加。

（6）营业收入与现金流量配比。营业收入与现金流量表中有关经营活动的现金流量项目之间也存在着一定的配比关系。如果营业收入高速增长，而“销售商品、提供劳务收到的现金”等经营活动的现金流量却没有相应的增长，则可能意味着营业收入质量不高，甚至是虚构的。

3. 营业收入增减变动分析

对营业收入的增减变动分析可以通过编制收入增减变动情况表来进行。

【即学即练 4.6】 某公司 20×2—20×6 年的营业收入增减变动情况如表 4.10 所示，试对营业收入变动情况进行分析评价。

分析点津 通过计算结果表明，该公司五年来营业收入一直呈上升趋势。20×6 年营业收入比 20×5 年增长了 6 368 万元，增长率为 50.86%。这说明该公司的经营状况良好，发展势头不错。另外，该公司经营者还可以进一步将本企业营业收入的增长速度与同行业的增长速度进行比较，进而从该公司在行业竞争中所处的位置来对其经营业绩进行评价。

表 4.10 营业收入变动情况表

年 度	营业收入（万元）	变动情况	
		变动额（万元）	变动率（%）
20×2	6 140		
20×3	8 195	2 055	33.47
20×4	9 458	1 263	15.41
20×5	12 521	3 063	32.39
20×6	18 889	6 368	50.86

（二）营业成本分析

营业成本反映企业在主要经营活动以及其他业务中所发生的成本总额，在会计核算中主要分为主营业务成本和其他业务成本两部分。营业成本不同于其他费用，它是直接依附于相关产品或劳务的、被对象化了的成本费用。比如，对于工商企业而言，主营业务成本通常就是售出的库存商品的进货成本或生产成本。营业成本作为利润的减项，对利润的高低有着重要的影响。

（1）营业成本配比分析。为了正确地反映企业每一会计期间的收入、成本和利润情况，根据收入和费用的配比原则，企业应在确认收入的同一会计期间结转相关成本。营业成本与营业收入相配比，二者之间的差额就是通常所谓的毛利额，它基本上代表着企业所从事的商品和劳务的赢利水平。企业有了毛利，才能形成营业利润。分析营业成本时，将其与营业收入之差除以营业收入，可以得到毛利率指标，并与行业、企业经营周期等结合，评价营业成本的合理性。若毛利率过高或过低，则需要进一步分析。

（2）防止企业操纵营业成本的行为。在企业实际工作中，有的企业为了满足自身利益，往往利用会计政策中的职业判断来调控成本，从而影响营业利润。如将营业成本作为资产挂账，导致当期费用低估，资产价值高估，利润虚增；随意变更成本计算方法和费用分配方法，导致营业成本人为的波动。

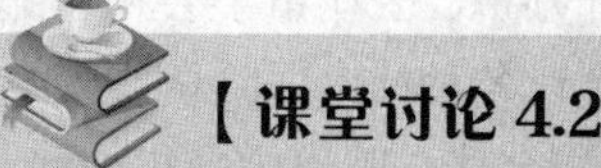

营业成本分析还应该关注哪些问题？

【案例 4.2】

碧水源陷侵权风波　业务扩张致营业成本猛增

大公财经 2014 年 6 月 18 日综合消息，2014 年 6 月 17 日，北京碧水源科技股份有限公司（股票代码：300070，简称：碧水源）与国家开发银行股份有限公司（以下简称国开行）北京市分行签署了《开发性金融合作协议》，未来 5 年内碧水源将获得该行 200 亿元融资。与此同时，碧水源正深陷涉嫌侵犯专利权的风波中。其 2013 年年报显示，该公司业务规模的扩大导致营业成本猛增，毛利率下降。

案例 4.2 全部资料可查阅中国青年网财经专栏原文，原文链接及二维码如下：

http://finance.youth.cn/finance_gdxw/201406/t20140620_5394368.htm

（三）税金及附加分析

税金及附加项目反映企业在本期经营活动中应负担的流转税费，比如增值税、消费税、城市维护建设税、资源税、土地增值税和教育费附加等。税金及附加费用的高低和企业商品流转额或劳务供应量具有正相关关系，也体现了企业对于社会的一种义务，它是企业取得收益所必须付出的代价。

分析时，应将其与营业收入进行对应配比分析，企业一定时期取得营业收入要按国家规定缴纳各种税金。如果二者不配比，要关注企业是否存在“逃税”之嫌。

（四）销售费用分析

销售费用用来核算企业在销售过程中发生的各项费用以及为了销售而专门设立的销售机构的经营费用。销售费用的具体项目包括产品销售过程中发生的费用，例如包装费、运输费、装卸费、保险费、出借包装物等周转材料的成本消耗以及委托代销费用等；也包括为了促销商品而发生的费用，如广告费、展览费、经营租赁费、售后服务费、产品质量保证损失等；还包括专设销售机构（含销售公司、销售网点、售后服务网点等）的经营费用，如相关职工薪酬、业务经费、销售用固定资产的折旧费、修理费等。对于商品流通企业，如果管理费用不多，也可以将相关内容并入销售费用中核算和反映。

分析销售费用时要注意销售费用与营业收入是否配比，通过行业指标平均水平比较，考察其合理性，还要关注企业巨额广告费用的摊销，若摊销期过长，会减少当期费用，造成利润虚增。

（五）管理费用分析

管理费用反映企业为组织管理企业经营活动所发生的各项费用。管理费用内容庞杂，细目众多，几乎成了费用之“筐”，那些应当由企业统一负担的费用一般都计入管理费用中。例如公司筹建期间发生的开办费、公司董事会和总部各行政管理部门中的职工薪酬（包括工资、职工福利费、住房公积金、各种社会保险费、工会经费、职工教育经费、非货币性福利、辞退福利等）、公司经费、董事会费、聘请中介机构费、咨询费（含顾问费）、诉讼费、相关税金（如房产税、印花税、土地使用税、车船税等）、矿产资源补偿费、不予资本化的研发费用、技术转让费、排污费、业务招待费、用于经营管理活动的无形资产摊销、报经批准处理的存货盘亏毁损净损失等。

1. 管理费用与收入的配比性分析

管理费用分析时要注意其与营业收入是否配比，通过行业平均水平和本企业历史水平的比较，考察其合理性。一般认为，费用越低收益越高，事实并非如此。应该根据企业当前的经营状况、以前各期间水平以及对未来的预测来评价支出的合理性。例如，在分析维护和修理费用时，可以计算两个比率：一是维护修理费与销售收入的比率；二是维护修理费与固定资产净值的比率。由此可以分析维护修理费是否在正常和必须的水平，确定企业是否为了提高当期收益而减少维护修理费用，这种收益的提高是以降低生产能力为代价的，收益质量较低。另外，研究与开发费可能是一项费用也可能是一项投资，片面降低研究与开发费用，只能使企业在未来竞争中处于劣势，降低未来收益。

2. 管理费用与财务预算比较

此外，管理费用要与企业预算结合分析，从成本习性看，企业管理费用多属于固定性费用，在企业业务量一定、收入一定的情况下，有效控制与压缩那些固定性行政费用，会给企业带来更多的收益。管理费用既然是一种与企业的产品不直接相关的间接费用，在一定程度上而言，它代表了企业生产一线与管理二线的比重，共数额大小代表了企业的经营管理理念和水平。管理费用种类繁杂，数额较大，管理不便，对此，可将其与财务预算的数额比较，分析管理费用的合理性。

3. 管理费用与企业规模（资产总额）配比

资产规模的扩大会增加企业的管理要求，如设备的增加、人员的扩充等，从而增加管理费用。因此，管理费用与企业规模之间存在着一定的配比关系。

（六）财务费用分析

财务费用主要是指企业为筹集生产经营所需资金而发生的各项费用。财务费用包括利息支出（利息收入冲减财务费用）、汇兑损益、金融机构手续费，以及企业发生的现金折扣（收到的现金折扣冲减财务费用）。此外，像分期收款销售商品、售后回购、售后回租等如果是带有融资性质的活动，相关资金使用成本也应在一定期限内分配计入财务费用。值得注意的是，借款费用应当考虑资本化问题，只有非资本化的金额才计入财务费用。

企业经营中应根据自身需要，适度举债，但企业也会因此负担资金成本，从而增加财务费用。财务费用的大小，与企业一定时期的贷款规模、贷款利率和贷款期限有直接关系。在分析财务费用时，要注意财务费用和收入也存在配比关系，应结合二者的比率与行业平均值、企业规模以及企业经营周期、历史水平分析，考察其合理性。同时，要关注企业财务费用是否出现赤字，这种情况产生于企业存款利息大于贷款利息的时候，如果数额过大，是不正常现象。

（七）投资收益分析

投资收益反映企业确认的投资收益或者损失。在会计上，确认投资收益的事项主要有：采用成本法核算的长期股权投资的应收股利收入；采用权益法核算的长期股权投资中，因被投资方净利润（或亏损）而计算应享有（或承担）的份额；企业持有的交易性金融资产、交易性金融负债、持有者到期投资、可供出售金融资产在持有期间获得的应收股利或者应收利息收入；上述资产或负债的出售或处置损益等。此外，交易性金融资产（或交易性金融负债）在取得时支付的佣金、手续费等相关交易费用也计入投资收益（冲减投资收益）。

1. 投资收益是一种间接获得的收益

投资收益是一种利得，投资时通过让渡部分资产而换取另一项资产，即通过其他单位使用投资者投资资产所创造的效益分配后取得。由于对外投资使企业间接地获取投资收益，投资收益的高低和真实性也不易控制。

2. 投资收益与有关投资项目的配比

这要求投资收益应与企业对外投资的规模相适应，一般投资收益率高于同期银行存款利率，只有这样企业才值得对外投资。同时，投资是一把双刃剑，如果投资收益连续几个会计期间低于同期银行存款利率，或为负数，则需要进一步分析其合理性。

3. 投资收益核算方法的正确性

长期股权投资的核算方法有成本法和权益法两种。若不恰当的采用成本法可以掩盖企业的投资损失，或转移资产；而不恰当地采用权益法则可以虚报企业投资收益。对此，应结合对长期股权投资项目分析，判断企业选择核算方法的正确性。

二、利润总额质量分析

利润总额是在企业营业利润加上营业外收入减去营业外支出的结果，代表企业当期综合获利能力。同时，也直接关系到各利益相关部门分配的问题。

企业在经营过程中发生的营业外收支，也会在一定程度上对利润的质量产生影响。因为营业外收支项目的发生在一定程度上与企业的管理水平有关，在分析时也要予以关注。

营业外收入（营业外支出）是指企业发生的与经营业务无直接关系的各项利得（损失）。会计上通过营业外收入核算的项目主要有非流动资产处置利得、非货币性资产交换利得、债务重组利得、政府补助、固定资产等非流动资产盘赢利得、接受外来捐赠利得等；通过营业外支出核算的项目主要有非流动资产处置损失、非货币性资产交换损失、债务重组损失、捐赠支出、非常支出、罚没支出、固定资产等非流动资产盘亏毁损损失等。

应提请注意的是，与营业活动的收入和费用不同，营业外收入和营业外支出不存在对应或配比关系，某种事项的发生可能有收入而不需要为此付出什么，同样，有些事项的发生仅仅有“付出”而不会得到什么“回报”。因此，这类事项如果出现异常，则需要财务报告使用者做一些特殊处理，比如考察企业的赢利能力。

三、净利润质量分析

净利润是企业的利润总额与企业所得税费用配比的结果，是企业利润表反映的第三个层次的业绩，也是企业最终的经营成果。净利润属于所有者权益，构成了利润分配的对象。

所得税反映企业根据应纳税所得额的一定比例计算缴纳的一种税金。利润表中的所得税，一般情况下与企业利润总额成正比例关系。所得税费用应计入当期损益，是企业为了利润的取得所必须承担的纳税义务。所得税费用由两部分组成，一是当期应缴纳的所得税部分，即按税法计算的应交所得税；二是当期发生但是由以后期间缴纳的部分，即递延所得税。分析时应结合资产负债表的递延所得税资产、递延所得税负债和应交税费项目从以下方面分析。

（1）企业对于资产负债表的计税基础确定是否公允。

（2）如果存在非同一条件下的企业合并，递延所得税应调整商誉。对于可供出售金融资产公允价值变动导致的递延所得税应计入所有者权益，对于这两项资产负债账面价值与计税基础导致的递延所得税不能计入所得税。

（3）企业确认的递延所得税资产应以未来期间可能取得的，用来抵扣可抵扣暂时性差异的应纳税所得额为限，超出部分因在后期不能转回，所以在本期不能确认递延所得税资产。

企业在所得税方面的节约属于企业税务筹划的范畴，与企业常规的费用控制不同。因此，企业对所得税不存在常规意义上的降低或控制问题。

四、其他综合收益

综合收益，是指企业某一期间除所有者以其所有者身份的交易以外的其他交易事项引起的所有者权益的变动。综合收益总额项目反映净利润和其他综合收益扣除所得税影响后的净额相加后的合计金额。

其他综合收益是指企业根据其他会计准则规定未在当期损益中确认的各项利得和损失。其他综合收益项目应当根据其他相关会计准则的规定分为下列两类列报。

1. 以后会计期间不能重分类进损益的其他综合收益

“以后会计期间不能重分类进损益的其他综合收益”项目中包括以下两项：

（1）“重新计量设定受益计划净负债或净资产导致的变动的税后净额”项目。

（2）“按照权益法核算的在被投资单位以后会计期间不能重分类进损益的其他综合收益中所享有份额的税后净额”项目。

2. 以后会计期间在满足规定条件时将重分类进损益的其他综合收益

“以后会计期间在满足规定条件时将重分类进损益的其他综合收益”项目包括以下几项：

（1）“按照权益法核算的在被投资单位以后会计期间在满足规定条件时将重分类进损益的其他综合收益中所享有份额的税后净额”项目。

（2）可供出售金融资产公允价值变动形成利得（损失以“－”号填列）的税后净额。

（3）持有至到期投资重分类为可供出售金融资产形成的利得（损失以“－”号填列）的税后净额。

（4）现金流量套期工具产生的利得或损失中属于有效套期的部分（损失以“－”号填列）的税后净额。

（5）外币财务报表折算差额。

小　结

利润表是反映企业在一定会计期间经营成果的报表。本章主要介绍了利润表的含义、作用、结构、编制方法以及利润表的综合分析和利润质量分析。

利润表一般由表首、正表和补充资料三部分构成。其中，表首说明报表名称、编制单位、编制日期、报表编号、货币名称、计量单位等；正表是利润表的主体，反映企业形成经营成果的各个项目和计算过程；补充资料反映非经常性项目对利润总额的影响。利润表正表的结构一般有单步式和多步式两种。

利润表中的各个项目，应根据各损益类科目的发生额分析填列。第一步，以营业收入为基础计算出营业利润；第二步，以营业利润为基础计算出利润总额；第三步，以利润总额为基础计算出净利润（或亏损）。

利润表综合分析是通过对比较利润表和结构利润表分别分析来完成的，在分析时要结合各项目的内涵和质量，从内因揭示企业利润的变动情况。

本章学习的重点是根据资料完成利润表的编制，并运用综合分析法结合企业实际情况对利润表进行分析。

推荐阅读

基于不同视角的企业利润质量分析

会计利润在一定程度上体现了企业的赢利能力，但由于会计分期假设和权责发生制的使用，决定了某一期间的利润并不一定具有可持续性，和利润带来的资源也不一定具有可支配性。此外，企业经营者出于自身利益的考虑，往往会运用各种手段调节利润，粉饰利润表。因此，人们在关注企业赢利能力的同时，更应重视对企业利润质量的分析。

一、利润质量的界定

一般而言，利润质量（亦称收益质量）就是指利润的含金量。国际会计准则委员会（IASC）在 1989 年7月公布的《关于编制和提供会计报表的框架》中对会计报表的质量特征做了说明，它将质量特征定义为：使会计报表提供的信息对使用者有用的性质，即可理解性、相关性、可靠性和可比性。因此笔者认为，利润质量应包括两层含义：一是利润的内在信息质量，它主要体现为企业的会计利润与真实利润的匹配程度以及会计利润的实现是否伴随着相应的现金流入；二是利润的外在报告质量，它主要反映的是利润表是否具有中立性、可理解性和及时性。

二、企业利润质量分析的不同视角

1. 相关收入来源方式

收入的定义在新《企业会计准则——基本准则》中发生了改变，从而导致企业的收入结构也发生了改变。利润表取消了“主营业务收入”和“其他业务收入”的划分，既适应了当前企业经营日益多元化的趋势，又避免了人为粉饰会计报表的可能。但是，从利润质量的角度来说，健康的利润应当主要来自主营业务收入。企业的主营业务收入反映企业的核心赢利能力，其创造的利润具有持续性、稳定性和可预测性。因此，在利润质量的分析中，应首先看企业的收入主要来自经常性业务收入还是非经常性业务收入，非经常性业务收入虽然也会为企业带来利润，但往往缺乏持续性和稳定性，不会对企业的长期赢利能力产生实质性影响。

2. 利润结构的影响

在进行利润质量分析时，应清楚地认识到，公允价值能够体现会计信息的相关性，但难以确保其可靠性。此外，依靠公允价值带来的利润是暂时的，而且会受到很多外部环境因素的影响。投资收益主要来源于企业的对外投资活动，企业对外投资的动机应该包括获利动机、扩张动机、分散风险动机和控制动机，其中获利动机（即获取投资收益）应为核心动机。分析投资收益的质量，主要是分析投资收益有无相应的现金流量支撑和关注这种忽高忽低的非正常现象。

一般来说，在企业的销售规模和营销策略等变化不大的情况下，销售费用的变化也不会明显。但也不能排除销售费用率上升的情况，这可能反映了市场竞争环境的严峻（如大量的广告费投入），也可能反映销售费用支付的浪费和无效（如开辟新的销售市场失败）。管理费用和销售费用一样，也应当保持一定的稳定性，不能一味地追求降低，甚至在某种情况下，变动性管理费用（如研发费用、职工培训费用等）还会不降反升。财务费用的高低主要取决于借款的规模、利率和期限。借款期限通过利率来影响财务费用，而利率又是不可控因素。如果企业要增加利润，唯一的途径就是压缩借款规模来降低财务费用，但借款规模的缩小是否会限制企业生产经营的持续发展，这是在进行利润质量分析时应该考虑的问题。

尽管营业外收入这些小项目对利润不会产生主要贡献，但也不能忽视新会计准则的变化对企业利润质量的影响。债务重组收益由原来计入资本公积的做法改为计入营业外收入，直接确认为当期损益，这就给企业带来利润飞升的契机。特别是那些负债金额较高又有可能获得债务豁免的企业，可以由此获得巨额利润，提高每股利润。作为企业利润的构成部分，这些非经常性损益的可靠性却有待考证，这就需要关注财务报表附注中有关债务重组的披露。

3. 现金流量的相关度

现金流量表的现金流量是按收付实现制为基础确认的。伴随着现金流入，利润的质量更高也更可信。所以，从利润与现金流量的相关度进行分析，可以有效检验企业的利润质量。人们经常用赢利经营现金保障倍数（或称为赢利现金比率）来评价利润的质量。

赢利经营现金保障倍数 = 经营活动产生的现金净流量 ÷ 净利润

一般认为，该指标的数值越高，说明企业利润与现金流量的相关度越高，利润的质量也就越高。然而，该指标存在着分子分母不配比的问题。分子——经营活动产生的现金净流量是经营活动现金流入与现金流出之差，是按收付实现制确认的；而分母——净利润是按权责发生制确认的，它不仅包括营业利润（“应收账款”“投资收益”亦在其中），而且还包括营业外收支。因此，该指标的高低尚不能说明利润质量的高低。

笔者认为，分析企业的利润质量，运用营业利润现金比率较为妥当。

营业利润现金比率 = 经营活动产生的现金净流量 ÷ 营业利润

该指标能更真实地反映营业利润的收现程度，能更客观地分析企业利润的质量。但应该指出的是，该指标的分母（营业利润）还必须注意与分子（经营活动产生的现金净流量）之间的趋同性，即两者包含的基本项目应该相同。我们知道，利润表中的营业利润在计算口径上已经减除了当期的固定资产折旧、无形资产摊销和财务费用，而没有减除企业的所得税费用。此外，投资收益也作为加项进行计算。但在现金流量表中，经营活动产生的现金净流量则不反映固定资产折旧和无形资产摊销，却减除了企业支付的各种税费。我国《企业会计准则第 31 号——现金流量表》规定，对企业偿付利息支付的现金列为筹资活动项目，取得投资收益所收到的现金则属于投资活动产生的现金流量。因此，只有将营业利润调整为与经营活动产生的现金净流量口径大体一致，该指标才具有可比性。

调整后的营业利润 = 营业利润 + 固定资产折旧 + 无形资产摊销
+财务费用−投资收益−所得税费用

由此可以判断，调整后的营业利润与经营活动产生的现金净流量越接近，说明企业当期的营业利润的质量越高；调整后的营业利润越大于经营活动产生的现金净流量，则说明企业当期的营业利润的质量越低，企业利润中存在的潜亏风险也就可能越大。

（周新芳，2008）

（资料来源：http://www.studa.net/qiyeyanjiu/090329/13254857.html）

习 题

一、单项选择题

1. 反映企业全部财务成果的指标是（ ）。

A. 主营业务利润 B. 营业利润 C. 利润总额 D. 净利润

2. 企业用盈余公积分配股利后，法定盈余公积不得低于注册资本的（ ）。

A. 10% B. 20% C. 25% D. 50%

3. 产生销售折让的原因是（ ）。

A. 激励购买方多购买商品 B. 促使购买方及时付款

C. 进行产品宣传 D. 产品质量有问题

4. 下列各项中属于企业收入的是（ ）。

A. 公允价值变动收益 B. 营业收入 C. 投资收入 D. 营业外收入

5. 影响产品价格高低的最主要因素是（ ）。

A. 销售利润 B. 销售税金 C. 产品成本 D. 财务费用

6. 某产品的销售单价是180元，单位成本是120元。本月销售2 500件，则本月实现的毛利额是（ ）元。

A. 300 000 B. 450 000 C. 750 000 D. 150 000

7. 利润表能够反映企业的（ ）。

A. 财务状况 B. 财务状况变动 C. 经营成果 D. 现金流动

8. 投资报酬率主要的分析主体是（ ）。

A. 短期债权人 B. 长期债权人 C. 上级主管部门 D. 企业所有者

9. 下列选项中（ ）构成企业最终财务成果。

A. 营业利润 B. 利润总额 C. 投资收益 D. 净利润

10. 按照我国会计准则的规定，企业利润表一般采用（ ）结构。

A. 账户式 B. 多步式 C. 报告式 D. 单步式

11. 最具有未来可持续性的企业创造利润的核心项目是（ ）。

A. 公允价值变动损益 B. 营业收入 C. 投资收益 D. 营业外收入

12. 排除所得税率和筹资方式影响的收益形式是（ ）。

A. 净利润 B. 税前息后利润 C. 息税前利润 D. 税后息前利润

二、多项选择题

1. 影响产品销售利润的因素有（ ）。

A. 销量 B. 单价 C. 期间费用

D. 销售品种构成 E. 产品等级

2. 下列属于影响利润的因素有（ ）。

A. 股东权益 B. 收入 C. 费用 D. 利得

3. 财务费用分析的内容包括（ ）。

A. 借款总额 B. 利息支出 C. 利息收入

D. 汇兑收益 E. 汇兑损失

4. 下列（ ）项目对企业收入的贡献是直接的。

A. 产成品　　B. 固定资产　　C. 商品　　D. 无形资产

5. 利润总额是在营业利润的基础上加上（　　），减去（　　）得到的。

A. 营业外收入　　B. 期间费用　　C. 投资净收益　　D. 营业外支出

6. 企业的利润表分别提供（　　）三个利润信息。

A. 利润总额　　B. 息税前利润　　C. 净利润　　D. 营业利润

7. 良好的利润质量应该存在以下特征（　　）。

A. 资产运转状况良好　　B. 企业对利润具有较好的支付能力

C. 资产结构和融资结构不断优化　　D. 企业利润具有稳定性和成长性

8. 对营业收入进行配比分析，应将营业收入与（　　）配比分析。

A. 营业利润　　B. 资产总额　　C. 利润总额　　D. 应收账款

9. 财务费用的大小，与企业一定时期的（　　）有关。

A. 贷款利率　　B. 贷款规模　　C. 经营成果　　D. 贷款期限

10. 下列（　　）是可能引起企业利润恶化的现象。

A. 非正常的会计政策变更　　B. 企业扩张过快

C. 频繁更换会计师事务所　　D. 过度负债导致财务风险高

11. 营业收入分析时，一般来说，可以质疑营业收入质量不高的情形有（　　）。

A. 企业的营业收入主要来自关联方交易

B. 行政手段造成的收入占企业收入比重较大

C. 企业对尚未占领的区域具有相应的推进计划并已经着手实施

D. 企业研发的更适合市场需要的产品收入占全部营业收入的比重较大

三、判断题

1. 息税前利润是没有扣除利息和所得税的利润，等于利润总额加上利息支出。（　　）

2. 税率变动对产品销售利润没有影响。（　　）

3. 价格因素是影响产品销售利润的主观因素。（　　）

4. 运用水平分析可以更深入地说明销售费用的结构变动情况及其合理性。（　　）

5. 对于企业来讲，企业的经常性营业利润应该是构成净利润的最主要部分。（　　）

6. 企业的利润总额中包括营业利润和营业外收支净额。（　　）

7. 企业在所得税方面的节约属于纳税筹划的范畴。（　　）

8. 销售费用与企业产品的产量和制造过程直接相关，与企业的营销管理制度和产品的销售没有关系。（　　）

9. 利润表的编制以营业收入为起点。（　　）

10. 分析税金及附加时，应将当期的税金及附加与当期的营业收入配比分析，以发现企业是否有“漏税”嫌疑。（　　）

四、实务操作题

1. 美达公司 20×4 年 12 月损益类科目金额如表 4.11 所示，所得税税率为 25%。

要求：根据表 4.11 的资料编制美达公司利润表。

表 4.11　美达公司损益类科目净发生额

（单位：元）

账户名称	金额		账户名称	金额	
	借方发生额	贷方发生额		借方发生额	贷方发生额
主营业务收入		8 000 000	其他业务成本	32 000	
其他业务收入		40 000	销售费用		8 000
营业外收入		200 000	管理费用		32 000
投资收益		4 000	财务费用		4 000
主营业务成本	2 000 000		营业外支出		12 000
税金及附加	492 000				

2. 根据表 4.12 的资料对华日公司利润表进行比较分析和结构分析。

表 4.12　华日公司利润表

项　目	利润（万元）		增减额（万元）	增减率（%）	20×4 年构成（%）	20×3 年构成（%）
	20×4	20×3				
一、营业收入	48 258	41 248				
减：营业成本	32 187	26 801				
营业税费	267	164				
销售费用	1 588	1 380				
管理费用	4 279	2 867				
财务费用	1 855	1 615				
加：投资收益	1 250	990				
二、营业利润	9 332	9 411				
加：营业外收入	315	683				
减：营业外支出	33	79				
三、利润总额	9 614	10 015				
减：所得税费用	3 172	3 305				
四、净利润	6 442	6 710				

3. 万凯公司近年的主营业务收入增长情况如表 4.13 所示，试根据表中资料完成此表并对万凯公司收入的增长情况进行分析。

表 4.13　万凯公司主营业务收入增长情况表

年　度	主营业务收入（万元）	定基增长速度（%）	环比增长速度（%）
20×1	7 629		
20×2	9 326		
20×3	10 534		
20×4	11 269		
20×5	17 378		

第五章

现金流量表的编制与分析

【知识目标】

1. 理解现金、现金等价物和现金流量的概念。
2. 了解现金流量表分析的作用。
3. 掌握现金流量表的结构及其编制。

【技能目标】

1. 根据企业资料能够完成现金流量表的编制。
2. 根据企业资料能够进行现金流量表的比较分析和结构分析。

【引例导读】

现金流量是企业发展的命脉

创立于1958年的四川长虹公司（简称长虹），从20世纪70年代起，由最初研制生产军用、民用雷达转向军民结合，开始研制电视机。1986年，长虹从松下公司引入当时的先进技术，建成了第一条彩色电视机自动流水生产线，1992年全国销量首次突破100万台。1994年，长虹股票在上海交易所挂牌上市。长虹彩电先后创造了一个又一个的行业奇迹，囊括了“中国最大彩电基地”以及“中国彩电大王”等行业最高荣誉，并获得“中国免检产品”称号。根据国家统计局行业企业信息发布中心2004年度彩电产业市场调查报告，截至2004年，长虹连续16年保持中国彩电行业销量第一。

但是，四川长虹的发展并不是一帆风顺。公司2000年现金流量净额为43 836万元，2001—2005年增长比率分别为-27.76%、149%、-26.57%、215%和190.85%，这些数据大致体现四川长虹经历了由盛及衰、跌入低谷和浴火重生的发展轨迹。

（佚名）

点评：根据长虹公司的发展情况可知，现金流量是一个企业的血液与发展的命脉。正常、稳定的现金流量才能保证企业健康的发展。本章我们将学习反映企业现金流量情况的重要报表——现金流量表的编制与分析。

第一节 现金流量表的编制

一、现金流量表概述

（一）现金流量表相关概念

1. 现金

现金是指企业库存现金以及可以随时用于支付的存款。不能随时用于支付的存款不属于现金。现金包括库存现金、银行存款和其他货币资金。

库存现金是指企业持有的，可随时用于支付的现金，是“库存现金”科目核算的内容。

银行存款是指企业存入金融机构的，可以随时用于支付的存款，与“银行存款”科目核算内容基本一致，但不包括不能随时用于支付的存款。例如，不能随时支取的定期存款等不应作为现金。

其他货币资金是指存放在金融机构的外埠存款、银行汇票存款、银行本票存款、信用卡存款、信用证存款和存出投资款等，与“其他货币资金”科目核算内容一致。

2. 现金等价物

现金等价物是指企业持有的期限短、流动性强，易于转换为已知金额现金，价值变动风险很小的投资。期限短，一般是指从购买日起 3 个月内到期。现金等价物通常包括 3 个月内到期的债券投资等。

【课堂讨论 5.1】

货币资金和现金流量表中的现金有什么区别？

3. 现金流量

现金流量是指企业一定时期的现金和现金等价物的流入和流出的数量。企业产生的现金流量分为三类。

（1）经营活动现金流量。经营活动是指企业投资活动和筹资活动以外的所有交易和事项。经营活动现金流入主要包括：销售商品、提供劳务收到的现金；收到的税费返还等。经营活动现金流出主要包括：购买商品、接受劳务支付的现金；支付给职工以及为职工支付的现金；支付的各项税费等。

（2）投资活动现金流量。投资活动是指企业长期资产的购建和不包括在现金等价物范围内的投资及其处置活动。投资活动现金流入主要包括：收回投资收到的现金；取得投资收益收到的现金；处置子公司及其他营业单位收到的现金净额等。投资活动现金流出主要包括：购建固定资产、无形资产和其他长期资产支付的现金；投资支付的现金；取得子公司及其他营业单位支付的现金净额等。

（3）筹资活动产生的现金流量。筹资活动是指导致企业资本及债务规模和构成发生变化的活动。筹资活动现金流入主要包括：吸收投资收到的现金；取得借款收到的现金等。筹资活动现金流出主要包括：偿还债务支付的现金；分配股利、利润或偿付利息支付的现金等。

4. 现金流量表

现金流量表是指反映企业一定会计期间内现金和现金等价物流入和流出的报表。

现金流量表中将各种活动引起的现金流量按结果不同，分为现金流入量、现金流出量和现金净流量。现金流入量反映企业各种活动引起的现金流入总额。现金流出量反映企业各种活动引起的现金流出总额。现金净流量指现金流入与现金流出的差额。现金流量表中现金净流量可能是正数，也可能是负数，若为正数表示现金净流入，若为负数表示现金净流出。

（二）现金流量表分析的作用

现金流量表反映了企业在一定时期内创造的现金数额，揭示了在一定时期内现金流动的状况。对现金流量表进行分析，其作用如下。

第一，从动态上了解企业现金变动情况和变动原因。资产负债表中货币资金项目反映了企业一定时期内现金变动的结果，是静态上的现金存量，无法对现金的来源和运用情况进行具体描述。只有通过现金流量表的分析，才能从动态上说明现金变动的情况，并揭示现金变动的原因。

第二，判断企业获取现金的能力。现金余额是企业现金流动的结果，并不能说明现金流量的大小，通过对现金流量表进行分析，能够对企业获取现金的能力做出判断。

第三，评价企业赢利的质量。利润是以权责发生制计算的，用于反映当期的经营成果，它并不代表实现的收益，账面上的利润满足不了企业的资金需要，因此，赢利企业仍然有可能发生财务危机。高质量赢利必须有相应的现金流入做保证，这是报表使用者更注重现金流量的原因之一。

二、现金流量表的结构

现金流量表分为正表和补充资料两部分。

1. 现金流量表正表

现金流量表正表根据企业经济业务的性质和现金流量的来源，分为反映经营活动产生的现金流量、投资活动产生的现金流量和筹资活动产生的现金流量，最后汇总反映企业某一期间现金及现金等价物的净增加额。在有外币现金流量及境外子公司的现金流量折算为人民币的企业，还应单设“汇率变动对现金及现金等价物的影响”项目。其格式如表 1.3 所示。

2. 现金流量表补充资料

现金流量表补充资料是对正表内容的补充说明，主要包括以下三项内容：

（1）将净利润调节为经营活动现金流量；

（2）不涉及现金收支的投资和筹资活动；

（3）现金及现金等价物净增加情况。

现金流量表补充资料格式如表 5.1 所示。

表 5.1　现金流量表补充资料　（单位：元）

补 充 资 料	本 期 金 额	上 期 金 额
1. 将净利润调节为经营活动现金流量		
净利润		
加：资产减值准备		
固定资产折旧、油气资产折耗、生产性生物资产折旧		
无形资产摊销		
长期待摊费用摊销		
处置固定资产、无形资产和其他长期资产的损失（收益以“-”号填列）		
固定资产报废损失（收益以“-”号填列）		

续表

补 充 资 料	本 期 金 额	上 期 金 额
公允价值变动损失（收益以“-”号填列）		
财务费用（收益以“-”号填列）		
投资损失（收益以“-”号填列）		
递延所得税资产减少（增加以“-”号填列）		
递延所得税负债增加（减少以“-”号填列）		
存货的减少（增加以“-”号填列）		
经营性应收项目的减少（增加以“-”号填列）		
经营性应付项目的增加（减少以“-”号填列）		
其他		
经营活动产生的现金流量净额		
2. 不涉及现金收支的重大投资和筹资活动		
债务转为资本		
一年内到期的可转换公司债券		
融资租入固定资产		
3. 现金及现金等价物净变动情况		
现金的期末余额		
减：现金的期初余额		
加：现金等价物的期末余额		
减：现金等价物的期初余额		
现金及现金等价物净增加额		

【知识导航】

补充资料不仅是对主表部分的补充说明，而且两者中的某些项目存在相等一致的关系，具体如下。

(1)主表中的第一项“经营活动产生的现金流量净额”必须与补充资料中的第一项，由净利润调节后得到的“经营活动产生的现金流量净额”相一致。

(2)主表中第五项“现金及现金等价物净增加额”必须与补充资料第三项中的“现金及现金等价物净增加额”相一致。

三、现金流量表的编制方法

【知识导航】

现金流量表的编制，可以采用工作底稿法，也可以采用 T 型账户法。两种方法的基本程序大体相同，结果也一样，只是所采用的手法不同。

1. 工作底稿法

工作底稿法是以工作底稿为手段，以利润表和资产负债表数据为基础，结合有关科目的记录，对现金流量表的每一项目进行分析并编制调整分录，从而编制出现金流量表的一种方法。其编制步骤如下。

第一步，将资产负债表的期初数和期末数过入工作底稿的期初数栏和期末数栏。

第二步，对当期业务进行分析并编制调整分录。调整分录大致有以下几类：第一类，通过调整，将权责发生制下的有关收入和费用转换成现金基础；第二类，涉及资产负债表和现金流量表中的投资、筹资项目，反映投资和筹资活动的现金流量；第三类，将利润表中有关投资和筹资方面的收入和费用列入现金流量表投资、筹资现金流量中。此外，为了核对资产负债表项目的期末数变动情况，虽不涉及现金收支，也须编制调整分录。

在调整分录中，有关现金及现金等价物的事项，并不直接借或贷记现金，而是分别计入“经营活动产生的现金流量”、“投资活动产生的现金流量”和“筹资活动产生的现金流量”等项目，借记表明现金流入，贷记表明现金流出。

第三步，将调整分录过入工作底稿中的相应部分。

第四步，核对调整分录，借贷合计应当相等，资产负债表项目期初数加减调整分录中的借贷金额以后，应当等于期末数。

第五步，根据工作底稿中的现金流量表项目部分编制正式的现金流量表。

2. T型账户法

T 型账户法是以利润表和资产负债表为基础，结合有关科目的记录，对现金流量表的项目进行分析并编制调整分录，通过“T型账户”编制出现金流量表的一种方法。其编制步骤如下。

第一步，为所有的非现金项目分别开设T型账户，将各自的期末数和期初数过入各该账户。

第二步，开设一个大的“现金及现金等价物”T 型账户，每边分为经营活动、投资活动和筹资活动三个部分，左边记现金流入，右边记现金流出。与其他账户一样，将期末数和期初数过入该账户中。

第三步，以利润表项目为基础，结合资产负债表分析每一个非现金项目的增减变动，并据以编制调整分录。

第四步，将调整分录过入各 T 型账户，并进行核对。该账户借贷相抵后的余额与原先过入的期末、期初数应当一致。

第五步，根据大的“现金及现金等价物”T型账户编制正式的现金流量表。

（一）经营活动产生的现金流量

现金流量表的编制分为直接法和间接法。直接法是通过现金收入和现金支出的主要类别反映来自企业经营活动的现金流量。采用直接法编制现金流量表时，一般以利润表中的营业收入为起点，调整与经营活动有关项目的增减变动，然后计算出经营活动产生的现金流量。经营活动现金流量采用直接法填列。

1.“销售商品、提供劳务收到的现金”项目

“销售商品、提供劳务收到的现金”项目反映企业销售商品、提供劳务实际收到的现金（含销售收入和应向购买者收取的增值税），包括本期销售商品、提供劳务收到的现金，以及前期销售商品、前期提供劳务本期收到的现金和本期预收的账款，减去本期销售本期退回的商品和前期销售本期退回的商品支付的现金。企业销售材料和代购代销业务收到的现金，也在本项目反映。本项目可以根据“库存现金”“银行存款”“应收账款”“应收票据”“预收账款”“主营业务收入”“其他业务收入”等科目的记录分析填列。写成公式如下：

销售商品、提供劳务收到的现金＝当期销售商品、提供劳务收到的现金
＋当期收到前期的应收账款和应收票据
＋当期预收的账款－当期销售退回而支付的现金
＋当期收回前期核销的坏账损失－当期计提的坏账准备

【即学即练 5.1】编制“销售商品、提供劳务收到的现金”项目。

某企业 20×4 年度有关资料如下:

（1）利润表中“营业收入”项目金额为 200 000 元;

（2）“应交税费——应交增值税（销项税额）”贷方发生额为34 000元;

（3）资产负债表中“应收票据”期初余额为45 000元，期末余额为50 000元;

（4）资产负债表中“应收账款”的期初余额为80 000元，期末余额为30 000元;

（5）资产负债表中“预收账款”的期初余额为40 000元，期末余额为60 000元;

（6）企业当期收回的应收账款中，以商品抵偿债务的金额为20 000元。

销售商品、提供劳务收到的现金=200 000+34 000+（45 000−50 000）+（80 000−30 000）

+（60 000−40 000）−20 000=279 000（元）

【学中做5.1】根据资料计算企业“销售商品、提供劳务收到的现金”。

某企业20×5年度有关资料如下:

（1）利润表中“营业收入”项目金额为300 000元;

（2）“应交税费——应交增值税（销项税额）”贷方发生额为51 000元;

（3）资产负债表中“应收票据”期初余额为45 000元，期末余额为52 000元;

（4）资产负债表中“应收账款”的期初余额为86 000元，期末余额为30 000元;

（5）资产负债表中“预收款项”的期初余额为40 000元，期末余额为80 000元;

（6）企业当期收回的应收账款中，以商品抵偿债务的金额为10 000元。

要求：根据资料编制企业销售商品、提供劳务所收到的现金。

2.“收到的税费返还”项目

“收到的税费返还”项目反映企业收到返还的各种税费，如收到的增值税、消费税、所得税、教育费附加返还等。本项目可以根据“库存现金”、“银行存款”、“营业外收入”、“其他应收款”等科目的记录分析填列。

【即学即练5.2】编制“收到的税费返还”项目。

某公司前期出口商品一批，已缴纳的增值税按照规定应退回20 000元，前期未退还，本期收到并存入银行；本期收到教育费附加返还款2 500元，存入银行。

收到的税费返还=20 000+2 500=22 500（元）

3.“收到的其他与经营活动有关的现金”项目

“收到的其他与经营活动有关的现金”项目反映企业除了上述各项目外，收到的其他与经营活动有关的现金流入，如罚款收入、流动资产损失中由个人赔偿的现金收入等。其他现金流入如价值较大的，应单列项目反映。本项目可以根据“库存现金”、“银行存款”、“营业外收入”等科目的记录分析填列。

4.“购买商品、接受劳务支付的现金”项目

“购买商品、接受劳务支付的现金”项目反映企业购买材料、商品及接受劳务实际支付的现

金，包括本期购入材料、商品及接受劳务支付的现金（包括增值税进项税额）以及本期支付前期购入商品、接受劳务的未付款项和本期预付款项。本期发生的购货退回收到的现金应从本项目内减去。企业代购代销业务支付的现金也在本项目反映。本项目可以根据“库存现金”、“银行存款”、“应付账款”、“应付票据”、“预付账款”、“主营业务成本”、“其他业务成本”等科目的记录分析填列。写成公式如下：

购买商品、接受劳务支付的现金＝当期购买商品、接受劳务支付的现金
＋当期支付前期的应付账款和应付票据
＋当期预付的账款−当期因购货退回收到的现金

【即学即练 5.3】编制“购买商品、接受劳务支付的现金”项目。

某企业本期发生的经济业务如下：

（1）利润表中“主营业务成本”项目的金额为 4 000 000 元；

（2）“应交税费——应交增值税（进项税额）”借方发生额为 340 000 元；

（3）资产负债表中，“存货”的期初余额为 900 000 元，期末余额为 700 000 元，均是与经营活动有的存货；

（4）资产负债表中“应付票据”的期初余额为 50 000 元，期末余额为 90 000 元；

（5）资产负债表中，“应付账款”的期初余额为 77 000 元，期末余额为 50 000 元；

（6）制造费用中，本期计提折旧的金额为 50 000 元；

（7）用固定资产偿还应付账款 90 000 元；

（8）生产成本中，直接工资项目含有生产工人工资 300 000 元。

购买商品、接受劳务支付的现金＝4 000 000+340 000+（700 000−900 000）
＋（50 000−90 000）＋（77 000−50 000）
− 50 000−90 000−300 000
＝3 687 000（元）

【学中做 5.2】根据资料计算企业“购买商品、接受劳务支付的现金”。

某企业 20×5 年有关资料如下：

（1）“应付账款”项目：年初数 40 万元，年末数 20 万元；

（2）“应付票据”项目：年初数 40 万元，年末数 20 万元；

（3）“预付款项”项目：年初数 80 万元，年末数 90 万元；

（4）“存货”项目：年初数 100 万元，年末数 80 万元；

（5）“主营业务成本”项目：4000 万元；

（6）“应交税费——应交增值税（进项税额）”项目：600 万元；

（7）其他有关资料如下：用固定资产偿还应付账款 10 万元，工程项目领用本企业产品 20 万元。

5. “支付给职工以及为职工支付的现金”项目

“支付给职工以及为职工支付的现金”项目反映企业实际支付给职工以及为职工支付的现金，包括本期实际支付给职工的工资、奖金、各种津贴和补贴等，以及为职工支付的其他费用，不包括支付的离退休人员的各项费用和支付给在建工程人员的工资等。企业支付给离退休人员的各项费用，包括支付的统筹退休金以及未参加统筹的退休人员的费用，在“支付的其他与经营活动有关的现金”项目中反映；支付给在建工程人员的工资，在“购建固定资产、无形资产和其他长期资产所支付的现金”项目中反映。本项目可以根据“应付职工薪酬”、“库存现金”、“银行存款”等科目的记录分析填列。

企业为职工支付的养老、失业等社会保险基金、补充养老保险、住房公积金、支付给职工的住房困难补助，以及企业支付给职工或为职工支付的其他福利费用等，应按职工的工作性质和服务对象，分别在本项目和在“购建固定资产、无形资产和其他长期资产所支付的现金”项目中反映。

【即学即练 5.4】编制“支付给职工以及为职工支付的现金”项目。

某企业 20×4 年度有关职工薪酬资料如表 5.2 所示，本期用银行存款支付离退休人员工资 400 000 元。假定应付职工薪酬本期减少数均以银行存款支付，应付职工薪酬为贷方余额。假定不考虑其他事项。

要求：计算“支付给职工以及为职工支付的现金”。

表 5.2　职工薪酬资料表　（单位：元）

项　目		年初数	本期分配或计提数	期末数
应付职工薪酬	生产工人工资	100 000	1 000 000	80 000
	车间管理人员工资	60 000	500 000	30 000
	行政管理人员工资	60 000	800 000	45 000
	在建工程人员工资	40 000	320 000	18 000

支付给职工以及为职工支付的现金

=（100 000+60 000+60 000）

+（1 000 000+ 500 000+800 000）

−（80 000+30 000+45 000）

= 2 365 000（元）。

注意：支付给离退休人员的工资 400 000 元，属于“支付的其他与经营活动有关的现金”。在建工程人员工资实际支付为 342 000 元（40 000+320 000−18 000），属于“购建固定资产、无形资产和其他长期资产所支付的现金”。

6. “支付的各项税费”项目

“支付的各项税费”项目反映企业按规定支付的各种税费，包括本期发生并支付的税费，以及本期支付以前各期发生的税费和预交的税金，如支付的教育费附加、矿产资源补偿费、印花税、房产税、土地增值税、车船税、增值税、消费税等；不包括计入固定资产的价值、实际支付的耕地占用税、契税等；也不包括本期退回的增值税、所得税，本期退回的增值税、所得税在“收到的税费返还”项目反映。本项目可以根据“应交税费”、“库存现金”、“银行存款”等科目的记录分析填列。

7. “支付的其他与经营活动有关的现金”项目

“支付的其他与经营活动有关的现金”项目反映企业除上述各项目外所支付的其他与经营活动有关的现金流出，如罚款支出、支付的差旅费、业务招待费现金支出、支付的保险费等，其他现金流出如价值较大的，应单列项目反映。本项目可以根据“库存现金”、“银行存款”、“管理费用”、“营业外支出”等科目的记录分析填列。

（二）投资活动产生的现金流量

1.“收回投资所收到的现金”项目

“收回投资所收到的现金”项目反映企业出售、转让或到期收回除现金等价物以外的对其他企业的权益工具、债务工具和合营中的权益等投资收到的现金。收回债务工具实现的投资收益、处置子公司及其他营业单位收到的现金净额不包括在本项目内。本项目可以根据“持有至到期投资”、“长期股权投资”、“可供出售金融资产”、“库存现金”、“银行存款”等科目的记录分析填列。

【即学即练 5.5】编制“收回投资所收到的现金”项目。

某企业本期投资资料如下：

（1）出售债权投资一项，本金为 500 000 元，收回全部投资金额 570 000 元，其中 70 000 元为债券的利息，款项存入银行；

（2）出售交易性金融资产，投资成本为 36 000 元，出售收入为 38 000 元，存入银行；

（3）出售长期投资的股票一项，投资成本为 500 000 元，转让收入为 470 000 元，存入银行。

要求：计算企业“收回投资所收到的现金”。

收回投资所收到的现金=500 000+38 000+470 000=1 008 000（元）

2.“取得投资收益所收到的现金”项目

“取得投资收益所收到的现金”项目反映企业除现金等价物以外的对其他企业的权益工具、债务工具和合营中的权益投资分回的现金股利和利息，不包括股票股利。本项目可以根据“库存现金”、“银行存款”、“投资收益”等科目的记录分析填列。

3“处置固定资产、无形资产和其他长期资产所收回的现金净额”项目

“处置固定资产、无形资产和其他长期资产所收回的现金净额”项目反映企业出售、报废固定资产、无形资产和其他长期资产所取得的现金（包括因资产毁损收到的保险赔偿款），减去为处置这些资产而支付的有关费用后的净额。如所收回的现金净额为负数，则应作为投资活动现金流出项目反映，列在“支付的其他与投资活动有关的现金”项目中。本项目可以根据“固定资产清理”、“库存现金”、“银行存款”等科目的记录分析填列。

【即学即练 5.6】编制“处置固定资产、无形资产和其他长期资产所收回的现金净额”项目。

某企业出售生产车床一台，收到价款 200 000 元存入银行，设备原价 550 000 元，已提折旧 400 000 元；同时，报废机床一台，原价 190 000 元，已提折旧 185 000 元，以现金支付清理费用 2 000 元，取得清理收入 3 500 元。

要求：计算企业“处置固定资产、无形资产和其他长期资产所收回的现金净额”。

处置固定资产、无形资产和其他长期资产所收回的现金净额

= 200 000+（3500-2 000）= 201 500（元）

4.“处置子公司及其他营业单位收到的现金净额”项目

“处置子公司及其他营业单位收到的现金净额”项目反映企业处置子公司及其他营业单位所取得的现金，减去相关处置费用以及子公司及其他营业单位持有的现金和现金等价物后的净额。本项目可以根据“长期股权投资”、“银行存款”、“库存现金”等科目的记录分析填列。

5.“收到的其他与投资活动有关的现金”项目

“收到的其他与投资活动有关的现金”项目反映企业除了上述各项目以外，所收到的其他与投资

活动有关的现金流入。比如，企业收回购买股票和债券时支付的已宣告但尚未领取的现金股利或已到付息期但尚未领取的债券利息。若其他现金流入金额较大的，应单列项目反映。本项目可以根据“应收股利”、“应收利息”、“银行存款”、“库存现金”等有关科目的记录分析填列。

6.“购建固定资产、无形资产和其他长期资产支付的现金”项目

“购建固定资产、无形资产和其他长期资产支付的现金”项目反映企业本期购买、建造固定资产、取得无形资产和其他长期资产实际支付的现金，以及用现金支付的应由在建工程和无形资产负担的职工薪酬，不包括为购建固定资产而发生的借款利息资本化的部分，以及融资租入固定资产支付的租赁费；企业支付的借款利息和融资租入固定资产支付的租赁费，在筹资活动产生的现金流量中反映。本项目可根据“固定资产”、“在建工程”、“无形资产”、“库存现金”、“银行存款”等科目的记录分析填列。

7.“投资所支付的现金”项目

“投资所支付的现金”项目反映企业取得除现金等价物以外的对其他企业的权益工具、债务工具和合营中的权益投资所支付的现金，以及支付的佣金、手续费等交易费用，但取得子公司及其他营业单位支付的现金净额除外。本项目可以根据“可供出售金融资产”、“持有至到期投资”、“长期股权投资”、“库存现金”、“银行存款”等科目的记录分析填列。

8.“取得子公司及其他营业单位支付的现金净额”项目

“取得子公司及其他营业单位支付的现金净额”项目反映企业购买子公司及其他营业单位购买出价中以现金支付的部分，减去子公司及其他营业单位持有的现金和现金等价物后的净额。本项目可以根据“长期股权投资”、“库存现金”、“银行存款”等科目的记录分析填列。

9.“支付其他与投资活动有关的现金”项目

“支付其他与投资活动有关的现金”项目反映企业除上述各项以外，所支付的其他与投资活动有关的现金流出，如企业购买股票和债券时，支付的已宣告但尚未领取的现金股利或已到付息期但尚未领取的债券利息等，若其他现金流出金额较大的，应单列项目反映。本项目可以根据“应收股利”、“应收利息”、“银行存款”、“库存现金”等科目的记录分析填列。

（三）筹资活动产生的现金流量

1.“吸收投资收到的现金”项目

“吸收投资收到的现金”项目反映企业以发行股票、债券等方式筹集资金实际收到的款项净额（发行收入减去支付的佣金、手续费、宣传费、咨询费、印刷费等发行费用后的净额）。本项目可以根据“实收资本（或股本）”、“库存现金”、“银行存款”等科目的记录分析填列。

2.“取得借款收到的现金”项目

“取得借款收到的现金”项目反映企业举借各种长、短期借款实际收到的现金。本项目可根据“短期借款”、“长期借款”“库存现金”、“银行存款”等科目记录分析填列。

3.“收到其他与筹资活动有关的现金”项目

“收到其他与筹资活动有关的现金”项目反映企业除上述各项目外，所收到的其他与筹资活动有关的现金流入，如接受现金捐赠等。若其他现金流入金额较大的，应单列项目反映。本项目可以根据“银行存款”、“营业外收入”、“库存现金”等科目的记录分析填列。

【即学即练 5.7】编制与筹资活动有关的现金流入。

某企业发生以下与筹资活动现金流入有关的经济业务。

（1）该企业购入股票 1 000 万股，每股面值 1 元，发行价格为 1.4 元/股，发行手续费为发行收入的 2%，发行手续费共计 280 000 元，该企业将股票发行的净收入存入银行。

（2）取得短期借款 400 000 元，存入银行账户。

（3）接受现金捐赠 150 000 元，存入银行。

（4）发行长期债券，债券面值为 200 0000 元，发行价格为 2 100 000 元。证券公司代收手续费 60 000 元，代为支付印刷宣传费 7 000 元，费用均直接从发行收入中扣除。该企业以银行存款支付审计费 6 000 元。

要求：计算筹资活动的现金流入。

吸收投资收到的现金=（10 000 000 × 1.4−280 000）+（210 000−60 000−7 000）

=138 630 000（元）

借款收到的现金=400 000（元）

收到其他与筹资活动有关的现金=150 000（元）

提示：该企业发行债券时支付的审计费 6 000 元，属于“支付的其他与筹资活动有关的现金”项目。

4.“偿还债务支付的现金”项目

“偿还债务支付的现金”项目反映企业以现金偿还债务的本金，包括偿还金融企业的借款本金、偿还债券本金等。企业偿还的借款利息、债券利息，在“分配股利、利润或偿付利息支付的现金”项目反映，不包括在本项目内。本项目可以根据“短期借款”、“长期借款”、“应付债券”、“库存现金”、“银行存款”等科目的记录分析填列。

5.“分配股利、利润或偿付利息支付的现金”项目

“分配股利、利润或偿付利息支付的现金”项目反映企业实际支付的现金股利，支付给其他投资单位的利润以及用现金支付的借款利息、债券利息等。本项目可以根据“应付股利”、“应付利息”、“财务费用”、“库存现金”、“银行存款”等科目的记录分析填列。

6.“支付的其他与筹资活动有关的现金”项目

“支付的其他与筹资活动有关的现金”项目反映企业除上述各项外所支付的其他与筹资活动有关的现金流出，如捐赠现金支出、融资租入固定资产支付的租赁费等。若其他现金流出额较大的，应单列项目反映。本项目可以根据“银行存款”、“营业外支出”、“长期应付款”、“库存现金”等科目的记录分析填列。

【即学即练 5.8】编制与筹资活动有关的现金流出项目。

某企业本期发生以下与筹资活动有关的现金流出的经济业务。

（1）以银行存款支付在建工程负担的借款资本化利息 300 000 元。

（2）偿还短期借款本金 400 000 元，利息 25 000 元。

（3）支付现金股利 70 000 元。

（4）宣告发放股票股利 180 000 股，每股面值 1 元。

（5）支付融资租入的固定资产的租赁费 120 000 元。

【课堂讨论 5.2】

发行股票、购买股票、分配现金股利、取得现金股利分别归属于什么活动？

要求：计算企业与筹资活动有关的现金流出。

偿还债务支付的现金=400 000（元）

分配股利、利润或偿付利息所支付的现金

=300 000+25 000+70 000=395 000（元）

支付的其他与筹资活动有关的现金=120 000（元）

（四）汇率变动对现金及现金等价物的影响

“汇率变动对现金及现金等价物的影响”项目反映企业外币现金流量及境外子公司的现金流量折算为人民币时，所采用的现金流量发生日的即期汇率或按照系统、合理的方法确定的、与现金流量发生日的即期汇率近似汇率折算的人民币金额与“现金及现金等价物净增加额”中外币现金净增加额按期末汇率折算的人民币金额之间的差额。

（五）现金流量表补充资料

现金流量表采用直接法反映经营活动产生的现金流量，同时，还应采用间接法反映经营活动产生的现金流量。

【知识导航】

间接法是指以本期净利润为起点，通过调整不涉及现金的收入、费用、营业外收支以及经营性应收应付等项目的增减变动，调整不属于经营活动的现金收支项目，据此计算并列报经营活动产生的现金流量的方法。

采用间接法列报经营活动产生的现金流量时，将净利润调整为经营活动现金净额，需要对四大类项目进行调整。

1. 扣除非经营活动的损益

扣除非经营活动的损益，即从净利润中扣除筹资和投资活动的损益，基本原则是由筹资和投资活动引起的损失应加回到净利润中，而由筹资和投资活动引起的收益应从净利润中减去，主要包括：处置固定资产、无形资产、其他长期资产的损失，固定资产报废损失，财务费用，投资损失（减收益），即

净利润−非经营活动损益＝经营活动净损益

2. 加上不支付经营资产的费用

不支付经营资产的费用已在计算利润时扣除，但没有在本期支付现金，所以计算经营活动现金流量时应将其加回。不支付经营资产的费用主要包括计提的减值准备、计提固定资产折旧、无形资产摊销、长期待摊费用摊销。

3. 加上非现金流动资产减少

存货和应收项目减少可以使企业收回在流动资产上占用的资金，导致现金增加；反之，导致现金减少。其主要包括：存货减少（减增加）；经营性应收项目减少（减增加），如应收票据减少、应收账款减少、预付账款减少、其他应收款减少。

4. 加上经营性应付项目增加

经营性应付项目的增加原因有两种：一种是有现金流入，但未增加利润，如收到押金；另

一种是已减少利润，但未支付现金，如应付工资计入费用，减少了损益，但没有付现。其主要包括：经营性应付项目增加（减去减少数），如应付票据增加、应付账款增加、其他应付款增加、应付职工薪酬增加、应交税费增加等。

【知识导航】

现金流量表的其他简化编制方法

除了上述介绍的现金流量表编制方法外，现金流量表还有一些简化编制方法。

1. 现金类日记账法

由于现金流量表是以现金及现金等价物为基础，反映企业的经营活动、投资活动和筹资活动的现金流入量和现金流出量，涉及的会计账簿主要有“库存现金”、“银行存款”和“其他货币资金”，这几个账簿可以统称为现金类日记账。具体步骤如下。

（1）设置“库存现金日记账”、“银行存款日记账”和“其他货币资金日记账”。由于企业的日常核算就要设置这三个日记账，因此，一般只须增设“现金等价物明细账”即可。

（2）在现金类日记账的摘要旁增加“现金流量表行次”一列，简称“行次”，以备积累编制现金流量表的基本资料。“行次”的数字以本书现金流量表中列示的行次为准，实际代表的是该行现金流量表的项目名称。

（3）企业发生的影响现金流量的业务在登记现金类日记账借贷方的同时，确认该业务应计入现金流量表的项目，将该项目对应的行次序号记入该账户的“行次”一列。例如，企业从银行借入 3 年期借款 500 000 元，存入银行。在登记银行存款日记账借方 500 000 元的同时，在“行次”内加注序号(筹资活动中“借款收到的现金”所在的行号），表明该项现金流入应列入筹资活动的“借款收到的现金”项目。

（4）在某项业务涉及现金及现金等价物，但不影响企业的现金净流量，在登记现金类日记账的同时，在“行次”内打“×”，表示该项业务不应计入现金流量表。例如，从银行提取现金 600 000 元，备发工资。在银行存款日记账的贷方登记 600 000 元，同时在“行次”内画“×”，现金日记账的登记方法相同。

（5）期末，对现金类日记账中“行次”相同的项目所记录的数字汇总，将其合计数列入现金流量表对应的项目，即可完成现金流量表的编制。

需要注意的是，如果一借一贷的会计分录，分别属于现金流量表的两个不同项目，要分别注明对应的科目名称、金额及所属的现金流量表行次。例如，支付工资 600 000 元，其中支付给在建工程人员的工资 200 000 元，其他职工工资 400 000 元，在登记库存现金日记账时，“行次”应分别填对应“购建固定资产、无形资产及其他长期资产支付的现金”和“支付给职工以及为职工支付的现金”项目的所在行。现金类日记账格式举例如表 5.3 所示。

表 5.3　现金日记账　（单位：元）

业务号	摘　　要	行次	对 方 科 目	借　　方	贷　　方	余额
	期初余额					500
29	提现金	×	银行存款	190 000		
30	支付在建工程人员工资	17	应付职工薪酬		50 000	
	支付其他人员工资	6	应付职工薪酬		140 000	
	期末余额			190 000	190 000	500

2. 现金流量台账法

由于现金流量表是按经营活动、投资活动、筹资活动三大类反映现金流入和流出的数量，因此可以直接根据现金流量的这三大类设置台账，根据收款、付款凭证及与现金流量表有关的转账凭证，分别登记现金流量台账，作为编制现金流量表的基础。具体步骤如下。

（1）开设“经营活动现金流量”“投资活动现金流量”和“筹资活动现金流量”三大类台账，每类台账中按现金流入各项目、现金流出各项目、现金净流量设置分栏。

（2）对于涉及现金及现金等价物收支、引起现金净流量发生变化的经济业务，不仅应按照会计核算程序登记“库存现金日记账”“银行存款日记账”和“其他货币资金日记账”等账户，而且，还应登记“经营活动现金流量”“投资活动现金流量”和“筹资活动现金流量”三大类台账，分别列入现金流量表的对应项目。

（3）每期终了，计算台账中各项目的合计数，计算现金流入小计、现金流出小计、现金流量净额。编制年度现金流量表时，将各月份的数字加总即可。

以经营活动现金流量台账为例，编制的现金流量台账如表5.4所示。

表5.4 经营活动现金流量台账

（单位：元）

年		凭证号	摘要	现金流入量				现金流出量					现金净流量
月	日			现金流入合计	销售商品、提供劳务收到的现金	收到的税费返还	收到的其他与经营活动有关的现金	购买商品、接收劳务支付的现金	支付给职工以及为职工支付的现金	支付的各项税费	支付其他与经营活动有关的现金	现金流出合计	
略		3	支付材料款					189 540					
		7	支付汇票款					160 000					
		9	收到销售款		185 000								
		11	支付宣传费								10 000		
			合计										

四、现金流量表编制实务

【即学即练5.9】根据第三章即学即练3.7中WW公司相关资料，编制WW公司20×5年的现金流量表主表，如表5.5所示（假设上期金额为已知数据）。

表5.5 现金流量表

会企03表

编制单位：WW公司　　　　（单位：元）

项　目	本期金额	上期金额
一、经营活动产生的现金流量		
销售商品、提供劳务收到的现金	1 484 500	1 000 000
收到的税费返还		
收到的其他与经营活动有关的现金		
经营活动现金流入小计	1 484 500	1 000 000
购买商品、接受劳务支付的现金	426 662	267 000
支付给职工以及为职工支付的现金	300 000	280 000
支付的各项税费	209 330	127 000
支付的其他与经营活动有关的现金	48 000	27 000
经营活动现金流出小计	983 992	701 000
经营活动产生的现金流量净额	500 508	299 000
二、投资活动产生的现金流量		
收回投资所收到的现金	200 500	
取得投资收益所收到的现金		2 000
处置固定资产、无形资产和其他长期资产收回的现金净额	300	

续表

项　　目	本期金额	上期金额
处置子公司及其他营业单位收到的现金净额		
收到的其他与投资活动有关的现金		
投资活动现金流入小计	200 800	2 000
购建固定资产、无形资产和其他长期资产支付的现金	562 450	193 000
投资所支付的现金		
取得子公司及其他营业单位支付的现金净额		
支付的其他与投资活动有关的现金		
投资活动现金流出小计	562 450	193 000
投资活动产生的现金流量净额	−361 650	−191 000
三、筹资活动产生的现金流量		
吸收投资收到的现金		
取得借款收到的现金	2 000 000	200 000
收到的其他与筹资活动有关的现金		
筹资活动现金流入小计	2 000 000	200 000
偿还债务所支付的现金	30 000	80 000
分配股利、利润或偿付利息支付的现金	116 000	89 000
支付的其他与筹资活动有关的现金		
筹资活动现金流出小计	146 000	169 000
筹资活动产生的现金流量净额	1 854 000	31 000
四、汇率变动对现金及现金等价物的影响		
五、现金及现金等价物净增加额	1 992 858	139 000
加：期初现金及现金等价物余额	4 619 400	4 480 400
六、期末现金及现金等价物余额	6 612 258	4 619 400

【课堂讨论 5.3】

现金流量表和资产负债表有什么联系？

第二节　现金流量表综合分析

一、比较现金流量表编制与分析

比较分析是指将财务报表的本期与前期进行对比，以揭示本期与前期的差异。

【即学即练 5.10】由 WW 公司现金流量表（如表 5.5 所示）资料编制现金流量比较表，如表 5.6 所示。

表 5.6　现金流量比较分析表

编制单位：WW 公司　　　　20×5 年度

项　　目	本期金额（元）	上期金额（元）	增减额（元）	增减（%）
一、经营活动产生的现金流量				
销售商品、提供劳务收到的现金	1 484 500	1 000 000	484 500	48.45
收到的税费返还				

续表

项　　目	本期金额（元）	上期金额（元）	增减额（元）	增减（%）
收到的其他与经营活动有关的现金				
经营活动现金流入小计	1 484 500	1 000 000	484 500	48.45
购买商品、接受劳务支付的现金	426 662	267 000	159 662	59.80
支付给职工以及为职工支付的现金	300 000	280 000	20 000	7.14
支付的各项税费	209 330	127 000	82 330	64.83
支付的其他与经营活动有关的现金	48 000	27 000	21 000	77.78
经营活动现金流出小计	983 992	701 000	282 992	40.37
经营活动产生的现金流量净额	500 508	299 000	201 508	40.26
二、投资活动产生的现金流量				
收回投资所收到的现金	200 500		200 500	
取得投资收益所收到的现金		2 000	−2 000	−100
处置固定资产、无形资产和其他长期资产收回的现金净额	300		300	
处置子公司及其他营业单位收到的现金净额				
收到的其他与投资活动有关的现金				
投资活动现金流入小计	200 800	2 000	198 800	9 940
购建固定资产、无形资产和其他长期资产支付的现金	562 450	193 000	369 450	191.42
投资所支付的现金				
取得子公司及其他营业单位支付的现金净额				
支付的其他与投资活动有关的现金				
投资活动现金流出小计	562 450	193 000	369 450	191.42
投资活动产生的现金流量净额	−361 650	−191 000	−170 650	89.35
三、筹资活动产生的现金流量				
吸收投资收到的现金				
取得借款收到的现金	2 000 000	200 000	1 800 000	900
收到的其他与筹资活动有关的现金				
筹资活动现金流入小计	2 000 000	200 000	1 800 000	900
偿还债务所支付的现金	30 000	80 000	−50 000	−62.5
分配股利、利润或偿付利息支付的现金	116 000	89 000	27 000	30.34
支付的其他与筹资活动有关的现金				
筹资活动现金流出小计	146 000	169 000	−23 000	−13.61
筹资活动产生的现金流量净额	1 854 000	31 000	1 823 000	5 880.65
四、汇率变动对现金及现金等价物的影响				
五、现金及现金等价物净增加额	1 992 858	139 000	1 853 858	1 333.71

分析点津　从表5.6中可以看出，WW公司20×5年净现金流量比20×4年增加1 853 858元。经营活动、投资活动和筹资活动产生的净现金流量变动额分别为201 508元、−170 650元和1 823 000元。

经营活动净现金流量比上年增长40.26%。经营活动现金流入量和流出量分别比上年增长48.45%和40.37%，增长额分别为484 500元和282 992元。经营活动现金流入量的增加主要是因为销售商品、提供劳务收到的现金。经营活动现金流出量的增加主要是因为支付给职工以及为职工支付的现金、支付的其他与经营活动有关的现金。

投资活动净现金流量比上年增长89.35%，主要原因是购建固定资产、无形资产和其他长期资产支付的现金大幅增加。

筹资活动净现金流量比上年增长5 880.65%，主要原因是取得借款收到的现金比上年大幅增加。

二、结构现金流量表编制与分析

现金流量结构是指各种现金流入量、各种现金流出量及净现金流量在企业总的现金流入量、总的现金流出量及全部净现金流量的比例关系。现金流量表结构分析目的在于揭示现金流入量和现金流出量的结构情况，从而抓住企业现金流量管理的重点。

1. 现金流入结构分析

现金流入结构包括两部分：一部分是反映企业经营活动的现金流入量、投资活动的现金流入量和筹资活动的现金流入量分别占现金总流入量的比重；另一部分是反映经营活动、投资活动和筹资活动等各项业务活动现金流入中具体项目的构成比重。现金流入结构分析可以明确企业的现金究竟来自何方，企业应该从哪些方面采取措施增加现金流入量。

2. 现金流出结构分析

现金流出结构包括两部分：一部分是反映企业经营活动的现金流出量、投资活动的现金流出量和筹资活动的现金流出量分别占现金总流出量的比重；另一部分是反映经营活动、投资活动和筹资活动等各项业务活动现金流出中具体项目的构成比重。现金流出结构分析可以表明企业的现金究竟流向何方，查找可以节约开支的项目。

3. 净现金流量结构分析

净现金流量结构反映公司经营活动、投资活动及筹资活动的现金净流量占公司全部净现金流量的比例，也就是企业本年度创造的现金及现金等价物净增加额中，以上三类活动的贡献程度。通过净现金流量分析，可以明确反映出本期的现金净流量主要为哪类活动所产生，以此说明现金净流量形成的原因是否合理。

现金流量结构分析方法主要采用比率分析法，通过判断比例的合理性程度来反映企业现金流量的水平。

【即学即练 5.11】以 WW 公司的现金流量表（如表 5.5 所示）为基础，经过处理，可得出现金流入流出结构情况，如表 5.7 所示。

表 5.7　现金流量流入流出结构分析表

编制单位：WW 公司

项　目	现金流入量（元）	现金流入结构（%）	现金流出量（元）	现金流出结构（%）	净现金流量（元）	净现金流量结构（%）
一、经营活动的现金流入总量	1 484 500	40.28				
其中：销售商品提供劳务收到的现金	1 484 500	40.28				
收到的税费返还						
收到的其他与经营活动有关的现金						
二、经营活动的现金流出总量			983 992	58.14		
其中：购买商品接受劳务支付的现金			426 662	25.21		
支付给职工以及为职工支付的现金			300 000	17.73		
支付的各项税费			209 330	12.37		
支付的其他与经营活动有关的现金			48 000	2.83		
三、经营活动的净现金流量					500 508	25.12
四、投资活动的现金流入总量	200 800	5.45				
其中：收回投资所收到的现金	200 500	5.44				

续表

项　目	现金流入量（元）	现金流入结构（%）	现金流出量（元）	现金流出结构（%）	净现金流量（元）	净现金流量结构（%）
处理固定资产而收到的现金净额	300	0.01				
五、投资活动的现金流出总量			562 450	33.23		
其中：购建固定资产所支付的现金			562 450	33.23		
权益性投资所支付的现金						
六、投资活动的净现金流量					−361 650	−18.15
七、筹资活动的现金流入总量	2 000 000	54.27				
其中：吸收权益性投资所收到的现金						
借款所收到的现金	2 000 000	54.27				
八、筹资活动的现金流出总量			146 000	8.63		
其中：偿还债务所支付的现金			30 000	1.77		
分配股利或利润所支付的现金			116 000	6.86		
偿还利息所支付的现金						
支付的其他与筹资活动有关的现金						
九、筹资活动的净现金流量					1 854 000	93.03
现金流量总额	3 685 300	100	1 692 442	100	1 992 858	100

分析点津　通过表5.7的计算结果可以得出以下几点结论。

（1）20×5年该公司现金流入总量为3 685 300元，现金流出总量为1 692 442元，现金净流入量为1 992 858元，表明该公司在20×5年较20×4年实现了现金资产的净增加。但是，这些数据没有表明何种业务活动导致了现金的净增加，因此，还必须从动态角度按照现金净增加额的形成过程展开分析，以判断对企业的影响是好还是坏。

（2）从现金流入结构看，经营活动现金流入量占全部现金流入量的40.28%，全部为销售商品、提供劳务收到的现金。投资活动现金流入量占全部现金流入量的5.45%，而其中收回投资所收到的现金占5.44%，这表明该公司投资带来的现金流入基本上全部是收回投资而非获利。筹资活动现金流入量占全部现金流入量的54.27%，全部为借款所收到的现金，表明该公司自身有着较充足的现金资源可供支配。

（3）从现金流出结构看，经营活动现金流出量占全部现金流出量的58.14%，其中购买商品、接受劳务支付的现金占25.12%，支付给职工以及为职工支付的现金占17.73%，支付的各项税费占12.37%。投资活动现金流出量占全部现金流出量的33.23%，表明该公司投资扩张。筹资活动现金流出量占总流出量的8.63%；而其中分配股利或利润所支付的现金占6.86%，占较大比重。

（4）根据净现金流量结构，该公司经营活动净现金流量占25.12%，投资活动净现金流量占−18.15%，筹资活动净现金流量占93.03%。

一般而言，对于一个健康的、正在成长的公司来说，经营活动现金流量应该是正数，投资活动的现金流量应该为负数，筹资活动的现金流量应该是正负相间的。

通过现金流量表阅读分析可以反映出企业哪些财务信息，感兴趣的读者可参阅财经网《现金流量表里，那些不可告人的秘密》一文，其链接及二维码如下：

http://stock.caijing.com.cn/2014-06-17/114268718.html

【案例 5.1】

现金流量表里，那些不可告人的秘密

其实财务是一个非常严肃、严谨、逻辑性极强的工具，在做投资决策时，财务评价是否重要？当然这是毋庸置疑的，但恐怕不需要锱铢必较，太过关注细节会错过很多投资机会。可是关注细节可以有效排除地雷的作用恐怕被很多投资者所忽略，虽说细节不能给你带来赢利，但可以避免本金亏损。格雷厄姆对投资下过一个很明确的定义，即“投资是在保证本金不亏损的前提下追求最大收益”。

第三节　现金流量表主要项目分析

一、现金流量表正表分析

（一）经营活动现金流量主要项目分析

1. 销售商品、提供劳务收到的现金

“销售商品、提供劳务收到的现金”是企业现金流入的主要来源，通常具有数额大、所占比重大等特点，通过与利润表中的营业收入总额相对比，可以判断企业销售收现率的情况。一般来讲，较高的收现率表明企业产品定位正确，适销对路，并已形成卖方市场的良好经营环境。

2. 收到的税费返还

“收到的税费返还”通常数额不大，对经营活动现金流入量影响也不大。

3. 收到的其他与经营活动有关的现金

“收到的其他与经营活动有关的现金”具有不稳定性，数额不应过多。

4. 购买商品、接受劳务支付的现金

“购买商品、接受劳务支付的现金”应是企业现金流出的主要方向，通常具有数额大、所占比重大等特点。将其与利润表中的营业成本相对比，可以判断企业购买商品付现率的情况，借此可以了解企业资金的紧张程度或企业的商业信用情况，从而可以更加清楚地认识到企业目前所面临的财务状况。

5. 支付其他与经营活动有关的现金

“支付其他与经营活动有关的现金”具有不稳定性，数额不应过多。

（二）投资活动现金流量主要项目分析

1. 收回投资所收到的现金

“收回投资所收到的现金”不能绝对地追求数额过大。投资扩张是企业未来创造利润的增长点，缩小投资可能意味着企业存在规避投资风险、投资战略改变或资金紧张等问题。

2. 取得投资收益收到的现金

“取得投资收益收到的现金”表明企业进入投资回收期，通过分析可以了解投资回报率的高低。

3. 处置固定资产、无形资产和其他长期资产收回的现金净额

“处置固定资产、无形资产和其他长期资产收回的现金净额”一般金额不大，如果数额较大，表明企业的产业、产品结构将有所调整，或者表明企业未来的生产能力将受到严重影响，已经陷入深度的债务危机之中，靠出售设备来维持经营。

4. 处置子公司及其他营业单位收到的现金净额

“处置子公司及其他营业单位收到的现金净额”反映企业处置子公司及其他营业单位所取得的现金减去相关处置费用后的净额。

5. 购建固定资产、无形资产和其他长期资产支付的现金

“购建固定资产、无形资产和其他长期资产支付的现金”表明企业扩大再生产能力的强弱，由此可以了解企业未来的经营方向和获利能力，揭示企业未来经营方式和经营战略的发展变化。

6. 投资支付的现金

“投资支付的现金”表明企业参与资本市场运作、实施股权及债权投资能力的强弱，可分析投资方向与企业的战略目标是否一致。

（三）筹资活动现金流量主要项目分析

1. 吸收投资收到的现金

“吸收投资收到的现金”表明企业通过资本市场筹资能力的强弱。

2. 取得借款收到的现金

“取得借款收到的现金”数额的大小，表明企业通过银行筹集资金能力的强弱，在一定程度上代表了企业商业信用的高低。

3. 偿还债务支付的现金

“偿还债务支付的现金”有助于分析企业资金周转是否已经进入良性循环状态。

4. 分配股利、利润和偿付利息支付的现金

“分配股利、利润和偿付利息支付的现金”反映企业实际支付的现金股利，支付给其他投资单位的利润或用现金支付的借款利息、债券利息。利润的分配情况可以反映企业现金的充裕程度。

5. 收到其他与筹资活动有关的现金、支付其他与筹资活动有关的现金

“收到其他与筹资活动有关的现金、支付其他与筹资活动有关的现金”数额一般较小，如果数额较大，应注意分析其合理性。

（四）汇率变动对现金的影响分析

汇率变动对现金的影响反映下列项目的差额。

（1）企业外币现金流量及境外子公司的现金流量折算为记账本位币时，所采用的现金流量发生日的即期汇率或按照系统、合理的方法确定的、与现金流量发生日即期汇率近似的汇率折算的金额。

（2）“现金及现金等价物净增加额”中外币现金净增加额是按期末汇率折算的金额。

如果现金及现金等价物净增加额数额较大，需要借助会计报表附注的相关内容分析其原因

及其合理性。

二、现金流量表补充资料分析

现金流量表补充资料是采用间接法报告经营活动产生的现金流量，在企业当期净利润的基础上进行某些项目的调整，从而得到经营活动的现金流量净额。

1. 资产减值准备

“资产减值准备”项目反映企业本期计提的各种资产减值准备。本期计提资产减值准备时，减值损失已计入本期利润表中的相关损益项目，但实际上与经营活动现金流量无关。因此，在净利润的基础上进行调整计算时，应将其加回到净利润中。

2. 固定资产折旧、油气资产折耗、生产性生物资产折旧

“固定资产折旧、油气资产折耗、生产性生物资产折旧”分别反映企业本期计提的固定资产折旧、油气资产折耗、生产性生物资产折旧。由于资产折旧、折耗并不影响经营活动现金流量，因此，在净利润基础上调整计算时，应将其全部加回到净利润中。

3. 无形资产摊销

“无形资产摊销”反映企业本期计提的无形资产摊销。无形资产的摊销增加了成本费用，并在计算净利润时从中扣除，由于没有发生现金流出，所以在将净利润调节为经营活动现金流量时应加回。

4. 长期待摊费用摊销

“长期待摊费用摊销”反映企业本期长期待摊费用摊销。长期待摊费用的摊销增加了成本费用，并在计算净利润时从中扣除，由于没有发生现金流出，所以在将净利润调节为经营活动现金流量时应加回。

以上项目都是未涉及现金的成本费用项目，对于金额较大、变化显著的项目应结合会计报表附注中的相关项目及相关会计政策进行详细分析，以发现操纵会计利润的行为。

5. 处置固定资产、无形资产和其他长期资产的损失

“处置固定资产、无形资产和其他长期资产的损失”属于投资活动产生的损益，所以在将净利润调节为经营活动现金流量时需要予以调节。

6. 固定资产报废损失

“固定资产报废损失”也属于投资活动产生的损益，所以在将净利润调节为经营活动现金流量时需要予以调节。

7. 公允价值变动损失

“公允价值变动损失”反映持有的金融资产、金融负债以及采用公允价值计量模式的投资性房地产的公允价值变动损益，属于投资活动损益，应予以调整。

8. 财务费用

企业发生的财务费用可以分别归属于经营活动、投资活动和筹资活动。对属于经营活动产生的财务费用，若既影响净利润又影响经营活动现金流量，如到期支付应付票据的利息，则不需要调整；对属于投资活动和筹资活动产生的财务费用，如长期借款利息，只影响净利润，不

影响经营活动现金流量，应在净利润的基础上进行调整。

9. 投资损失

“投资损失”是因为投资活动所引起的，与经营活动无关。因此，无论是否有现金流量，该项目应全额调节净利润，但不包括计提的减值准备。

10. 递延所得税资产减少和递延所得税负债增加

这两个项目分别反映企业资产负债表“递延所得税资产”和“递延所得税负债”项目的期初余额与期末余额的差额。递延所得税在计提和缴纳时间上的不一致性导致了其对利润和现金流量影响时间上的不一致性，因此应在净利润的基础上进行调整。

11. 存货的减少、经营性应收项目的减少和经营性应付项目的增加

这三个项目分别反映了企业资产负债表“存货”项目、企业本期经营性应收项目（包括应收票据、应收账款、预付账款、长期应收款和其他应收款中与经营活动有关的部分及应收的增值税销项税额等）和企业本期经营性应付项目（包括应付票据、应付账款、预收账款、应付职工薪酬、应交税费、应付利息、应付股利、长期应付款、其他应付款中与经营活动有关的部分及应付的增值税进项税额等）的期初余额与期末余额的差额。

【知识导航】

经营活动存货的增加，说明现金减少或经营性应付项目增加；存货减少，说明非付现销售成本增加。所以在调节净利润时，应减去存货的净增加数，或加上存货的净减少数。至于赊购增加的存货，通过同时调整经营性应付项目的增减变动而自动抵消。若存货的增减变动不属于经营活动，则不做调整，如接受投资者投入的存货应做扣除。

经营性应收项目增加，说明企业未收到现金的收入增加，即利润增加但现金流量未增加；经营性应收项目减少，说明应收款项收回，现金增加，但不影响利润。所以要对由此引起的净利润与现金流量的差异进行调整。经营性应付项目的情况与此相反。

小　结

资产负债表报告的是某一时点的价值存量，利润表反映的是两个时点之间的存量变化的流量，现金流量表则反映了现金的变化过程。现金流量表中的“现金”包括现金和现金等价物两部分，本章以现金流量表的结构和编制方法为基础，从比较分析、结构分析、主要项目分析等方面进行介绍，使学习者能够运用基本的分析方法以不同的分析目的对现金流量表的数据进行加工，从而对企业的现金流量做出相应的评价。

推荐阅读

马云的“现金流量表”

创业时期的马云让渡大部分阿里巴巴的股权，换取30亿元融资以壮大发展。而今，阿里与马云四处

投资，动机之一是为了拉拢各路机构，以期顺利上市并加强控制权。

马云创建领导了一个庞大的网络帝国阿里巴巴。这个帝国控制众多公司，还对外参股不少外部企业——经常可以看到马云大手笔投资的新闻。人们不禁会问，马云的钱究竟从哪里来，要往哪里去？眼下阿里集团正拟在美国上市，从其招股书中，可以借机窥探一斑。

顺畅融资路

创业前六年，马云的钱主要来自外资，尤其是日本软银与美国雅虎。1999年年初，马云创业团队自行集资50万元。随后，高盛、富达、新加坡政府科技发展基金、Invest AB等向阿里巴巴投资500万美元。2000年年初，软银投资2000万美元，持股30%左右。2002年2月日本亚洲投资公司注资500万美元。三次融资总计3 000万美元，支持了阿里巴巴B2B业务的高速发展。到2004年阿里巴巴B2B业务已经有3亿元的税前利润规模，至2007年在香港IPO前更是增至6亿元净利润规模。

在当时，仅靠B2B业务几亿元的年度现金流不足以支撑不收费的淘宝（B2C）业务。淘宝业务在2003至2005年号称耗费4.5亿元。所以淘宝开始对外融资，于2004年2月获得软银、富达等四家机构8 200万美元投资，其中软银6 000万美元。在2003年承诺淘宝“三年免费”之后，2005年10月宣布再投入10亿元人民币，让淘宝继续免费三年。马云高调的不收费政策，最终把只知道收费打法的eBay吓得退出战场，痛失易趣中国的好棋。

马云的底气从哪里来？一个是B2B业务的成功；另一个是雅虎的大力支持。2005年10月发生了一件对于马云、阿里集团来说最为重要的融资案。结果是，淘宝股权与阿里集团进行整合，雅虎拥有阿里集团40%股权（35%投票权），为此付出了10亿美元外加雅虎中国全部业务。其中多数现金支付给了阿里集团与淘宝的股东（比如软银等）。

合并淘宝后的阿里集团收到雅虎的7 000万美元现金，还得到软银的1.8亿美元可转债投资。两年内收到两笔共计3.32亿美元的投资，折合27亿元。在当时是天文数字。支持淘宝业务的3.32亿美元融资金额是B2B业务3 000万美元的11倍，但前者目前市值达千亿美元规模，后者则止步于几十亿美元。

或许有人会觉得马云为了融资，在股权上付出太大代价。交易后，雅虎加上软银总共持有约70%股权。但是，如果不是“傍上”雅虎这个大金主，或许eBay易趣不会甘心从B2C第一名的宝座上退位，淘宝的发展可能也不会太顺利。事实上，到2008年之后，淘宝仍然没有收费。只是由于竞争对手易趣迅速衰退，它一家独大，生态系统日益完善，在广告、第三方支付等领域开始赢利。

马云接手雅虎中国8年后，后者陆续终止了各种服务。2005年交易之时，雅虎中国的网络搜索市场份额排名在前两位，门户、邮箱等业务也在前十名。它本来也有机会做到三五百亿美元市值。对此，阿里巴巴的说法是，收购雅虎中国是想获得搜索技术，但由于雅虎和微软达成搜索协议，该技术已不复存在，雅虎未能履行协议，导致败局。

2007年11月，阿里巴巴B2B业务在香港上市，融资近17亿美元，市值一度达到280亿美元，市盈率超过300倍。当时，投资者已经看到了淘宝占据中国B2C市场份额四至五成的巨大成功，并憧憬着集团能够向上市公司注入淘宝业务。可是，B2B业务股价节节下跌，毫无起色。2012年2月，阿里巴巴B2B业务以当年IPO的发行价13.5港元/股进行私有化回购。2007年上市融资17亿美元，四年多后私有化花费20多亿美元。

私有化的原因众说纷纭，但阿里巴巴B2B业务股价下跌、估值大降是不争的事实。

另外，阿里集团与雅虎的协议中，把阿里集团IPO与投资协议签署满五周年视为几个重要事项的触发条件。五周年后是2010年，其时阿里集团已成为中国最耀眼的网络巨头之一，不缺现金，不需要进行股权融资。马云等人“碰巧”也在2010年确立公司治理结构中的“合伙人”制度，谋划夺回公司控制权，故不希望阿里集团太早上市，因为估值可能偏低。眼下阿里集团在美IPO，计划募资也只有10亿美元，显然是醉翁之意不在酒，在于让雅虎进一步体面出局。

重掌控制权

30亿元海外股权融资换来的创业成功故事至此转移主题，马云与雅虎的“宫斗”大戏上演。有阿里的现金流与信用背书，马云不差钱，迅速开始各种花钱。通过2009年6月和2010年8月两次转让，支付宝的全资控股股东由阿里巴巴集团变成马云私人控股的浙江阿里巴巴商务有限公司，交易对价总计3.3亿元。诡异的是，雅虎称对此不知情。2011年7月，阿里巴巴集团、雅虎、软银达成和解，阿里巴巴集团将获得支付宝在上市时总市值的37.5%（以IPO价为准）作为回报额，而且它不得低于20亿美元且不超过60亿美元。同时，支付宝支付知识产权许可费用和软件技术服务费给阿里巴巴集团，该项费用为支付宝税前利润的49.9%。

2012年9月，阿里巴巴以63亿美元现金和价值8亿美元优先股，回购雅虎手中持有阿里巴巴部分股票，并一次性支付雅虎5.5亿美元的技术和知识产权许可费。交易后，雅虎持股约22.6%。倘若能在2015年12月前IPO，阿里巴巴有权优先购买雅虎剩余持有股份的50%。雅虎要求，阿里巴巴IPO发售价格至少比回购价高10%。

尽管当时阿里集团已经有可观赢利，但应该是通过贷款安排获得这笔现金。因为整个集团2012财年（截至2012年3月底）净利润为42.28亿元，2013财年净利润为84.04亿元（加回5.5亿美元后，约为120亿元），而2011年之前赢利更低。IPO招股书显示，从2015年到2019年阿里巴巴集团一共需要偿还外债325.86亿元。这些外债估计与2012年回购雅虎股票有关。交易时阿里集团的净资产约40亿美元，但集团的资本市场估值超过300亿美元。

由于看好阿里集团的前景，金主们愿意提供回购资金，贷款授信高达80亿美元。同样，有阿里股权做抵押，马云等人贷款融资也不难。截至2013年年底，马云在阿里集团的持股比例为8.9%；蔡崇信持股比例为3.6%。按50%抵押率计算，两人很容易借到20亿美元现金。美元海外贷款成本低，利率可达2%~4%。而马云所在的浙江省民间借贷利率可达30%~40%以上，中小企业银行贷款利率也有10%以上，对外投资有套利空间。

阿里集团2014财年总营收525.04亿元，净利润234.03亿元。净资产增至近百亿美元，负债率才30%~40%。集团与支付宝的现金流又都非常好，没有存货，没有应收账款。这意味着集团最少拥有300亿元账上自有现金，还可贷款300亿元（负债率增至约五成多）供马云投资。

近年阿里集团进行一番让人眼花缭乱的并购、参股。2011年阿里集团参股美团，花费估计是3 000万美元左右。2013年阿里巴巴以5.86亿美元购入新浪微博18%股份，以2.94亿美元获高德28%股权，出资21.5亿元占菜鸟物流股权43%，28.22亿港元参股投资海尔电器及其旗下日日顺物流。2013年以来，阿里陆续收购UC全部股份，总计代价约为100亿元。阿里还参股丁丁网，另有传言称它还参股陌陌。

2014年，阿里集团以约11亿美元收购高德剩余的72%股权，投资10亿多美元持有优酷土豆16.5%股权，支付12亿元购买恒大足球俱乐部50%股权，以62.44亿港元收购文化中国60%股权，以2.49亿美元入股新加坡邮政获10.35%股权，以53.7亿港元投资参股银泰百货，牵头斥资5亿元投资21世纪传媒20%股权。

马云于2006年入股华谊兄弟，先后投入约935.24万元。华谊上市后他陆续减持，累计套现3亿多元。目前他仍持有近5 000万股，市值近10亿元。2009年马云卖出1 300万股阿里巴巴（港股B2B业务），套现2.38亿元。2010年创建PE机构云锋基金，还参与收购汇通快递股权。2013年，马云控制的阿里巴巴电子商务拟出资11.8亿元认购天弘基金51%股权，2014年获批。2014年，他通过云溪投资向华数传媒入股65.36亿元持有20%股份，出资33亿元拟收购恒生集团。

粗略统计可知，2013年以来，阿里集团、马云的对外投资金额分别达到70多亿美元、110亿元。凡是涉及境外股市、海外股东、互联网的项目，多由阿里集团出手。涉及A股、国内金融、广电内容等管制业务则由马云主导。

收购目的主要是为了在手机移动端、O2O 卡位，以便复制淘宝、支付宝的成功，有些是为了从 B2C 生态系统扩张到其他行业领域，但未必没有用来提高 IPO 市值、保证 IPO 在 2015 年底前顺利完成、拉拢各种机构及土豪以便对抗雅虎的想法。

马云在浙商中拥有广泛的人脉，通过银泰、恒生、华数等公司结交很多富商。收购网络公司的外方股权，也有类似的合作效果。至于投行、PE 更是从阿里的收购中获得不少好处。

目前，阿里集团的股权中，软银持股 34.4%，雅虎持股 22.6%，两者合计仍然超过 50%。上述机构与土豪未来可以成为马云后援，成为阿里的基石投资者，帮助马云与阿里集团收购雅虎手中剩余的一半股权。这笔钱预计在 130 亿美元以上，超过阿里集团原有贷款授信额度，需要小伙伴们的帮忙。

（成一虫，2014 年）

习 题

一、单项选择题

1.（ ）是指企业存放于财会部门，可随时用于支付的现金。

A. 库存现金 B. 溢余现金 C. 现金流量 D. 银行存款

2. 下列属于现金等价物的是（ ）。

A. 股票 B. 一年期以上的债券

C. 债券 D. 自购买日起三个月内到期的债券投资

3. 反映企业一定期间现金流入与流出情况的会计报表是（ ）。

A. 资产负债表 B. 利润表 C. 现金流量表 D. 所有者权益变动表

4. “购建固定资产、无形资产和其他长期资产支付的现金”属于（ ）。

A. 经营活动产生的现金流量 B. 投资活动产生的现金流量

C. 筹资活动产生的现金流量 D. 汇率变动对现金及现金等价物的影响

5. 引起现金流量净额变动的项目是（ ）。

A. 将现金存入银行 B. 用银行存款购买 1 个月到期的债券

C. 用固定资产抵偿债务 D. 用银行存款清偿 20 万元的债务

6. 下列（ ）是采用收付实现制编制的。

A. 资产负债表 B. 利润表 C. 所有者权益变动表 D. 现金流量表

7. 甲公司 20×5 年度发生的管理费用为 6 600 万元，其中,以现金支付退休职工统筹退休金 1 050 万元和管理人员工资 3 300 万元，存货盘盈收益 75 万元，管理用无形资产摊销 1 260 万元，其余均以现金支付。假定不考虑其他因素，甲公司 2012 年度现金流量表中“支付其他与经营活动有关的现金”项目的金额为（ ）万元。

A. 315 B. 1 425 C. 2 115 D. 2 025

二、多项选择题

1. 其他货币资金包括（ ）。

A. 外埠存款 B. 银行汇票存款 C. 信用证保证金 D. 信用卡存款

2. 企业现金流量表按照现金流量分类，分为（ ）。

A. 经营活动产生的现金流量 B. 投资活动产生的现金流量

C. 筹资活动产生的现金流量　　D. 其他活动产生的现金流量

3. 经营活动的现金流入主要包括以下（　　）项目。

A. 销售商品收到的现金　　B. 提供劳务收到的现金

C. 收到税费返还　　D. 利息收入

4. 经营活动的现金流出主要包括下列（　　）项目。

A. 购买商品所支出的现金　　B. 接受劳务所支出的现金

C. 支付职工工资所支出的现金　　D. 缴纳税款所支出的现金

5. 投资活动的现金流入主要包括（　　）。

A. 收回投资收到的现金　　B. 分得股利、利润收到的现金

C. 取得债券利息收入收到的现金　　D. 处置固定资产、无形资产收到的现金

6. 筹资活动的现金流入主要包括（　　）。

A. 吸收权益性投资收到的现金　　B. 发行债券收到的现金

C. 借款收到的现金　　D. 债券利息收入所收到的现金

7. 采用间接法列报经营活动产生的现金流量时，将净利润调整为经营活动现金净额，需要对（　　）进行调整。

A. 扣除非经营活动的损益　　B. 加上不支付经营资产的费用

C. 加上非现金流动资产减少　　D. 加上经营性应付项目增加

三、判断题

1. 现金流量表是以现金和现金等价物为基础编制的。（　　）

2. 自购买日起半年内到期的债券投资属于现金等价物。（　　）

3. 现金流量表中经营活动现金流量净额与利润表的净利润是相同的。（　　）

4. 一般而言，对于一个健康的、正在成长的公司来说，经营活动现金流量应该是正数，投资活动的现金流量应该为负数，筹资活动的现金流量应该是正负相间的。（　　）

5. 现金流入结构包括企业经营活动的现金流入量、投资活动的现金流入量和筹资活动的现金流入量分别占现金总流入量的比重。（　　）

四、实务操作题

科源公司20×5年12月31日现金流量表如表5.8所示，根据现金流量表资料编制现金流入垂直分析表、现金流出垂直分析表与现金净流量垂直分析表，并对现金流量结构情况进行简要分析。

表5.8　现金流量表

会企03表

编制单位：科源公司　　20×5年度　　（单位：元）

项　目	本期金额
一、经营活动产生的现金流量	
销售商品、提供劳务收到的现金	2 538 000
收到的税费返还	
收到其他与经营活动有关的现金	1 570
经营活动现金流入小计	2 539 570
购买商品、接受劳务支付的现金	1 369 785.08

续表

项　　目	本期金额
支付给职工以及为职工支付的现金	120 000
支付的各项税费	134 292.56
支付其他与经营活动有关的现金	63 637.42
经营活动现金流出小计	1 687 715.06
经营活动产生的现金流量净额	851 854.94
二、投资活动产生的现金流量	
收回投资收到的现金	5 230
取得投资收益收到的现金	
处置固定资产、无形资产和其他长期资产收回的现金净额	18 500
处置子公司及其他营业单位收到的现金净额	
收到其他与投资活动有关的现金	
投资活动现金流入小计	23 730
购建固定资产、无形资产和其他长期资产支付的现金	7 246 500
投资支付的现金	609 500
取得子公司及其他营业单位支付的现金净额	
支付其他与投资活动有关的现金	
投资活动现金流出小计	7 856 000
投资活动产生的现金流量净额	−7 832 270
三、筹资活动产生的现金流量	
吸收投资收到的现金	3 292 295.08
取得借款收到的现金	3 516 779.99
收到其他与筹资活动有关的现金	
筹资活动现金流入小计	6 809 075.07
偿还债务支付的现金	
分配股利、利润或偿付利息支付的现金	10 000
支付其他与筹资活动有关的现金	
筹资活动现金流出小计	10 000
筹资活动产生的现金流量净额	6 799 075.07
四、汇率变动对现金及现金等价物的影响	
五、现金及现金等价物净增加额	−181 339.99
加：期初现金及现金等价物余额	
六、期末现金及现金等价物余额	

第六章

所有者权益变动表的编制与分析

【知识目标】

1. 了解所有者权益变动表的概念和反映的内容。
2. 了解所有者权益变动表分析的作用。
3. 掌握所有者权益变动表的结构及编制。

【技能目标】

1. 根据企业资料能够完成所有者权益变动表的编制。
2. 根据企业资料能够进行所有者权益变动表的项目分析和结构分析。

【引例导读】

用友软件公司所有者权益的增长

用友软件股份有限公司的前身可以追溯到其创始人王文京、苏启强于1988年12月6日成立的“北京市海淀区双榆树用友财务软件服务社”，当时两个年轻人的全部资产只是1台电脑，最初的注册资本5万元均来自借款，工作室为9平方米的租房。1990年3月登记为私营企业，同时更名为“北京市海淀区用友电子财务技术有限责任公司”。三年后注册资本增加至500万元人民币。1995年1月18日在原公司基础上组建成立用友集团公司，注册资本增加至2 000万元人民币。1999年12月6日，经批准，公司变更为股份有限公司，注册资本最终增至7 500万元人民币。

2001年4月23日，用友软件以发行价每股36.68元、市盈率64.35倍在上海证券交易所上网定价发行2 500万股A股，募集资金达8亿多元，净资产从2000年年底的8 384万元一下飙升了10倍。2001年5月18日北京用友软件股份有限公司挂牌上市，上市当日开盘价就为每股76元，并在当日创下了每股100元的辉煌价格，换手率达85.6%，成交2 140万股，成交总额为17.364亿元，最后以每股92元报收，创出中国股市新股上市首日最高的收盘价。

2002年4月28日，股东大会审议通过2001年“10股派6元（含税）”的股利分配方案再次吸引人们的眼球。刚刚上市一年就大比例分红，一时间市场上众说纷纭，董事长王文京更是由于其大股东的地位成为漩涡中心，因为按照他的持股比例推算可以得到3 312万元的现金股利。

这样高额的现金股利发放究竟是在一个什么样的情况下酝酿出炉的？出于什么样的目的？是否符合用友软件的企业发展思路？是否有大股东套现的嫌疑？会对公司的股东权益结构产生什么样的影响？这一系列问题摆在人们的面前。

（佚名）

点评：所有者权益反映了企业的财务实力，所有者权益的增减变动情况也反映了企业的经营业绩。本章将介绍反映企业所有者权益增减变动情况的报表——所有者权益变动表的编制与分析。

第一节　所有者权益变动表编制

一、所有者权益变动表概述

所有者权益变动表是反映构成所有者权益的各组成部分当期增减变动情况的报表，又称为股东权益变动表。所有者权益变动表不仅反映各项交易或事项导致的所有者权益增减变动的信息，还反映所有者权益各组成部分增减变动的结构性信息。

【知识导航】

所有者权益是指企业资产扣除负债后由所有者享有的“剩余权益”，又称为净资产。公司的所有者权益又称为股东权益。所有者权益主要分为实收资本、资本公积、盈余公积和未分配利润。其中实收资本和资本公积属于投资者投入资本，盈余公积和未分配利润属于生产经营过程中形成的留存收益。

在所有者权益变动表中，当期损益、直接计入所有者权益的利得和损失以及所有者的资本交易导致的所有者权益的变动，应当分别列示。

1. 所有者权益变动表分析的作用

所有者权益变动表分析是指通过所有者权益的来源及其变动情况，了解一定时期内影响所有者权益增减变动的具体原因，判断构成所有者权益各个项目变动的合理性与合法性，为报表使用者提供所有者权益总额及其变动的信息。

对所有者权益变动表进行分析，其作用如下。

第一，通过对所有者权益变动表的分析，可以清晰体现会计期间构成所有者权益各个组成项目的结构比例和变动趋势，揭示所有者权益变动的原因及过程，反映公司自有资本的质量，提供资本保值增值的重要信息。

第二，通过对所有者权益变动表的分析，可以进一步报告全面、有用的财务业绩信息，以满足报表使用者投资、信贷及其他经济决策的需要。

第三，通过对所有者权益变动表的分析，可以反映会计政策变更的合理性以及对前期差错更正的幅度，具体报告由于会计政策变更和前期差错更正对所有者权益的影响金额。

第四，通过对所有者权益变动表的分析，可以反映由于股利分配政策、股权分置等财务政策对所有者权益的影响。

2. 所有者权益变动表反映的内容

所有者权益变动表主要反映以下内容：

（1）综合收益总额；

（2）会计政策变更和差错更正的累积影响金额；

（3）所有者投入资本和向所有者分配利润等；

（4）提取的盈余公积；

（5）实收资本或资本公积、盈余公积、未分配利润的期初和期末余额及其调节情况。

二、所有者权益变动表的结构

所有者权益变动表主要从两方面反映构成所有者权益的各组成部分当期的增减变动情况：一方面，列示导致所有者权益变动的交易或事项，从所有者权益变动的来源对一定时期所有者权益变动情况进行全面反映；另一方面，按照所有者权益各组成部分（包括实收资本、资本公积、盈余公积和未分配利润）及其总额列示交易或事项对所有者权益的影响。此外，企业还需要提供比较所有者权益变动表，分为“本年金额”和“上年金额”两栏，分别反映当年和上年所有者权益增减变动以及年初、年末情况。其格式如表1.4所示。

三、所有者权益变动表的编制方法

所有者权益变动表中涉及的是所有者权益类的各个账户，反映企业所有者权益各项目的增减变化。各项目应根据“实收资本（股本）”、“资本公积”、“其他综合权益”、“盈余公积”、“库存股”、“利润分配”、“以前年度损益调整”科目的发生额分析填列，增加金额用正号填列，减少金额用负号填列。

（一）所有者权益变动表各项目的填列说明

1. 上年年末余额

“上年年末余额”反映企业上年资产负债表中实收资本（或股本）、资本公积、库存股、其他综合收益、盈余公积、未分配利润的年末余额。

2. 会计政策变更和前期差错更正

“会计政策变更”和“前期差错更正”分别反映企业采用追溯调整法处理的会计政策变更的累积影响金额和采用追溯重述法处理的会计差错更正的累积影响金额。影响的项目主要涉及“盈余公积”“未分配利润”项目。在编制报表时，应根据“盈余公积”和“利润分配”账户的发生额填列。

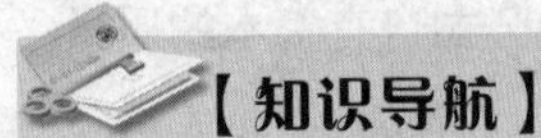

【知识导航】

会计政策是指企业在会计核算过程中所采用的原则、基础和会计处理方法。会计政策变更是指企业对相同的交易或事项由原来采用的会计政策改为另一会计政策的行为，也就是说在不同的会计期间企业执行了不同的会计政策。一般情况下，企业在不同的会计期间应采用相同的会计政策，不应也不能随意变更会计政策，否则将消弱会计信息的可比性，使会计信息使用者在比较经营成果时发生困难。

企业对会计政策的选择，将构成会计制度的重要内容，更多会计政策的相关知识可以参阅360百科“会计政策”条目，其链接及二维码如下：

http://baike.so.com/doc/502666.html

3. 本年增减变动额项目

“本年增减变动额”项目分别反映如下内容。

【课堂讨论6.1】

会计政策在什么条件下可以变更？

（1）“综合收益总额”项目，反映净利润和其他综合收益扣除所得税影响后的净额相加后的合计金额。

【知识导航】

企业根据自身业务的特点和风险管理的要求对取得的金融资产在初始确认时可分为以下几类：以公允价值计量且其变动计入当期损益的金融资产，如交易性金融资产；持有至到期投资；贷款和应收款项；可供出售的金融资产。

（2）“所有者投入和减少资本”项目，反映企业当年所有者投入的资本和减少的资本。其中：“所有者投入资本”项目，反映企业接受投资者投入形成的实收资本（或股本）和资本溢价或股本溢价，并对应列在“实收资本”和“资本公积”栏；“股份支付计入所有者权益的金额”项目，反映企业处于等待期中的权益结算的股份支付当年计入资本公积的金额，并对应列在“资本公积”栏。

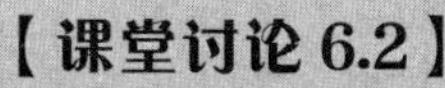

【课堂讨论 6.2】

收入与利得有什么区别？损失与费用有什么区别？

（3）“利润分配”项目下的各项目，反映当年对所有者（或股东）分配的利润（或股利）金额和按照规定提取的盈余公积金额，并对应列在“未分配利润”和“盈余公积”栏。

（4）“所有者权益的内部结转”项目，反映企业构成所有者权益的组成部分之间的增减变动情况。①“资本公积转增资本（或股本）”项目：反映企业以资本公积转增资本或股本的金额。②“盈余公积转增资本（或股本）”项目：反映企业以盈余公积转增资本或股本的金额。③“盈余公积弥补亏损”项目：反映企业以盈余公积补亏损的金额。

【知识导航】

未分配利润是指企业留待以后年度分配的结存利润，也是企业所有者权益的组成部分。从数量上来说，是期初未分配利润，加上本期实现的净利润，减去提取的盈余公积和分出利润后的余额。

（二）上年金额和本年金额栏的填列说明

所有者权益变动表“上年金额”栏内各项数字，应根据上年度所有者权益变动表“本年金额”栏内所列数字填列。如果上年度所有者权益变动表规定的各个项目的名称和内容同本年度不相一致，应对上年度所有者权益变动表各项目的名称和数字按本年度的规定进行调整，填入所有者权益变动表“上年金额”栏内。

所有者权益变动表“本年金额”栏内各项数字一般应根据“实收资本（或股本）”“资本公积”“盈余公积”“利润分配”“库存股”“以前年度损益调整”账户的发生额分析填列。

四、所有者权益变动表编制实务

【即学即练 6.1】 根据第三章即学即练 3.7 中 WW 公司相关资料，编制 WW 公司 20×5 年的所有者权益变动表，如表 6.1 所示。

表 6.1　所有者权益变动表

会企 04 表

编制单位：WW 公司　　　　20×5 年　　　　（单位：元）

项　　目	本年金额							上年金额						
	实收资本（或股本）	资本公积	减：库存股	其他综合收益	盈余公积	未分配利润	所有者权益合计	实收资本（或股本）	资本公积	减：库存股	其他综合收益	盈余公积	未分配利润	所有者权益合计
一、上年年末金额	10 000 000	235 700	0		185 430	231 800	10 652 930	10 000 000	235 700	0		171 930	173 300	10 580 930
加：会计政策变更														
前期差错更正														
二、本年年初金额	10 000 00	235 700	0		185 430	231 800	10 652 930	10 000 000	235 700	0				
三、本年增减变动金额（减少以“- ”号填列）	95 000	−35 000			−45 780	61 620	165 840					13 500	58 500	72 000
（一）综合收益总额				90 000		94 800	184 800						90 000	90 000
（二）所有者投入和减少资本														
1. 所有者投入资本														
2. 股份支付计入所有者权益的金额														
3. 其他														
（三）利润分配														
1. 提取盈余公积					14 220	−14 220	0					13 500	−13 500	0

续表

项　目	本年金额							上年金额						
	实收资本(或股本)	资本公积	减：库存股	其他综合收益	盈余公积	未分配利润	所有者权益合计	实收资本(或股本)	资本公积	减：库存股	其他综合收益	盈余公积	未分配利润	所有者权益合计
2. 对所有者（或股东）的分配						−18 960	−18 960						−18 000	−18 000
3. 其他														
（四）所有者权益内部结转														
1. 资本公积转增资本（或股本）	35 000	−35 000					0							
2. 盈余公积转增资本（或股本）	60 000				−60 000		0							
3. 盈余公积弥补亏损														
4. 其他														
四、本年年末金额	10 095 000	200 700	0	90 000	139 650	293 420	10 818 770	10 000 000	235 700	0		185 430	231 800	10 652 930

第二节　所有者权益变动表分析

一、所有者权益变动表项目分析

所有者权益变动表的项目分析是将组成所有者权益的主要项目进行具体剖析对比，分析其变动成因、合理合法性、有无人为操控的迹象等事项的过程。

（一）实收资本

1. 实收资本增加的分析

实收资本（股本）增加的途径主要有资本公积转入、盈余公积转入、投资者投入资本（包括发行新股）等，其中，前两种途径增加的实收资本是所有者权益项目的内部结转所带来的；而投资者投入资本（包括发行新股），不仅能够增加实收资本，而且还可以增加公司的资产，表明投资者对公司的发展充满信心。

实收资本的增加既能为公司发展积累物质基础，也可能带来一些新的问题。因此，对实收资本变动的分析要综合进行。对资本公积转入、盈余公积转入所增加的实收资本，主要应关注其转增的合理性。对投资者投入资本（或发行新股），应着重分析公司的业务范围、资金的使用效率及其赢利能力，是否形成新的利润增长点，为公司的持续发展和利润的稳定增长奠定基础。

【即学即练 6.2】根据 WW 公司 20 × 5 年所有者权益变动表（如表 6.1 所示），分析该公司的实收资本。

分析点津　如表 6.1 所示，WW 公司 20 × 5 年年末实收资本为 10 095 000 元，20 × 4 年年末实收资本为 10 000 000 元，该公司实收资本增加 95 000 元（10 095 000 − 10 000 000）。实收资本增加的原因是：资本公积转增资本 35 000 元，盈余公积转增资本 60 000 元。

2. 分析实收资本结构的合理性

通过分析实收资本占所有者权益的比重，分析其结构的合理性。

【即学即练 6.3】根据 WW 公司 20 × 5 年所有者权益变动表（如表 6.1 所示），分析该公司实收资本的比重。

分析点津　如表 6.1 所示，WW 公司 20 × 5 年年末实收资本为 10 095 000 元，所有者权益合计为 10 818 770 元，实收资本占所有者权益总额为 93.31%（10 095 000 ÷ 10 818 770），显然，该比例很高。

3. 分析实收资本的变动趋势

从实收资本的趋势变动，分析其所有者权益资本的增长速度和变化趋势。

【即学即练 6.4】根据 WW 公司 20 × 5 年所有者权益变动表（如表 6.1 所示），分析该公司实收资本的变动趋势。

分析点津　如表 6.1 所示，WW 公司 20 × 4 年年末实收资本占所有者权益总额的比重为 93.87%（10 000 000 ÷ 10 652 930），20 × 5 年年末实收资本占所有者权益总额的比重为 93.31%（10 095 000 ÷ 10 818 770）。显然，20 × 5 年实收资本比重相对于 20 × 4 年下降 0.56%。

【知识导航】

资本公积不同于实收资本，实收资本是来自投资者对公司的原始投入，而资本公积是由特定来源形成的，不仅包括企业投资者出资额超出其在注册资本或股本中所占份额部分，还包括直接计入所有者权益的利得和损失。从性质上讲，资本公积属于股东权益，有特定的使用流向，是一种“准资本”。资本公积是企业在非经营业务中产生的增值，在未按规定转增资本之前，既无期限又无利息。

（二）资本公积

根据资本公积的性质和内容，在分析时应注意了解资本公积的形成过程，关注其使用流向，进而分析公司权益资本的质量。资本公积增加的原因包括资本溢价（股本溢价）和其他资本公积。

资本公积减少的原因主要是转增资本（股本）。资本公积转增资本是公司内部权益资本结构的调整。它既不是投入资本的实质性增加，也不属于利润分配。分析时应注意转增资本额度的确定、转增股本后的股数和新的股权比例情况以及转增资本以后对未来收益的影响等。具体可通过转增股本前后的股本收益率、每股净资产等指标进一步加以分析。

【即学即练 6.5】根据 WW 公司 20×5 年所有者权益变动表（如表 6.1 所示），分析该公司的资本公积增减情况。

分析点津　从表 6.1 中可知，WW 公司资本公积减少 35 000 元，是资本公积转增资本导致资本公积减少 35 000 元。

（三）库存股

库存股的分析因回购的目的不同而有所不同，具体可以根据我国《公司法》第 143 条所规定的公司可以回购本公司股份的几种情形来展开。

1. 减少注册资本

为减少公司注册资本目的回购的，公司应当自收购之日起 10 日内注销所回购股份。分析时应关注公司的回购日与注销日之间的时间间隔，尤其是公司回购的股份是否已按《公司法》规定注销。也就是说，为了减少公司注册资本而回购的股份不应形成库存股。

2. 股权激励计划

基于公司股权激励计划回购的本公司股份，不得超过本公司已发行股份总额的 5%；用于回购的资金应当从公司的税后利润中支出；所回购的股份应当在 1 年内转让给职工。也就是说，对回购股份的比例、所用资金以及转让给职工的时间都有明确的规定。

3. 与其他持股公司合并

因为与持有本公司股份的其他公司合并，或者股东因对股东大会做出的公司合并、分立决议持异议，要求公司收购其股份的，公司应当在 6 个月内转让或者注销该股份。

分析时应特别注意的是：公司在进行股票回购时有无操纵市场的嫌疑；公司的董事有无利用股份购回及再出售机制来操控公司股价；当公司出于正当目的进行重大库存股运作前，公司董事个人或其他内幕人员有无通过事先采取行动而从中获利；公司是否通过缩小股本规模而提高每股收益或其他业绩比率，营造其业绩较好的表象，使报表使用者以为其股份有价值等。

【知识导航】

库存股是指由股份公司购回而没有注销的，并由该公司持有的已发行股份。换句话说，就是公司将已经发行出去的股票，从市场中买回，存放于公司，而尚未再出售或是注销。

（四）其他综合收益

（略）

（五）盈余公积

盈余公积的提取实际上是企业当期实现的净利润向投资者分配利润的一种限制。提取盈余公积并不是单独将这部分资金从企业资金周转过程中抽出。企业提取的盈余公积无论是用于弥补亏损，还是用于转增资本，都只不过是在企业所有者权益内部结构的转换。至于企业盈余公积的结存数，实际只表现企业所有者权益的组成部分，表明企业生产经营资金的一个来源而已，其形成的资金可能表现为一定的货币资金，也可能表现为一定的实物资产。

对于“盈余公积”项目的分析，应从以下方面进行。

1. 分析盈余公积形成是否合法

因为盈余公积是从企业税后利润中提取的积累资金，所以要注意分析公司是否按照有关规定提取盈余公积（包括法定盈余公积、任意盈余公积），注意提取的基数是否准确，比例如何确定，任意盈余公积的提取是否依据股东大会的决议等。

2. 分析盈余公积使用是否符合规定

盈余公积属于企业留存收益中指定专门用途的积累资金。所谓专门用途是指这部分净利润不能再直接分配给投资者，而是要用于法律、公司章程或股东会议指定的方面。各种不同形式的盈余公积，在其使用上有着各自不同的规定。

（1）分析用盈余公积弥补亏损时，应注意是否由董事会提议，并经股东大会批准。

（2）分析盈余公积转增资本（股本）时，应注意转增资本是否经股东大会做出决议，是否办理了增资手续；用法定盈余公积派送新股时，按股票面值和派送新股总数计算的金额如有差额，是否计入“资本公积——股本溢价”账户。

（3）公司用盈余公积分派股利的分析，应注意是否经股份有限公司股东大会做出决议；用法定盈余公积分派股票股利增加的股本是否办理了增资手续；分派股票股利的每股面值与派送价格之差是否计入“资本公积——股本溢价”账户。

【即学即练 6.6】根据 WW 公司 20×5 年所有者权益变动表（如表 6.1 所示），分析该公司的盈余公积变动情况。

分析点津 根据 WW 公司报表资料，该公司 20×5 年按照 15%（14 220 ÷ 94 800）的比例提取盈余公积，说明该公司为了积累发展所需资金，正常地提取盈余公积，符合该公司实际。

再来看一下盈余公积的结存数：20×5 年年末为 139 650 元，占注册资本的比例为 1.38%，说明WW 公司盈余公积结存额较小，该公司的资金积累不充足。

（六）未分配利润

未分配利润的多少可以用来衡量公司的储备和获利能力，它在所有者权益中的比例越高，说明企业获利能力越强。未分配利润是公司留存收益的一部分。留存收益的增减变化及变动金额的多少，不仅取决于公司的盈亏状况，还取决于公司的利润分配政策。如果企业留多分少，保持较高的留存收益比率，则未分配利润增加数就较多；反之，如果是留少分多，留存收益比率较低，则未分配利润增加的数额就少。未分配利润是公司利润分配的最终结果，既可以用于生产经营，又可以用于公司开展新的业务领域，还可以留待以后年度进行股利分配。

对未分配利润的分析主要应注意了解未分配利润的增减变动总额、变动原因和变动趋势，尤其是分析由于净利润的变动对未分配利润的影响，同时应分析公司的利润分配政策对未分配利润的影响。

二、所有者权益变动表结构分析

所有者权益变动表结构分析是计算所有者权益的各项目金额占所有者权益总额的比重，该比重不仅反映了企业所有者权益各项目的分布情况，而且也揭示了企业的经济实力和风险承担能力。此外，由于所有者权益中的盈余公积和未分配利润属留存收益，是企业税后利润分配的结果。因此，所有者权益结构分析也能反映出企业的内部积累能力，间接反映企业的经营状况。

（一）影响所有者权益变动表结构的因素

1. 影响所有者权益变动表结构的内部因素

（1）所有者权益规模。所有者权益的变化，往往会由于其规模或总量的变动而相应变动。如在其他条件相对稳定时，投资者追加投资或法定收回投资或者盈余公积转增资本、送配股等，都会引起所有者权益总量或其中某个项目总量的变动，进而引起所有者权益结构的变动。

（2）利润分配政策。企业投入资本和留存收益的结构，直接受制于企业的利润分配政策。若企业某期采取高利润分配政策，而盈余公积又按照法定比例提取，则未分配利润减少，必然引起留存收益的比重降低；反之，采取低利润分配或暂缓分配政策，留存收益的比重必然会因此提高。

（3）企业控制权。企业的控制权掌握在控股股东或持有一定股份的大股东手中，如果企业决定接受其他投资者的投资，就会稀释股权，分散企业的控制权。若企业现有的投资者（股东）愿意接受这种筹资方式，其结果必然引起所有者权益结构的变化；如果所有者不愿分散对企业的控制权，就会采取负债筹资的方式，这样不会影响所有者权益结构。

（4）权益资本成本。企业的权益资本成本往往要高于负债资本成本，因为所有者承担的风险要大于债权人承担的风险，所以其要求的回报也要高一些。在所有者权益的内部，投入资本的资本成本往往要高于留存收益的资本成本。因此，要降低筹资成本，应尽量利用留存收益，加大其比重，这样，综合资本成本率会相对降低。

2. 影响所有者权益变动表结构的外部因素

企业在选择筹资渠道时，往往不因企业的意志而定，还受到经济环境、金融政策、资本市场状况等因素的制约，这些因素影响企业的筹资方式，也必然影响所有者权益结构。

（二）所有者权益变动表结构分析实务

引起所有者权益增减变动的主要原因有增加或减少注册资本、资本公积发生增减变化、留存收益的增加与减少等。通过对所有者权益构成及增减变动分析，可以进一步了解企业对负债偿还的保证程度和企业自身积累资金的能力与潜力。

【即学即练 6.7】 根据 WW 公司 20×5 年所有者权益变动表（如表 6.1 所示），对该公司的所有者权益进行结构分析。编制所有者权益结构及增减变动分析表，如表 6.2 所示。

表 6.2 所有者权益结构及增减变动分析表

编制单位：WW 公司

项目	20×4年		20×5年		差异	
	金额（元）	比重（%）	金额（元）	比重（%）	金额（元）	比重（%）
实收资本	10 000 000	93.87	10 095 000	93.31	95 000	−0.56
资本公积	235 700	2.21	200 700	1.86	−35 000	−0.35
其他综合收益	0	0	90 000	0.83	90 000	0.83
盈余公积	185 430	1.74	139 650	1.29	−45 780	−0.45
未分配利润	231 800	2.18	293 420	2.71	61 620	0.53
所有者权益合计	10 652 930	100	10 818 770	100	165 840	0

分析点津 从表 6.2 中可以看到，WW 公司所有者权益 20×5 年比 20×4 年增加了 165 840 元，其中实收资本增加 95 000 元，资本公积减少 35 000 元，其他综合收益增加 90 000，盈余公积减少 45 780 元，未分配利润增加 61 620 元。说明WW 公司除了盈余公积项目减少以外，其他所有者权益项目都有所增加，首先是实收资本增长额度最多，其次是其他综合收益的增长，最后是未分配利润的增加。

【即学即练 6.8】YY 公司所有者权益变动表如表 6.3 所示，编制该公司的所有者权益变动表水平分析表，并进行分析。

表 6.3 YY 公司所有者权益变动表 （单位：千元）

项目	20×5年	20×4年
一、上年年末余额	12 888 408	11 325 837
加：会计政策更正		
前期差错更正		
二、本年年初余额	12 888 408	11 325 837
三、本年增减变动		
（一）综合收益总额	2 315 408	1 415 122
（二）所有者投入和减少资本		
1. 所有者投入资本		17 207
2. 股份支付计入所有者权益的金额	299 551	297 668
3. 其他	−29 860	
（三）利润分配		
1. 提取盈余公积		
2. 对所有者或股东的分配	−289 960	−167 426
3. 其他		
（四）所有者权益内部结转		
1. 资本公积转增资本		
2. 盈余公积转增资本		
3. 盈余公积补亏		
4. 其他		
四、本年年末余额	15 183 547	12 888 408

表 6.4　YY 公司所有者权益变动水平分析表

项　目	20×5 年（千元）	20×4 年（千元）	变动额（千元）	变动率（%）
一、上年年末余额	12 888 408	11 325 837	1 562 571	13.80
加：会计政策更正				
前期差错更正				
二、本年年初余额	12 888 408	11 325 837	1 562 571	13.80
三、本年增减变动				
（一）综合收益总额	2 315 408	1 415 122	900 286	63.62
（二）所有者投入和减少资本				
1. 所有者投入资本		17 207	−17 207	−100
2. 股份支付计入所有者权益的金额	299 551	297 668	1 883	0.63
3. 其他	−29 860		−29 860	
（三）利润分配				
1. 提取盈余公积				
2. 对所有者或股东的分配	−289 960	−167 426	−122 543	73.19
3. 其他				
（四）所有者权益内部结转				
1. 资本公积转增资本				
2. 盈余公积转增资本				
3. 盈余公积补亏				
4. 其他				
四、本年年末余额	15 183 547	12 888 408	2 295 139	17.81

分析点津　从表中计算结果可以看出，YY 公司 20×5 年所有者权益比 20×4 年增加 2 295 139 千元，增长率为 17.81%；从影响的主要项目看，最重要的原因是本年净利润的大幅度增长，效益明显提高，同期增加 460 484 千元，增幅 31.73%。可见，综合收益总额是本期经营资本增加的源泉。此外，年末比年初增加 900 286 千元是导致所有者权益增长的有利因素。在该公司所有者权益变动表中，导致所有者权益减少的项目主要是所有者投入资本相对减少和对所有者或股东分配的增加。

【学中做 6.1】根据 YY 公司所有者权益变动表数据（如表 6.3 所示），完成表 6.5，并对该公司垂直所有者权益变动表进行简要分析。

表 6.5　YY 公司所有者权益变动垂直分析表

项　目	20×5 年（千元）	20×4 年（千元）	20×5 年构成（%）	20×4 年构成（%）
一、上年年末余额	12 888 408	11 325 837		
加：会计政策更正				
前期差错更正				
二、本年年初余额	12 888 408	11 325 837		
三、本年增减变动				

续表

项　目	20×5年（千元）	20×4年（千元）	20×5年构成（%）	20×4年构成(%)
（一）综合收益总额	2 315 408	1 415 122		
（二）所有者投入和减少资本				
1. 所有者投入资本		17 207		
2. 股份支付计入所有者权益的金额	299 551	297 668		
3. 其他	−29 860			
（三）利润分配				
1. 提取盈余公积				
2. 对所有者或股东的分配	−289 960	−167 426		
3. 其他				
（四）所有者权益内部结转				
1. 资本公积转增资本				
2. 盈余公积转增资本				
3. 盈余公积补亏				
4. 其他				
四、本年年末余额	15 183 547	12 888 408		

小　结

所有者权益变动表是反映构成所有者权益的各组成部分当期增减变动情况的报表。所有者权益变动表可以全面地反映企业一定时期所有者权益变动的情况，不仅包括所有者权益总量的增减变动，还包括所有者权益增减变动的重要结构信息。所有者权益变动表是企业对外报送的主要报表之一，是连接资产负债表与利润表的纽带。对所有者权益变动表的分析主要从所有者权益变动表的项目和结构两方面进行。

推荐阅读

宝钢股份有限公司股东权益分析

1. 宝钢股份 20×5 年度股东及股本变动情况如表 6.6 所示。

表 6.6　宝钢股份 2005 年度股东及股本变动情况表

	2005 年年初		本次增减变动				2005 年年末	
	数量（亿股）	比例（%）	发行新股（亿股）	股权分置改革（亿股）	宝钢集团增持（亿股）	小计（亿股）	数量（亿股）	比例（%）
国家持股（有限售条件）	106.35	85	30	−8.53	8.59	30.06	136.41	77.89
普通股（无限售条件）	18.77	15	20	8.53	−8.59	19.94	38.71	22.11
股份总计	125.12	100	50	0	0	50	175.12	100

从股本数的变化来看，宝钢股份的总股本由 2005 年年初的 125.12 亿股变为年末的 175.12 亿股。股本的增加源于 20×5 年 4 月 27 日宝钢股份完成增发 50 亿的新股。其中向宝钢集团定向增发国家股 30 亿股，向社会公众增发社会公众股 20 亿股。国家持股比例由年初的 85%降为 77.89%。

2. 宝钢股份 2005 年度股东权益变动情况如表 6.7 所示。

表 6.7　宝钢股份 2005 年度股东权益变动情况表　（单位：百万元）

项目	股本	资本公积	盈余公积	未分配利润	股东权益合计
期初数	12 512	12 122	7 260	9 966	41 860
本期增加	5 000	20 601	4 437	12 666	42 704
本期减少				10 041	10 041
期末数	17 512	32 723	11 697	12 591	74 523

从表 6.6 中可以看出，2005 年年末的股东权益由 2005 年年初的 41 860 百万元增加到 74 523 百万元。结合现金流量表所反映的数据看，股东权益的增加为公司带来 25 411 百万元的现金净流量。该项融资活动为宝钢股份提供了充足的资金，极大地缓解了宝钢股份现金和资本金的不足，同时也充实了股本，为企业发展打下了新的基础。

（王辉，2006）

习　题

一、单项选择题

1. 所有者权益变动表是反映构成（　　）的各组成部分当期增减变动情况的报表。

A. 资产　　B. 负债　　C. 所有者权益　　D. 利润

2. 所有者权益变动表中的“本年金额”栏目应根据实收资本等账户的（　　）分析填列。

A. 期末余额　　B. 本期发生额　　C. 期初余额　　D. 上期增加额

3. 所有者权益变动表中的“净利润”项目反映企业当年实现的净利润（或净亏损）金额，编制时应对应填列在（　　）栏。

A. 实收资本　B. 资本公积　C. 盈余公积　D. 未分配利润

4. 所有者权益变动表中的“可供出售金融资产公允价值变动净额”项目反映企业持有的可供出售金融资产当年公允价值变动的金额，编制时应对应填列在（　　）栏。

A. 实收资本　B. 资本公积　C. 盈余公积　D. 未分配利润

5. 所有者权益变动表结构是指所有者权益各项目金额占（　　）的比重，它反映了企业所有者权益各项目的分布情况。

A. 所有者权益总额　B. 资产总额　C. 负债总额　D. 收入总额

二、多项选择题

1. 下列项目中应在所有者权益变动表中列示的有（　　）。

A. 利润总额　B. 直接计入所有者权益的利得和损失

C. 净利润　D. 前期差错更正的影响数

2. 企业利润分配以后的留存收益包括（　　）。

A. 利润总额　B. 未分配利润　C. 资本公积　D. 盈余公积

3. “利润分配”项目下的各项目，反映当年对所有者（或股东）分配的利润（或股利）金额和按照规定提取的盈余公积金额，并对应列在（　　）栏。

A. 实收资本　B. 资本公积　C. 盈余公积　D. 未分配利润

4. 盈余公积属于企业留存收益中指定专门用途的积累资金，其主要用途有（　　）。

A. 弥补亏损　B. 转增资本　C. 分派股利　D. 对外捐赠

5. 下列项目属于所有者权益内部结转的有（　　）。

A. 资本公积转增资本　B. 盈余公积转增资本　C. 盈余公积弥补亏损　D. 企业获得净利润

6. 企业实收资本（股本）增加的途径有（　　）。

A. 资本公积转入　B. 盈余公积转入　C. 接受捐赠投入　D. 发行新股

三、判断题

1. 直接计入所有者权益的利得和损失是企业已实现但根据会计准则的规定已确认的收益。（　　）

2. 对于“盈余公积”项目的分析，应从盈余公积形成是否合法和盈余公积使用是否符合规定方面进行。（　　）

3. 所有者权益变动表列示了所有者权益项目的比较信息。（　　）

4. 企业的资本公积、盈余公积和未分配利润，属于企业生产经营过程中形成的留存收益。（　　）

5. 企业资本公积减少的主要原因是转增资本和弥补亏损。（　　）

四、实务操作题

某公司20×5年12月31日有关所有者权益项目的金额如表6.8所示。

要求：编制结构分析表，对其所有者权益结构变动情况进行分析。

表6.8　所有者权益资料表　（单位：元）

项　目	20×4年	20×5年
实收资本	1 627 500 000.00	1 627 500 000.00
资本公积	2 419 524 045.25	2 418 870 848.91
盈余公积	398 723 313.15	465 300 196.93
未分配利润	661 015 000.28	927 322 535.43
所有者权益合计	5 106 762 358.68	5 438 993 581.27

模块三　财务效率分析

本模块主要内容：

第七章　企业偿债能力分析

第八章　企业获利能力分析

第九章　企业营运能力分析

第十章　财务报告综合分析与评价

第七章

企业偿债能力分析

【知识目标】

1. 了解偿债能力分析的目的、内容。
2. 理解偿债能力分析的含义。
3. 掌握偿债能力评价指标的计算。

【技能目标】

1. 根据企业资料能够对其偿债能力指标进行计算。
2. 根据偿债能力指标计算的结果，能够对企业偿债能力进行评价。

【引例导读】

红秀集团偿债能力分析

红秀集团自2000年上市以来，一直到2002年历年的每股收益分别为0.38元、0.31元、0.39元，净资产收益率保持在10%以上（2002年为11%），期间还进行了一次分红，一次资本公积金转增股份，一次配股。2002年资产总额为62 690万元，负债总额为15 760万元，利息费用总额为950万元。但是，2003年上半年红秀集团突然像霜打的叶子——蔫了，中报显示，尽管上年末还有4 690万元的净利润，但这年上半年却一下子高台跳水般的变成净亏损20 792万元。此时，公司资产为51 200万元，负债为36 740万元，利息费用总额为1 400万元。

据2003年中报披露，由于红秀集团公司的债务人丧失偿债能力，董事会一笔核销其134 710 056.20元巨额欠款，由此造成上半年出现巨额亏损。此时，红秀集团公司以往来账的形式所欠其股份公司的债务已达21 660万元。至2003年中期审计截止日，公司应收款项中发生诉讼案件涉及金额已达872万元，公司所得税税率为30%。

（资料来源：http://www.gzcwgl.com/Article_Print.asp?ArticleID=233）

点评：偿债能力分析是企业财务效率分析的主要内容之一。企业的资产和利润是偿债的主要来源，红秀集团就是因为巨额应收账款未能收回导致公司出现亏损，无法偿还债务。可见，偿债能力分析要同时关注资产质量和赢利情况。本章将介绍偿债能力的主要评价指标及其运用。

第一节　偿债能力分析的目的与内容

一、偿债能力分析的含义

偿债能力是指企业对到期债务的清偿能力，包括短期内对到期债务的现实偿付能力和对未来债务预期的偿付能力。偿债能力分析是对企业偿还到期债务能力的分析评价。偿债能力的强弱是企业生存和发展的重要前提。通过偿债能力分析可以评价企业的财务状况，揭示企业的财务风险，预测企业的筹资前景，把握企业的财务活动。

企业的经营离不开资金，而资金来源于企业自有资金和外部资金。完全依靠企业自有资金生产经营，可能会因为资金不足而失去很多赢利机会，增大了机会成本。一方面，由于负债经营的利息支出作为财务费用能在税前扣除，而作为用资费用的股利则只能在税后扣除，因此，负债经营带来了节税的效果。另一方面，负债经营能够利用财务杠杆，在企业投资回报率高于借款利息率的前提下，通过借款经营获得更多的赢利。所以，企业应保持一个合适的负债比率，既具有较强的偿债能力，又能充分利用负债来获利。

外来资金筹集的一种渠道就是借债或欠债，它是企业筹资的常用渠道。负债经营虽然能解决企业资金不足的困难，但这也意味着企业有了财务上的偿债压力，企业必须按照借款或欠款协议在既定时间偿还既定借款。如果企业不能及时还款，就可能陷入财务危机，严重情况下，可能会威胁企业的生存。因此，财务人员应当通过偿债能力分析来更好地对企业进行评价，帮助信息使用者做出决策。

二、偿债能力分析的目的

偿债能力分析是企业投资者、债权人、经营者和与企业有关联的各方面等都十分关注的重要问题。站在不同的角度，分析的目的也有所区别。

（一）企业投资者分析偿债能力的目的

企业的投资者包括企业的所有者和潜在投资者，投资者通过偿债能力分析，可以判断其投资的安全性及营利性，因为投资的安全性与企业的偿债能力密切相关。通常，企业的偿债能力越强，投资者的安全性越高。在这种情况下，企业不需要通过变卖财产偿还债务。另外，投资的营利性与企业的长期偿债能力密切相关。在投资收益率大于借入资金的资金成本率时，企业适度负债，不仅可以降低财务风险，还可以利用财务杠杆的作用，增加赢利。赢利能力是投资者资本保值增值的关键。

（二）企业债权人分析偿债能力的目的

企业的债权人更会从他们的切身利益出发来研究企业的偿债能力，只有企业有较强的偿债能力，才能使他们的债权及时收回，并能按期取得利息。由于债权人的收益是固定的，他们更加关注企业债权的安全性。实际工作中，债权人的安全程度与企业偿债能力密切相关。企业偿债能力越强，债权人的安全程度也就越高。

（三）企业经营者分析偿债能力的目的

企业经营者主要是指企业经理及其他高级管理人员。他们进行财务分析的目的是综合的、全面的。他们既关心企业的赢利，也关心企业的风险，与其他主体最为不同的是，他们特别需要关心赢利、风险产生的原因和过程。因为只有通过原因和过程的分析，才能及时发现融资活动中存在的问题和不足，并采取有效措施解决这些问题。因此，企业经营者进行分析的目的有以下几个方面。

1．了解企业的财务状况，优化资本结构

企业偿债能力的强弱是反映企业财务状况的重要标志。资本结构不同，企业的偿债能力也不同。同时，不同的资本结构，其资金成本也有差异，进而会影响企业价值。通过偿债能力的分析，可以揭示企业资本结构中存在的问题，及时加以调整，进而优化资本结构，提高企业价值。

2．揭示企业所承担的财务风险程度

财务风险是由于负债融资引起的权益资本收益的变动性及到期不能偿还债务本息而破产的可能性。企业所承担的财务风险与负债筹资直接相关，不同的融资方式和融资结构会对企业形成不同的财务风险，进而影响企业的总风险。负债必须按期归还，而且要支付利息。任何企业只要通过举债筹集资金，就等于承担了一项契约性质的责任或义务，不管企业的经营是盈是亏，其义务均必须履行。这就是说，当企业举债时，就可能会出现债务到期不能按时偿付的可能，这就是财务风险的实质所在。而且，企业的负债比率越高，到期不能按时偿付的可能性越大，企业所承担的财务风险越大。如果企业有足够的现金或随时可以变现的资产，即企业偿债能力强时，其财务风险就相对较小；反之，则财务风险较高。

3．预测企业筹资前景

企业生产经营所需资金，通常需要从各种渠道，以各种方式取得。当企业偿债能力强时，说明企业财务状况较好，信誉较高，债权人就愿意将资金借给企业；否则，企业就很难从债权人那里筹集到资金。因此，在企业偿债能力较弱时，企业筹资前景不容乐观。如果企业愿以较高的代价筹资，其结果会使企业承担更高的财务风险。

4．为企业进行各种理财活动提供重要参考

企业的理财活动集中表现在筹资、用资和资金分配三个方面。企业在什么时候取得资金，其数额多少，取决于生产经营活动的需要，也包括偿还债务的需要。如果企业偿债能力较强，则可能表明企业有充裕的现金或其他能随时变现的资产，在这种情况下，企业就可以利用暂时闲置的资金进行其他投资活动，以提高资产的利用效果；反之，如果企业偿债能力不强，特别是近期内有需要偿付的债务时，企业就必须及早地筹措资金，以便在债务到期时能够偿付，使企业信誉得以维护。

5．从企业其他关联方的角度看

企业在实际工作中，会与其他部门和企业产生经济联系。对企业偿债能力进行分析对于他们也有重要意义。对政府及相关管理部门来说，通过偿债能力分析，可以了解企业经营的安全性，从而制定相应的财政金融政策；对于业务关联企业，通过偿债能力分析，可以了解企业是否具有支付能力，借以判断企业信用状况和未来业务能力，并做出是否建立长期、稳定的业务合作关系的决定。

三、偿债能力分析的内容

偿债能力分析主要包括短期偿债能力分析和长期偿债能力分析两项内容。短期偿债能力也称为支付能力，主要是指企业用流动资产偿还流动负债的现金保障程度。通过对反映短期偿债能力的主要指标和辅助指标的分析，了解企业短期偿债能力的高低及其变动情况，说明企业的财务状况和风险程度。长期偿债能力是指企业偿还长期债务的能力。通过对反映长期偿债能力指标的分析，了解企业长期偿债能力的高低及其变动情况，说明企业整体财务状况和债务负担及偿债能力的保障程度。

【知识导航】

企业偿付债务的压力主要来自两个方面：一是一般性债务本息的偿还，如各种长期借款、应付债券、长期应付款和各种长期结算债务；二是具有刚性的各种应付税款，企业必须偿付。不是所有的债务都会对企业直接构成压力。真正直接对企业构成压力的是那些即将到期的债务。企业能够及时清偿到期债务是建立在有足够的资产的基础之上，而且要有足够的现金流入作为保障。即使是处于赢利阶段的公司，如果不能及时履行对债权人的义务，也可能破产。比如曾经显赫一时的中国普马、德隆、巨人集团等，都是由于无力偿债而破产的典型案例。

第二节　短期偿债能力分析

一、影响短期偿债能力的因素

短期偿债能力的高低对企业的生产经营活动和财务状况有重要影响。企业的短期偿债能力不强，会因资金周转困难而影响正常生产经营，降低企业的获利能力，严重时会出现财务危机，甚至导致企业因不能按期偿债而破产。短期偿债能力不足对企业的影响还体现在：无法取得购货折扣；不能按期支付货款而使材料供应不能保证；影响职工收入的正常发放或不能按期加薪，使得企业在人力资源市场上失去竞争力。短期偿债能力不足对企业的另一个影响是造成企业信誉下降，这是无法估计的损失。

从短期偿债能力对企业的影响可以看出，企业必须重视短期偿债能力的分析和研究，了解影响短期偿债能力的因素。影响企业短期偿债能力的因素可从企业内部和企业外部两方面进行分析。

（一）企业内部因素

影响短期偿债能力的企业内部因素主要有以下几种。

1. 企业流动资产的结构

在企业的资产结构中，如果流动资产所占的比重大，则企业的短期偿债能力相对大些，因为流动负债一般要通过流动资产变现来偿还。如果流动资产所占的比重较高，但其内部结构不合理，企业的实际偿债能力也会受到影响。如企业的流动资产中存货比重较大，由于存货的变现速度一般低于其他流动资产，所以其偿债能力也会减弱。

2. 流动负债的结构

企业的流动负债有些是必须用现金来偿付的，如短期借款、应付账款等；有些则可以用产品或劳务来偿还，如预收账款等。需要用现金偿还的流动负债对流动资产流动性的要求更高，企业只有拥有足够的现金才能保证其清偿能力。此外，流动负债中各种负债的偿还期限是否集中，也会对偿债能力产生影响。

3. 企业经营现金流量水平

企业的短期债务多数是用现金来偿付的，因此，现金流量是决定企业短期偿债能力的重要因素。企业现金流量状况主要受企业的经营状况和融资能力两方面影响，如果没有充足的现金流量，即使是赢利企业也可能因无法及时偿还到期债务而导致信用危机，甚至会破产。

4. 企业融资能力

有时候仅仅通过偿债能力指标，还不足以判断企业的实际偿债能力。有些企业各种偿债能力指标都很好，但却不能按期偿付到期债务；而另一些企业，因为有较强的融资能力，随时能够从银行等金融机构筹集到大量资金，即使偿债能力指标不高，也能按期偿付其债务本息。因此，融资能力也是影响偿债能力的重要因素。

（二）企业外部因素

影响企业短期偿债能力的企业外部因素主要有以下几种。

1. 宏观经济形势

当国家经济持续稳定增长时，社会的有效需求也会随之稳定增长，产品畅销。由于市场条件良好，企业的产品和存货可以较容易地通过销售转化为货币资金，从而提高企业短期偿债能力；反之，国民经济处于迟滞阶段，消费者购买力不足，就会使企业产品积压，企业资金周转不灵，企业间相互拖欠形成“三角债”，企业的偿债能力也会受到影响。

2. 证券市场的完善程度

在企业流动资产中，会包括一些有价证券，在分析企业短期偿债能力时，是把有价证券视同等量现金的。实际上，这样计算的偿债能力与企业实际偿债能力是有区别的。因为如果证券市场发达，企业就随时可以将手中的短期证券出售转换为现金；而如果证券市场不发达，企业转让有价证券就很困难，或不得已将短期证券以较低的价格出售。这就会对企业的短期偿债能力产生影响。

3. 银行信贷政策

国家为保证国民经济的正常运转，就会利用金融、税收等宏观经济政策调整产业结构与经济发展速度。一个企业的产品是国民经济急需的，发展方向是属于国家政策鼓励的，就会较为容易地从银行取得借款，其偿债能力也会提高。

二、短期偿债能力静态评价指标

（一）营运资本分析

营运资本是流动资产总额减去流动负债总额的差额。营运资本表示的是偿还流动负债之后还剩下的部分，营运资本越多，证明企业越有能力偿还短期债务，其计算公式为

营运资本＝流动资产－流动负债

【即学即练 7.1】根据 WW 公司资产负债表（如表 3.3 所示）的资料，计算 WW 公司营运资本如下：

20×4 年营运资本＝10 936 080－1 661 850＝9 274 230（元）

20×5 年营运资本＝12 708 638－1 729 568＝10 979 070（元）

分析点津 WW 公司 20×5 年营运成本为 10 979 070 元，20×4 年营运成本为 9 274 230 元，均大于 0，说明公司用于偿还流动负债的资金较充足，且本期营运资本的偿债能力比上期有所增强。

【知识导航】

营运资本实际是长期资金被占用到流动资产上。营运资本还有一个计算公式，即营运资本等于长期资本减去企业的长期资产；其中长期资本包括非流动负债和所有者权益。其关系如图 7.1 所示。

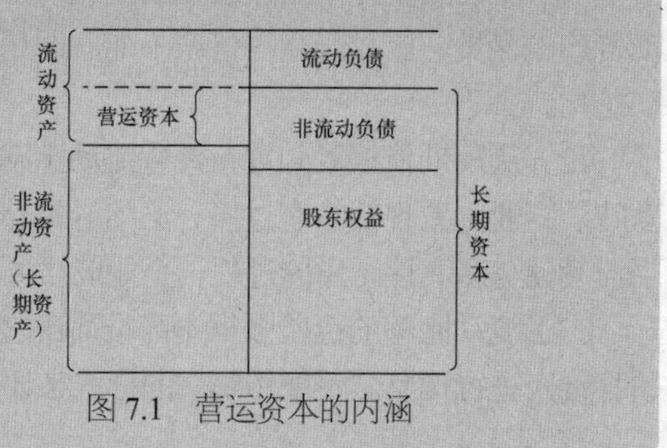

图 7.1　营运资本的内涵

如果流动资产高于流动负债，即营运资本大于零，表示企业有一定的短期偿付能力。该指标越高，表示企业可用于偿还流动负债的资金越充足，企业的短期偿付能力越强，企业面临的短期流动性风险越小，债权人的安全程度较高。但不能说该指标越大越好，因为营运资本过大，说明企业闲置资金过多，既未用于投资，也未用于偿还债务。因此，可以将营运资本作为评价企业短期偿债能力的绝对数指标。对营运资本进行分析，可以从静态上评价企业当期的偿债能力状况，也可以结合企业规模等因素，评价企业不同时期的偿债能力的变动情况。

【课堂讨论 7.1】

营运资本评价短期偿债能力时有哪些局限性？

（二）流动比率分析

流动比率是流动资产与流动负债的比率，它表明每一元流动债务有多少流动资产作为偿还的保证，反映企业有多少流动资产可以在短期内转化为现金对到期的流动负债进行偿还的能力，其计算公式为

$$流动比率=\frac{流动资产}{流动负债}$$

【即学即练 7.2】 根据 WW 公司资产负债表（如表 3.3 所示）的资料，计算 WW 公司的流动比率如下：

WW 公司 20×4 年流动比率为 = 10 936 080 ÷ 1 661 850 = 6.58

WW 公司 20×5 年流动比率为 = 12 708 638 ÷ 1 729 568 = 7.35

分析点津　WW 公司 20×5 年流动比率为 7.35，20×4 年流动比率为 6.58，均远远超过了经验值 2，说明该公司的短期偿债能力很强，且 20×5 年偿债能力比 20×4 年有所提高。应该注意公司流动资金是否占用过多，资金使用效率低下，赢利能力受到影响。

通常认为，流动比率越高，企业的短期偿还能力就越好。因为这个时候，企业有更多的营运资金，可以用来抵偿到期债务，这样债权人到期收不到账款的可能性就会大大缩小。一般人认为，流动比率为 2:1 比较合适，在这种情况下，每一元短期债务都能有两元的流动资产与之相对应，不仅能够满足企业日常的经营所需，还能够比较轻松地偿还到期的债务。如果这个比例过低，分析者普遍认为企业没有足够的能力来偿还到期债务；比例过高，分析者又会认

为企业的流动资金占用过多，企业资金使用效率低下，赢利能力受到影响。

运用流动比率时，还需要注意以下几个问题。

（1）流动比率并不必然反映企业短期偿债能力的强弱，还需要考虑流动资产的组成。如流动资产中存货、应收账款等资产不能立即用来偿还短期债务，流动比率本身并不反映企业的资产结构。

（2）从短期债权人角度，希望流动比率越高越好。但从企业经营者角度，过高的流动比率意味着企业闲置现金持有过多，必然导致企业机会成本的增加和获利能力的下降。这主要是协调流动性与赢利性矛盾的过程，企业应尽可能将流动比率维持在不使货币资金闲置的水平。

（3）流动比率的经验数据不能推而广之，不同行业、不同企业、不同时期、不同规模的评价标准应进行调整。不能用统一的标准来评价流动比率合适与否。

【知识导航】

流动比率过高的原因有：①对资金未能有效运用，即流动资产过多；②赊销过多，即流动资产中有大量的应收账款，自有资金被别人占用，相当于自己家的牛在别人家的牛棚里产奶；③销售不力，存货积压，即流动资产中存货过多。

（三）速动比率分析

由于流动比率有时并不能很好地衡量企业的偿债能力，如并不是所有的流动资产都具有很好的变现能力，能够在短时间内转换成现金，偿还到期债务，这时候人们通常使用另一个衡量企业偿还能力的指标，即速动比率。

速动比率是指企业速动资产与流动负债的比率。速动资产是指流动资产扣除存货、待摊费用、1年内到期的非流动资产和其他流动资产等后的差额，包括货币资金、交易性金融资产和各种应收款项等。之所以要扣除存货等非速动资产，是因为：①存货必须经过出售和款项回收才能收回资金，其变现能力相对较差，部分存货可能因为销售困难等原因损失报废未做处理，不能用于偿债；②待摊费用不能出售变现；③1年内到期的非流动资产和其他非流动资产具有偶然性，不能代表企业正常的变现能力。

速动比率的计算公式为

$$\text{速动比率}=\frac{\text{速动资产}}{\text{流动负债}}$$

【即学即练 7.3】 根据 WW 公司资产负债表（如表 3.3 所示）的资料，计算 WW 公司的速动比率如下：

$$\text{WW公司}20\times4\text{年速动比率为}=(10\,936\,080-5\,508\,400-108\,200)\div1\,661\,850=3.20$$

$$\text{WW公司}20\times5\text{年速动比率为}=(12\,708\,638-5\,139\,100-108\,200)\div1\,729\,568=4.31$$

分析点津 WW 公司 20×4 年的速动比率为 3.20，20×5 年的速动比率为 4.31，均超过经验值 1，说明该公司短期偿债能力很强；但应警惕该公司是否有速动资产存量过多，影响获利能力的现象。

速动资产主要指可偿债资产，用速动比例衡量企业的短期偿债能力更加准确。一般认为，速动比率控制在 1:1 会比较合适，它表明企业每一元的负债都有一元能够迅速变现的资产与之相对应，偿还能力较好，又不会过多地占用资金，影响企业的获利能力。但是，这仅是一般的看法，没有统一的标准，行业不同，速动比率会有很大的差别。例如，采用大量现金销售的商店，几乎没有应收账款，小于 1 的速动比率则是比较合理的；相反，一些应收账款较多的公司，速动比率可能要大于 1 才会被认为是合理的。

对公司短期偿债能力的分析，应将速动比率与流动比率结合起来评价。当速动比率较高，流动比率较低时，公司的短期偿债能力仍然较强；反之，当速动比率较低，而流动比率较高时，关键要看存货的变现能力，如果存货的变现能力较强，其短期的偿债能力也不弱；只有两个比率都较低，且大大低于标准时，才表现公司短期偿债能力弱。

【知识导航】

上市公司资产的安全性应包括两个方面的内容：一是有相对稳定的现金流和流动资产；二是短期资产流动性比较强，不至于影响赢利的稳定性。因此在分析上市公司资产的安全性时，应该从以下两方面入手。

首先，上市公司资产的流动性越大，上市公司资产的安全性就越大。假如一个上市公司有500万元的资产，一种情况是，资产全部为设备；另一种情况是70%的资产为实物资产，其他为各类金融资产。假想，有一天该公司资金发生周转困难，公司的资产中急需有一部分去兑现偿债时，当然是后一种情况偿债能力强。许多公司倒闭，问题往往不在于公司资产额太小，而在于资金周转不过来，不能及时清偿债务。因此，资产的流动性就带来了资产的安全性问题。

其次，是流动性的资产中有两种资产形态：一种是存货，比如原材料、半成品等实物资产；另一种是速动资产，如证券等金融资产。显而易见，速动资产比存货更容易兑现，它的比重越大，资产流动性就越大。

（四）现金比率分析

现金比率是指企业现金类资产与流动负债的比率。其中，现金类资产是指速动资产中，流动性最强、可直接用于偿债的资产，包括企业所有的货币资金和现金等价物，比如易于变现的有价证券。虽然流动比率、速动比率能够反映资产的流动性或偿债能力，但这种反映具有一定的局限性，因为真正能用于偿还短期债务的是现金，有利润的年份不一定有足够的现金来偿还债务，所以利用现金和流动债务之比可以更好地反映偿债能力的强弱。现金比率的计算公式为

$$\text{现金比率}=\frac{\text{现金}}{\text{流动负债}}=\frac{\text{货币资金}+\text{交易性金融资产}}{\text{流动负债}}$$

【即学即练 7.4】 根据 WW 公司资产负债表（如表 3.3 所示）的资料，计算该公司的现金比率如下：

$$\text{WW公司20×4年现金比率}=(4\,619\,400+210\,000)\div 1\,661\,850=2.91$$

$$\text{WW公司20×5年现金比率}=(6\,612\,258+30\,000)\div 1\,729\,568=3.84$$

分析点津　WW 公司 20×4 年的现金比率为 2.91，20×5 年达到了 3.84，主要原因是由于现金资产的增长速度超过了流动负债的增长速度导致的。该公司现金资产偿债能力很强。

利用该指标评价公司偿债能力将更为谨慎，它衡量了企业直接偿付流动负债的能力，是最严格、最稳健的偿债指标，反映了企业在最坏情况下的偿债能力。一般该比率越大，说明公司现金流动性越好，短期偿债能力越强。而从公司资金的合理使用角度看，比率过高意味着公司拥有的闲置资金过多，资金使用效率差。因此，公司应根据行业实际情况确定最佳比率。债权人也不应过分看重该比率，因为企业不可能一直保持足够还债的现金资产，如果是这样，企业就没有短期借款的必要。

【课堂讨论 7.2】

流动比率、速动比率和现金比率之间有什么关系？

三、短期偿债能力动态评价指标

从本质上来讲，企业偿债能力是衡量企业能否按期归还到期债务的能力，但在计算短期偿债能力静态指标时，所使用的流动负债是企业某一时点上的债务。它表明企业在这一时点上仍然承担的流动负债规模，并不表示这些债务已经到期，并且需要在这一时点上偿还，这些债务往往需要在这一时点之后的未来某一时点上偿还。在计算这一指标时，所使用的流动资产或速动资产也只是时点上的资产存量，只是为企业现在承担的债务提供了一份资产保证，反映的是用这些资产偿债的可能性，并不表明这些资产马上就可以用来偿还债务。因此，上述的短期偿债能力静态评价指标主要反映了偿还负债的资产保障程度。企业偿还负债是一个动态的过程，其偿债能力也是在未来某一时点上的能力。当具体某一负债到期时，企业可以用现存资产变现偿还，也可以用债务到期前所获得的现金去偿还。因此，对企业短期偿债能力的分析还应从动态角度进行。

从动态反映企业短期偿债能力的指标是建立在现金流量表分析的基础之上的，主要有现金流量比率、速动资产够用天数和短期负债偿还期等。

1. 现金流量比率分析

现金流量比率是指企业经营活动现金流量净额与流动负债的比率，用来衡量企业流动负债用经营活动所产生的现金来支付的程度。它是流动比率、速动比率的延伸。其计算公式为

$$现金流量比率=\frac{经营活动现金流量净额}{流动负债}$$

【即学即练7.5】 根据WW公司资产负债表（如表3.3所示）和现金流量表（如表5.2所示）的资料，计算WW公司现金流量比率如下：

$$WW公司20\times4年现金流量比率=299\,000\div1\,661\,850=0.18$$

$$WW公司20\times4年现金流量比率=500\,508\div1\,729\,568=0.29$$

分析点津 WW公司20×4年现金流量比率为0.18，20×5年现金流量比率为0.29，表明公司20×5年经营活动现金偿债能力有所增强。但该公司20×4年和20×5年现金流量比率均未达到1，说明该公司依靠生产经营活动产生的现金满足不了偿债的需要，必须依靠其他方式取得现金，才能保证债务的及时偿还。

经营活动现金流量净额的大小反映出企业某一会计期间生产经营活动产生现金的能力，是企业偿还到期债务的基本资金来源。当该指标等于或大于1时，表示企业有足够的能力以生产经营活动产生的现金来偿还短期债务，表明企业偿债的时效性强；如果指标小于1，表示企业生产经营活动产生的现金不足以偿还到期债务，必须采取对外筹资或出售资产才能偿还债务。

2. 速动资产够用天数分析

在财务报告分析中，除了以流动负债作为基础外，还可以以经营开支水平说明企业的短期偿债能力，通常用“速动资产够用天数”来表示企业速动资产维持企业正常经营开支水平的程度，该指标可以作为速动比率的补充指标。其计算公式为

$$速动资产够用天数=\frac{速动资产}{预计每天营业所需现金支出}$$

从该指标的计算公式我们可以看出，如果速动资产较多，而每天营业所需现金开支较少，速动资产够用天数就多；反之，速动资产够用天数就少。企业速动资产够用天数少，表明企业偿债能力较低。

3. 流动负债偿还期分析

流动负债偿还期是以流动负债与经营活动现金流量净额的比率。这一指标表明如果用经营活动产生的现金流量净额来偿还企业流动负债需要多长时间。其计算公式为

$$流动负债偿还期=\frac{流动负债}{经营活动现金流量净额}$$

流动负债偿还期是一个逆指标，偿还期越短，说明企业的财务风险越小，偿债能力越强；反之，则说明企业的财务风险越大，偿债能力越弱。企业的债务主要是以经营活动产生的现金流量来偿还，以筹资活动产生的现金流量只是应急之策，不是根本之道。

【知识导航】

影响短期偿债能力的其他因素

能提高公司短期偿债能力的因素主要有以下几方面。①公司可动用的银行贷款指标。银行已同意，但公司尚未办理贷款手续的银行贷款限款，可以随时增加公司的现金，提高公司的支付能力。②公司准备很快变现的长期资产。由于某种原因，公司可能将一些长期资产很快出售变成现金，以增加公司的短期偿债能力。③公司偿债的信誉。如果公司的长期偿债能力一贯很好，即公司信用良好，当公司短期偿债方面出现困难时，公司可以很快地通过发行债券和股票等方法来解决短期资金短缺，提高短期偿债能力。这种提高公司偿债能力的因素，取决于公司自身的信用状况和资本市场的筹资环境。以上三方面的因素，都能使公司流动资产的实际偿债能力高于公司财务报表中所反映的偿债能力。

能降低公司短期偿债能力的因素主要有以下几方面。①与担保有关的或有负债。如果它数额较大并且有可能发生，就应该引起关注，因为它并不在报表中反映。②经营租赁合同中承诺的付款，很可能是需要偿还的义务。③建造合同、长期资产购置合同中的分阶段付款也是一种承诺，应视同需要偿还的债务。

【学中做 7.1】根据乙公司资产负债表和利润表有关资料（如表 7.1 所示），计算乙公司营运资本、流动比率、速动比率、现金比率和现金流量比率并进行简要评价。

表 7.1 乙公司资料表 （单位：元）

项 目	20×4 年	20×5 年
货币资金	9 238 800	13 224 516
交易性金融资产	420 000	60 000
预付款项	216 400	216 400
存货	11 016 800	10 278 200
流动资产合计	21 872 160	25 417 276
流动负债合计	3 323 700	3 459 136
经营活动现金流量净额	598 000	1 001 016

第三节 长期偿债能力分析

企业的长期偿债能力是指企业对还款期在一年以上的债务的承担能力和对偿还各种债务的保障能力，长期偿债能力的强弱是反映企业财务安全性和稳定程度的重要标志。

一、影响长期偿债能力的因素

1. 企业的获利能力

企业的债务偿还义务包括按期偿还债务本金和按期支付利息两个方面。企业的非流动负债大多数用于非流动资产的投资，形成企业的长期资产，在企业正常生产经营的条件下，企业不可能以出售资产作为偿债的来源，而只能依靠生产经营所得。从举债的目的看，企业使用资本较低的负债资金是为了获取财务杠杆利益，增加企业的收益，其利息支出自然要从所融通资金创造的收益中予以偿付。所以说企业的长期偿债能力与获利能力密切相关。就一般情况而言，企业的获利能力越强，其长期偿债能力越强。如果企业长期亏损，则必须通过变卖资产才能清偿债务，否则企业的生产经营活动就不能正常进行，最终要影响投资人和债权人的利益。

2. 长期资产的规模与结构

长期负债的偿还是以相应的资产作为物质保证的，正常情况下，保证长期负债偿还的资产，除了流动资产外，主要是长期资产。因此，长期资产的规模与结构将直接影响企业的长期偿债能力。特别是当企业破产清算时，长期资产的规模、结构及质量对长期偿债能力的影响更为直接。此时资产的清理变卖价值将决定对债权人债权的偿还数额。

3. 权益资金的增长和稳定程度

尽管企业的获利能力是影响长期偿债能力的最主要因素，但如果企业将绝大多数利润都分配给投资者，权益资金很少增长，就会降低偿还债务的可靠性。对于债权人而言，将大多数利润留在企业，会使权益资金增长，减少利润外流，这对投资人没有什么实质影响，但会增加偿还债务的可靠性，从而提高企业的长期偿债能力。

4. 企业经营现金流量

企业的债务主要还是要用现金来清偿，虽然说企业的获利能力是偿还债务的根本保证，但是获利能力毕竟不等于现金。企业只有同时具备较强的变现能力，有充裕的现金，才能保证具有真正的偿债能力。

二、长期偿债能力指标的计算与分析

从资产、获利能力、现金流量的内容、特点和作用可以看出，这些因素是从不同角度反映企业的偿债能力的。资产是清偿债务的最终物质保障，获利能力是清偿债务的经营收益保障，现金流量是清偿债务的支付保障。只有将这些因素加以综合分析，才能真正揭示企业的偿债能力。因此，长期偿债能力分析从以下三个方面进行。

（一）资产规模对长期偿债能力影响的指标

负债表明企业的债务负担，资产是偿还负债的物质基础，单凭负债和资产不能说明一个企业的偿债能力，负债少并不意味着企业的偿债能力强；同样，资产规模大也不能说明企业偿债能力强。企业的偿债能力体现在资产和负债的对比关系上，由这种对比关系反映出来的企业长期偿债能力指标主要有资产负债率、产权比率、所有者权益比率和有形净值债务比率。

1．资产负债率分析

资产负债率是从总体上反映公司的债务状况、负债能力和债权保障程度的一个综合指标，它是负债总额与资产总额的比率，其计算公式为

$$资产负债率=\frac{负债总额}{资产总额}\times 100\%$$

【即学即练 7.6】 根据 WW 公司资产负债表（如表 3.3 所示）的资料，计算该公司资产负债率如下：

$$WW公司20\times 4年资产负债率=2\,516\,450\div 13\,169\,380\times 100\%=19.11\%$$

$$WW公司20\times 5年资产负债率=4\,584\,168\div 15\,402\,938\times 100\%=29.76\%$$

分析点津　WW 公司 20 × 4 年资产负债率为 19.11%，20 × 5 年上升到 29.76%，应该说该公司近两年的资产负债率都不高，可以看出该公司有足够的资产用以偿还债务；但也反映出该公司没有很好地利用负债经营，从而扩大生产经营规模，以获得更多的利润。

对于该指标，应注意从不同角度进行分析。若站在债权人的立场，资产负债率应以低为好。对所有者来说，他们主要关心的是投资收益率的高低，如果负债的利息率低于总资产收益率，他们希望提高资产负债率。从公司经营者的角度看，必须将资产负债率控制在一个合理的水平。资产负债率低，财务风险较小，但过低的资产负债率使公司无法充分获取借入资金在利息率小于总资产收益率时所带来的财务杠杆利益，影响公司获利能力的提高，从而削弱公司的长期偿债能力；反之，资产负债率越高，公司扩大生产经营的能力及增加赢利的可能性就越大，但财务风险也随之增大，一旦发生经营不利的情况，将难以承受沉重的债务负担，甚至可能因出现资不抵债而导致公司破产。

【知识导航】

财务杠杆是指由于债务的存在而导致普通股每股利润变动大于息税前利润变动的杠杆效应。对财务杠杆计量的主要指标是财务杠杆系数，财务杠杆系数是指普通股每股利润的变动率相当于息税前利润变动率的倍数。

财务杠杆与财务风险的关系：财务风险是指企业为取得财务杠杆利益而利用负债资金时，增加了破产机会或普通股每股利润大幅度变动的机会所带来的风险。财务杠杆会加大财务风险，企业举债比重越大，财务杠杆效应越强，财务风险越大。财务杠杆与财务风险的关系可通过计算分析不同资金结构下普通股每股利润及其标准离差和标准离差率来进行测试。

百度文库·教育专区中有一篇《财务管理——杠杆原理》的文章可供读者了解更多有关杠杆原理的知识，其链接及二维码如下：

http://wenku.baidu.com/view/f0fc90c36137ee06eff918fd.html

资产负债率的合理水平，一般应在 50%左右。如果公司经营前景较乐观，可以适当提高资产负债率，以增加获利的机会；倘若前景不佳，则应减少负债经营，降低资产负债率，以减轻债务负担。总之，对公司资产负债率的评价，应结合公司的获利能力进行综合考察。有些企业为了谋求更多的经济利益会过度举债，资产负债率过高，资金链过于紧绷，一旦债务到期无力偿还，又由于高的负债率难以再次借款，这样很容易导致企业资金链断裂、企业破产或倒闭的境地。对于债权人而言，也承担了很高的收不回贷款的风险。

【即学即练 7.7】 某企业全部资本 100 万元，其中借入资本 40 万元，利率为 7%。假定投资收益率分别为 16%和 5%，计算股东收益率分别为多少。

分析点津

（1）当投资收益率为 16%时：

$$全部资本收益率 = 100 \times 16\% = 16（万元）$$

$$企业的利息费用 = 40 \times 7\% = 2.8（万元）$$

$$股东收益 = 16 - 2.8 = 13.2（万元）$$

$$股东收益率 = 13.2 \div 100 = 13.2\%$$

从上述数据可以看出，公司的投资收益率高于负债利息率，负债经营对于股东而言是有利的。

（2）当投资收益率为 5%时：

$$全部资本收益率 = 100 \times 5\% = 5（万元）$$

$$企业的利息费用 = 40 \times 7\% = 2.8（万元）$$

$$股东收益 = 5 - 2.8 = 2.2（万元）$$

$$股东收益率 = 2.2 \div 100 = 2.2\%$$

当投资收益率低于负债利息率时，负债经营对于股东而言是不利的。

【案例 7.1】

广东处理地方风险之——广国投事件

广东国际信托投资公司，于 1980 年经广东省人民政府批准成立，1983 年被人民银行认定为非银行金融机构，1989 年被国务院批准为具备国际借贷资格的“窗口公司”。

广国投在亚洲金融危机前，资产规模在全国数百家信托公司中位列第二，仅次于中国国际信托投资公司。广国投也在短短几年的时间内，由单一的信托业务发展成为金融与实业并举的集团，先后与美、日、英、德等国的银行签订了 2 亿美元的协议贷款，而且在中国香港和欧洲不断发行国际债券。

无度的借债及缺乏监督管理，使广国投的债务危机在金融危机后开始显露，在 1998 年达到高峰，对外债务超过 10 亿美元，资不抵债额高达 140 多亿元人民币。于是广东省委、省政府做了一个“不得已的选择”：广国投进入破产清算程序。

广国投的破产，还涉及近 3 万自然人 8 亿元的储蓄，这笔储蓄由中国银行偿付，中国银行同时获得相应的“代位求偿权”。广国投旗下 9 家证券营业部由广发证券托管。整个清算过程由毕马威公司审计，力求公平透明。

（佚名）

2. 产权比率分析

产权比率也是衡量公司长期偿债能力的指标之一，它是负债总额与股东权益总额之比，这一比率可用以衡量主权资本对借入资本的保障程度。其计算公式为

$$产权比率 = \frac{负债总额}{股东权益} \times 100\%$$

【即学即练 7.8】 根据 WW 公司资产负债表（如表 3.3 所示）的资料，计算该公司产权比率如下：

$$WW公司20\times4年产权比率 = 2\,516\,450 \div 10\,652\,930 \times 100\% = 23.62\%$$

$$WW公司20\times5年产权比率 = 4\,584\,168 \div 10\,818\,770 \times 100\% = 42.37\%$$

分析点津 WW 公司 20 × 4 年产权比率为 23.62%，20 × 5 年为 42.37%，产权比率上升的主要原因是该公司的长期负债比重大幅度上升所致；20 × 5 年的负债筹集资金不到自有资金的一半，说明该公司有充足的自有资金用以偿债。

该项指标反映由债权人提供的资本与股东提供的资本的相对关系，反映公司基本财务结构是否合理。产权比率高，是高风险、高报酬的财务结构；产权比率低，是低风险、低报酬的财务结构。公司应对收益与风险进行权衡，力求保持合理、适度的财务结构，以便既能提高获利能力，又能保障债权人的利益，从这个意义上说，产权比率一般应小于100%，即借入资本小于股东资本较好。但这也不是绝对的，因为在经济繁荣时期，多借债可以获得额外的利润，而在经济衰退时期，少借债可以减少利息负担和财务风险。产权比率过低时，表明企业不能充分发挥负债带来的财务杠杆作用；反之，当指标过高时，表明企业充分利用财务杠杆，增加了企业的财务风险。

3. 所有者权益比率

所有者权益比率是所有者权益总额与资产总额的比率，该比率反映了企业资产中有多少是所有者投入的。其计算公式为

$$所有者权益比率=\frac{所有者权益总额}{资产总额}\times 100\%$$

所有者权益比率与资产负债率之和应等于1，这两个比率从不同的侧面反映企业的长期财务状况。所有者权益比率越大，资产负债率就越小，企业财务风险越小，企业偿还长期债务的能力越强。

【课堂讨论 7.3】

所有者权益比率的倒数是什么指标？有什么经济意义？

4. 有形净值债务比率分析

有形净值债务比率是将无形资产等从所有者权益中予以扣除，从而计算企业负债总额与有形净值的百分比。该指标反映了企业在清算时债权人投入的资本受到股东权益的保护程度。其计算公式为

$$有形净值债务比率=\frac{负债总额}{有形净值总额}\times 100\%$$

其中：有形净值是指净资产扣除无形资产、开发支出、商誉等价值不稳定的资产后的资产。

【即学即练 7.9】 根据WW公司资产负债表（如表3.3所示）的资料，计算有形净值债务比率如下：

$$WW公司20\times4年有形净值债务比率=2\,516\,450\div(10\,652\,930-305\,600)\times 100\%=24.32\%$$

$$WW公司20\times5年有形净值债务比率=4\,584\,168\div(10\,818\,770-245\,600)\times 100\%=43.36\%$$

分析点津　WW公司20×4年有形净值债务比率为24.32%，20×5年有形净值债务比率为43.36%，有形净值债务比率的上升主要原因是该公司的负债大幅度上升，20×5年负债总额比上年增长了82.17%。该公司20×5年的有形净值偿债能力比20×4年有所下降，但总体而言，负债不到有形净值比重的一半，该公司的偿债能力还是较强的。

有形净值债务率是通过企业负债总额与有形净值进行对比，来反映企业在陷入财务困境或破产时对债权人投入资本受到股东权益的保护程度，主要是用于衡量企业的风险程度和对债务的偿还能力。这个指标越大，表明企业对债权人的保障程度越低，企业风险越大，长期偿债能力越弱；反之，该指标越小，表明企业长期偿债能力越强，企业财务风险越小。

运用有形净值债务率指标分析时，应注意以下问题。

（1）有形净值债务率指标实质上是产权比率指标的延伸，它更为谨慎、保守地反映在企业清算时债权人投入的资产受到股东权益的保障程度。从长期偿债能力来讲，比率越低越好。

【课堂讨论 7.4】

根据有形净值负债率的计算方法我们是否可以计算有形资产负债率？

（2）有形净值债务率指标最大的特点是在可用于偿还债务的净资产中扣除了无形资产，包括商标、专利权以及非专利技术等。这主要是因为无形资产的计量缺乏可靠的基础，不可能作为偿还债务的资源，为了谨慎起见，一律视为不能还债，将其从分母中扣除。

（二）获利能力对长期偿债能力影响的指标

资产固然可以作为偿债的保障，但企业取得资产的目的并不是为了偿债，而是利用资产进行经营以获取收益，所以债务清偿要依赖资产变现，资产变现更主要是通过产品销售来实现。因此，获利能力对评价偿债能力也很重要。从获利能力角度分析，评价企业长期偿债能力的指标主要有利息保障倍数和销售利息比率。

1. 利息保障倍数分析

利息保障倍数是息税前利润与利息费用的比率，它反映公司经营业务收益支付债务利息的能力，其计算公式为

$$利息保障倍数=\frac{息税前利润}{利息费用}$$

其中：公式中的分子“息税前利润”是指利润中未扣除利息费用和所得税之前的利润，它可以用“利润总额加利息费用”来测算，也可以用“净利润加所得税、利息费用”来测算；分母“利息费用”是指本期发生的全部应付利息，不仅包括利润表中计入财务费用项目的利息费用，还包括计入固定资产成本的资本化利息。分子中的利息支出仅包括计入财务费用的利息费用。

【即学即练 7.10】 根据 WW 公司利润表（如表 4.1 所示）的资料，计算该公司的利息保障倍数如下：

$$WW公司20\times4年利息保障倍数=(112\ 000+10\ 000)\div10\ 000=12.2$$

$$WW公司20\times5年利息保障倍数=(126\ 400+16\ 000)\div(16\ 000+100\ 000)=1.23$$

分析点津 WW 公司 20×4 年利息保障倍数为 12.2 倍，说明该公司利息偿付能力很强。20×5 年利息保障倍数为 1.23 倍，主要原因是本期资本化利息 100 000 元（见即学即练 3.7 中的第（8）个经济业务）导致利息支出增加，利息保障倍数下降，但该公司 20×5 年的息税前利润仍然足够支付所有的利息。

利息保障倍数不仅反映了企业获利能力的大小，而且反映了获利能力对偿还到期债务的保证程度，它既是企业举债经营的前提依据，也是衡量企业长期偿债能力大小的重要标志。该指标越高，表明企业支付利息的能力越强，企业对到期债务偿还的保障程度也就越高；相反，则表明企业没有足够的资金来偿还债务利息，企业偿债能力较弱。

运用利息保障倍数指标分析时，应注意以下问题。

（1）由于行业性质不同，利息保障倍数没有统一的标准。该指标小于 1，说明企业利用负债经营赚取的收益小于资金成本，企业将无力偿还债务；该指标等于 1，说明企业利用负债经营赚取的收益正好等于资金成本；只有该指标大于 1，企业利用负债经营赚取的收益才大于资金成本。但是，利息保障倍数仅大于 1 是远远不够的，因为若要维持正常的偿债能力，从长期看，利息保障倍数至少应当大于 1，且比值越高，企业长期偿债能力一般也就越强。如果利息保障倍数过小，企业将面临亏损、偿债的安全性与稳定性下降的风险。

但是，有时该指标小于 1 也不能说明支付利息的能力差，因为有时有大量非付现成本费用存在；有时该指标大于 1 很多，也不能说明偿付利息的能力强，这是因为，息税前利润是按权责发生制核算出来的，只代表应计利润而不是已经实现并收现的利润。从稳健的角度出发，最好比较本企业几年的该指标，并选择最低的数据，作为标准，这样可以保证最低的偿债能力。

（2）从统计上看，不同国家利息保障倍数在 3～6，表明利息保障倍数与经济环境有关。不同行业的利息保障倍数也是有区别的，如美国的食品加工业接近 10，而工程类企业只有 4，说明利息保障倍数与行业有关。因而，对于利息保障倍数的衡量需要与其他企业，特别是本行业平均水平进行比较，来分析本行业的指标水平。同时从谨慎性的角度出发，最好比较本企业连续几年的数据，并选择最低指标年度的数据作为标准。采用指标最低年度的数据，可保证最低的偿债能力。

2. 销售利息比率分析

销售利息比率是反映企业一定时期的利息费用与营业收入的比率。其计算公式为

$$销售利息比率=\frac{利息费用}{营业收入}\times 100\%$$

这一指标可以对企业销售状况对偿付债务的保障程度进行衡量。企业的负债最终要通过经营所得去偿还，如果经营不佳，其经营期间偿付债务就会缺少根本保障，而企业权益资金的多少对于偿债的保证只有在企业处于破产清算状态时才能真正发挥作用。在企业负债规模基本稳定的情况下，销售状况越好，偿还到期债务给企业造成的冲击越小。该指标越小，说明企业通过销售所获得的收入用于偿还负债利息的比例越小，企业的偿债压力越小。

3. 债务本息保证倍数分析

根据企业经营状况来反映偿债能力的保证程度，债务本息保证倍数比利息保障倍数更精确。对于债权人而言，如果连本金都不能收回，就更不敢奢求利息了。债权人借款给企业，目的虽然是取得利息收入，但基本前提是按期收回本金。而企业的偿债义务是按期支付利息和到期归还本金，所以其偿债能力的高低不能仅看偿付利息的能力，更重要的还是看其偿还本金的能力。企业在正常经营条件下，本金的偿还必须以企业经营所得赚取的利润来支付。

债务本息保证倍数是指企业一定时期的税前利润与还本付息金额的比率，它反映出现金流入量对财务需要（现金流出）的保证程度，通常用倍数来表示，其计算公式为

$$债务本息保证倍数=\frac{息税前利润}{利息费用+\dfrac{年度还本额}{1-所得税税率}}$$

企业偿还本金与利息支出是有区别的：利息是所得税前开支项目，支付 1 元的利息，只需要 1 元的营业收入，或者说是减少 1 元的利润额；偿还本金则需要动用企业的净收入，即企业偿还 1 元的本金将需要更多的税前利润，所以要将偿还的本金数还原到所得税前水平。

（三）现金流量对长期偿债能力影响的指标

运用现金流量指标，可以比较真实地反映出企业的偿债能力。将现金流量与负债进行比较，可以用来评价企业的长期偿债能力，主要指标有到期债务本息偿付比率、强制性现金支付比率和现金债务总额比率等。

1. 到期债务本息偿付比率分析

到期债务本息偿付比率用来衡量企业到期债务本金及利息可由经营活动创造的现金来支付的程度。其计算公式为

$$到期债务本息偿付比率=\frac{经营现金流量净额}{到期债务本息}\times 100\%$$

【即学即练 7.11】 根据 WW 公司现金流量表（如表 5.5 所示）的资料，可知该公司 20×5

年经营活动净现金流量为 500 508 元，假设该公司 20×5 年到期债务本息为 1 845 568 元。计算该公司 20×5 年到期债务本息偿付比率如下：

$$\text{WW公司20×5年到期债务本息偿付比率} = 500\,508 \div 1\,845\,568 \times 100\% = 27.12\%$$

分析点津 该公司 20×5 年的到期债务本息偿付比率为 27.12%，说明其偿付到期债务的能力较弱，现金流量不足以偿付到期本息，该公司需要对外筹资或出售资产来偿还债务。

经营活动现金流量净额是企业最稳定的经常性现金来源，是清偿债务的基本保证。如果到期债务本息比率小于 1，说明企业经营活动产生的现金不足以偿付到期的债务和利息支出，企业必须通过其他渠道筹资或出售资产才能清偿债务。这一指标越大，说明企业长期偿债能力越强。

2. 强制性现金支付比率分析

企业经营中，有些现金流出是带有强制性的，必须支付的，如生产经营中必须支付的现金，偿还本金、支付利息等必须支付的现金等。企业现金流入必须满足这种需要，才能保证生产经营的正常进行，保证企业保持良好的信誉。强制性现金支付比率就是反映企业是否有足够的现金履行其偿还债务、支付经营费用等责任的指标，其计算公式为

$$\text{强制性现金支付比率} = \frac{\text{现金流入总量}}{\text{经营现金流出量} + \text{偿还到期本息付现}}$$

该指标应至少等于 1，即现金流入总量能满足强制性项目支付的需要。这一指标越大，表明企业偿债能力越强，其超过 100%的部分，可以用来满足企业其他方面的现金需求。

3. 现金债务总额比率分析

现金债务总额比率是指经营活动现金流量净额与期初、期末负债平均余额的比率，用来衡量企业负债总额用经营活动所产生的现金来支付的程度，其计算公式为

$$\text{现金债务总额比率} = \frac{\text{经营活动现金流量净额}}{\text{负债平均余额}}$$

【即学即练 7.12】 根据 WW 公司资产负债表（如表 3.3 所示）和现金流量表（如表 5.5 所示）的资料，计算该公司 20×5 年现金债务总额比率如下：

$$\text{WW 公司 20×5 年负债平均余额为} = (4\,584\,168 + 2\,516\,450) \div 2 = 3\,550\,309\text{（元）}$$

$$\text{WW公司20×5年现金债务总额比率} = 500\,508 \div 3\,550\,309 \times 100\% = 14.10\%$$

分析点津 通过计算表明该公司最大的付息能力是 14.10%，即使利息达到 14%，该公司仍然能够按时付息，就能够借新债还旧债，维持债务规模。如果市场利息率为 10%，该公司最大的负债能力是 5 005 080 元（500 508 ÷ 10%）。仅从付息能力考虑，该公司的偿债能力是不错的。

通过现金流量和债务的比较可以更好地反映企业真正能用于偿债的现金流。现金债务总额比率能够反映企业生产经营活动产生的现金流量净额偿还各种债务的能力。该比率越高，企业偿债能力越强。

4. 利息现金保证倍数分析

利息现金保证倍数是以年度经营活动产生的现金净流量与税金之和同本期支付的利息相比，表明企业的利息支付能力指标，其计算公式为

$$\text{利息现金保证倍数} = \frac{\text{经营活动现金净流量} + \text{本期支付的所得税}}{\text{本期支付的利息}}$$

一般而言，利息保证倍数比率越大，说明企业偿付到期债务的能力越强。如果该比率小于 1，

说明企业支付利息的能力堪忧。

5. 现金再投资比率分析

现金再投资比率在于衡量企业来自经营活动上的现金已被保留的部分，使其同各项资产相比较，从而测定其重新再投资于各项营业资产的百分比关系。这个比例反映企业有多少现金留下来，并能用于资产的更新和企业的发展，其计算公式为

$$现金再投资比率=\frac{来自经营活动的现金净流量-现金股利}{固定资产总额+对外投资+其他资产+营运资金}$$

该比率中，分母各组成部分是某时点上的存量，反映了企业用于维持和扩大经营所需的全部再投资。其中，固定资产总额是指未扣除累计折旧的固定资产总额；对外投资是指介于流动资产和股东资产之间的长期投资；其他资产是指资产负债表中最下方的其他资产总计；营运资金是指流动资产减去流动负债后的余额。计算公式中分子的现金股利为普通股和优先股现金股利之和，分子反映了企业实际可以支配的现金。

该比率的行业比较有重要意义。现金再投资比率通常应在 7%～10%，但各行业有区别，同一企业的不同年份也有区别。一般来讲，在企业高速扩张的年份现金再投资比率低一些，稳定发展的年份高一些。

【学中做 7.2】根据丙公司资产负债表和利润表有关资料（如表 7.2 所示），计算丙公司资产负债率、产权比率、有形净值债务比率和利息保障倍数。其他资料：丙公司 20×5 年发生资本化利息支出 200 000 元。

表 7.2　丙公司资料表　（单位：元）

项　目	20×5 年金额	20×4 年金额
资产总额	30 805 876	26 338 760
负债总额	9 168 336	5 032 900
所有者权益总额	21 637 540	21 305 860
无形资产	4 912 000	611 200
财务费用	32 000	20 000
利润总额	252 800	224 000

【知识导航】

影响长期偿债能力的其他因素有以下几种。①长期租赁。当企业急需某种设备或资产而又缺乏足够的资金时，可以通过租赁的方法解决。当企业的经营租赁量比较大、期限比较长或具有经常性时，则构成了一种长期性筹资，这种长期性筹资虽然不包括在长期负债之内，但到期时必须支付租金，会对企业的偿债能力产生影响。②担保责任。企业可能为其他单位获得贷款进行担保，这些担保是企业潜在的负债。③或有项目。这是指在未来某个或几个事件发生或不发生的情况下，会带来收益或损失，但现在无法肯定是否发生的项目。如票据贴现、产品售后服务责任、未决诉讼等。或有项目的特点是现存条件的最终结果不肯定，因而在企业财务报表上往往并不反映，但这些项目一旦发生便会影响企业的财务状况。所以在评价企业的长期偿债能力时，就必须考虑它们的潜在影响。④承诺事项。承诺事项指企业由具有法律效力的合同或协议的要求而引起的某种经济责任和义务。如贷款承诺、信用证承诺、向客户承诺提供产品保证或保修等。这类活动可能使得公司存在大量的不出现在资产负债表上的潜在负债或义务。

小 结

本章主要介绍了偿债能力的含义、企业短期和长期偿债能力评价指标的计算与分析方法。

偿债能力是指企业对到期债务的清偿能力，包括短期内对到期债务的现实偿付能力和对未来债务预期的偿付能力。偿债能力分析主要包括短期偿债能力分析和长期偿债能力分析两项内容。

短期偿债能力也称为支付能力，主要是指企业用流动资产偿还流动负债的现金保障程度。通过对反映短期偿债能力的主要指标和辅助指标的分析，了解企业短期偿债能力的高低及其变动情况，说明企业的财务状况和风险程度。短期偿债能力静态评价指标有营运资本、流动比率、速动比率和现金比率；短期偿债能力动态评价指标有现金流量比率和速动资产够用天数。

长期偿债能力是指企业偿还长期债务的能力。通过对反映长期偿债能力指标的分析，了解企业长期偿债能力的高低及其变动情况，说明企业整体财务状况和债务负担及偿债能力的保障程度。资产规模对长期偿债能力影响的指标主要有资产负债率、产权比率、所有者权益比率和有形净值债务率。获利能力对长期偿债能力影响的指标主要有利息保障倍数和销售利息比率。现金流量对长期偿债能力影响的指标主要有到期债务本息偿付比率、强制性现金支付比率和现金债务总额比率。

推荐阅读

刘姝威评中报：闽东电力偿债能力分析

福建闽东电力股份有限公司是福建省最大的电力股份制企业，主营水力发电，现有水电装机容量 19.25 万千瓦，年发电量约 8 亿千瓦时，下属 10 个发电分公司 18 座电站，拥有 9 家控股公司和 11 家参股公司。同时，公司也从单一的电力生产和电力开发向房地产开发、路权经营、自来水生产、资本运作等多元化方向发展。公司所属的行业是电力生产与供应业。截至 2008 年 6 月 30 日，公司总资产 26.12 亿元，净资产 13.81 亿元。

一、基本财务情况

2008 年上半年，公司完成发电量 44 581 万千瓦时，比上年同期增长 20.29%；完成售电量 43 399 万千瓦时，比上年同期增长 20.55%，主业呈现持续增长的良好态势。公司实现营业收入 13 658.71 万元，比上年同期增长 21.76%，其中售电业务实现收入 12 225 万元，比上年同期增长 22.50%。

2008 年上半年，公司实现利润总额 790 万元，比上年同期增加 182 万元，增长 29.93%；归属母公司所有者的净利润 681 万元，比上年同期增加 333 万元，增长 95.69%。公司的营业收入、营业利润和净利润情况如表 7.3 所示。

表 7.3 闽东电力赢利情况分析

财务指标	2008 年上半年（万元）	2007 年上半年（万元）	2007 年下半年（万元）	同比增减/（%）
营业收入	13 658.71	11 217.69	14 837.56	21.76
营业利润	1 454.46	579.76	3 089.26	150.87
净利润	680.53	347.68	1 798.95	95.74

注：本分析数据来源于公司 2007 年、2008 年公告。

表 7.3 中，营业收入较上年同期增加的主要原因是降雨量比上年同期增加，发、售电量均比上年同期增加。利润的增加一方面是由于电力销售的增加，另一方面是由于投资收益的增加。

此外，由于参股公司厦门船舶重工股份有限公司净利润增加，导致报告期内投资收益有所增加，确认投资收益 657.64 万元。

二、主要财务指标分析

公司的主要财务绩效指标如表 7.4 所示。

1. 偿债能力：偿债能力下滑

与 2007 年同期相比，公司的流动比率、速动比率均有小幅降低，表明公司短期内流动资金短缺，而资产负债比率的增加，则表明公司长期的偿债能力也出现风险，主要原因为子公司武汉楚都房地产开发有限公司预收售房款比上年同期减少、本报告期预付土地收购款等导致资金紧张。

2. 资产管理能力：资产运作效率基本与上年持平

与 2007 年同期相比，公司固定资产周转率和应收账款周转率都有微小幅度的提高，主要原因为报告期内公司产品结构调整、加强成本管理、提高经济效益所致。而存货周转率下降 0.03，主要原因为报告期内子公司武汉楚都房地产开发有限公司商品房开发成本增加造成存货增加。

表 7.4 闽东电力主要财务绩效指标

	2008 年中期	2007 年中期	同比增幅（%）
资产负债比率/（%）	47.12	41.00	增加 6.12 个百分点
流动比率/（倍）	0.77	0.95	降低 0.18 个百分点
速动比率/（倍）	0.31	0.41	降低 0.10 个百分点
应收账款周转率/(次)	3.97	3.87	增加 0.10 个百分点
存货周转率	0.17	0.20	降低 0.03
固定资产周转率	0.13	0.12	增加 0.01
毛利率/（%）	49.10	43.46	增加 5.64 个百分点
净利润率/（%）	4.28	2.90	增加 1.38 个百分点
净资产收益率/（%）	0.52	0.27	增加 0.25 个百分点

注：本分析数据为作者根据公司报表计算所得。

3. 赢利能力分析：赢利持续稳定增长

与 2007 年同期相比，公司毛利率、净利润率和净资产收益率均有小幅增加，主要原因还是上半年降雨量增加，从而发、售电量均比上年同期增加，业绩有显著提升。

三、行业分析和同行业横向对比

公司所属的行业是电力生产与供应业，虽然整个行业上半年不太景气，但作为主要的基础产业，国家仍会保证发电企业适当的赢利水平以维持其稳定发展。在年内电价上调的形势下，水电拥有相对于火电企业更多的成本优势，赢利前景将获得更多保证。我们选取同行业四家有代表性的上市公司进行财务指标对比，如表 7.5 所示。从表中可以看出，公司除毛利率高于行业平均水平外，其余指标都低于行业平均水平，公司亟待改进自己的运营效率。

表 7.5 电力生产与供应业重点上市公司财务指标对比

	主营收入（亿元）	摊薄每股收益（元）	毛利率（%）	净资产收益率（%）
长江电力	87.28	0.555 5	66.42	13.20
华能国际	527.85	0.417 6	15.86	11.02
西昌电力	3.56	0.153 8	53.21	29.83
川投能源	6.82	0.312 9	40.22	12.00
闽东电力	9.23	0.058 0	49.10	1.65
行业平均	57.48	0.280 1	19.55	9.08

四、未来所面临的风险和机会

（一）风险

（1）成本风险：公司主营电力和水的生产与销售，存在购水费和水资源费增加、发电成本上升而影响效益的风险；水力发电存在全年降水量分布不均，可能造成丰水期弃水窝电而枯水期发电不足的风险。

（2）市场风险：公司生产的电量主要输送宁德市区域电网和福建省电网，由于供电网垄断经营，存在对主要客户依赖，可能造成公司与其他发电企业竞争电量上网的风险。

（3）宏观风险：上半年 CPI 涨幅持续升高，原材料、设备、人力成本增加，国家宏观调控中从紧的货币政策不仅没有放松，还有可能进一步从紧，导致公司的资金成本不断上升及资金压力不断上升的风险，进而可能影响公司的效益。

（二）机会

（1）“三通”蕴含机遇：公司主业从事闽东地区的电力、自来水业务，控股福州闽东大酒店，并参股厦门船舶重工股份有限公司等，一旦实现三通，闽东地区的电力、自来水和旅游等业务将出现大幅增长，同时，厦门船舶等的造船订单也将随着三通出现大增，对公司的收入将会产生较大的有利影响。

（2）“核电”带来商机：2008年5月份，公司与中广核能源开发有限公司签订了《开发宁德市抽水蓄能电站项目意向书》，将按中广核公司占60%股份、闽东电力占40%股份的股比成立项目公司，负责投资开发建设和经营管理与核电项目相配套的抽水蓄能电站。而公司长期从事水电开发，开发建设和管理抽水蓄能电站具有强大优势，将分享宁德核电站800亿元投资所带来的庞大商机，并有较大机会参与其他核电配套项目。

（资料来源：http://stock.hexun.com/2008-08-02/107864385.html）

习　题

一、单项选择题

1. 企业现在的流动比率为2，下列（　　）会引起该比率的降低。

A. 用银行存款偿还应付账款　　B. 发行股票收到银行存款

C. 收回应收账款　　D. 开出短期票据借款

2. 如果流动比率大于1，则下列结论中成立的是（　　）。

A. 速动比率大于1　　B. 现金比率大于1

C. 营运资金大于0　　D. 短期偿债能力有绝对保证

3. 在企业的速动比率为0.8的情况下，会引起该比率提高的经济业务是（　　）。

A. 银行收取现金　　B. 赊购商品　　C. 收回应收账款　　D. 开出短期票价借款

4. 如果流动资产大于流动负债，则月末用现金偿还一笔应付账款会使（　　）。

A. 营运资金减少　　B. 营运资金增加　　C. 流动比率提高　　D. 流动比率降低

5. 运用资产负债表可以计算的比率有（　　）。

A. 应收账款周转率　　B. 总资产报酬率　　C. 利息保障倍数　　D. 现金比率

6. 可以评价企业财务状况，揭示企业财务风险，预测企业筹资前景，把握企业财务活动的分析是（　　）。

A. 偿债能力分析　　B. 获利能力分析　　C. 发展能力分析　　D. 运营能力分析

7. 反映企业在最坏情况下偿债能力的指标是（　　）。

A. 流动比率　　B. 现金比率　　C. 产权比率　　D. 速动比率

8. 反映债权人所提供的资金与股东所提供的资金的对比关系的指标是（　　）。

A. 资产负债率　　B. 所有者权益比率　　C. 产权比率　　D. 权益乘数

9. 企业陷入财务困境或破产等情况下，强调对债权人有形资产保障的比率是（　　）。

A. 固定支出保障倍数　　B. 资产负债率　　C. 流动比率　　D. 有形净值负债率

10. 衡量企业已获利润对借款利息支付能力的指标是（　　）。

A. 营运资金与非流动负债比率　　B. 所有者权益比率

C. 固定支出保障倍数　　D. 利息保障倍数

11. 下列项目中，不会影响流动比率的业务是（　　）。

A. 用现金购买短期债券　　B. 用现金购买固定资产

C. 用存货进行长期投资　　D. 从银行取得长期借款

12. 用来评价短期偿债能力强弱最直接的指标是（　　）。

A. 已获利息倍数　　B. 速动比率　　C. 流动比率　　D. 经营现金流动比

二、多项选择题

1. 下列属于速动资产的项目有（　　）。
   A. 现金　　B. 应收账款　　C. 其他应收款
   D. 固定资产　　E. 存货
2. 下列属于反映企业短期偿债能力的指标有（　　）。
   A. 流动比率　　B. 速动比率　　C. 资产负债率
   D. 净资产负债率　　E. 利息保障倍数
3. 计算速动比率时，把存货从流动资产中扣除的原因是（　　）。
   A. 存货变现速度慢　　B. 存货周转速度慢
   C. 存货成本与市价不一致　　D. 有些存货可能已将报废
   E. 有些存货可能已经被抵押
4. 下列各项中可以用来衡量长期偿债能力的指标有（　　）。
   A. 利息保障倍数　　B. 产权比率　　C. 应付账款周转率
   D. 现金流量比率　　E. 到期债务本息偿付比率
5. 短期偿债能力的强弱受以下哪些因素影响？（　　）
   A. 流动资产的数量　　B. 流动负债的数量　　C. 流动资产的质量　　D. 流动负债的质量
6. 应收账款的变现能力与货币资金和交易性金融资产比较，其局限性是（　　）。
   A. 变现时间受限制　　B. 存在坏账风险　　C. 变现地点受限制　　D. 存在交易风险
7. 企业的长期偿债能力取决于企业的（　　）。
   A. 资本结构　　B. 总资产数量　　C. 流动比率　　D. 获利能力
8. 衡量短期偿债能力的指标有（　　）。
   A. 资产负债率　　B. 速动比率　　C. 流动比率　　D. 现金比率
9. 交易性金融资产是企业持有的以交易为目的的投资，包括（　　）。
   A. 基金投资　　B. 股票投资　　C. 票据投资　　D. 债券投资
10. 下列属于影响企业长期偿债能力的因素是（　　）。
    A. 股票和债券的发行　　B. 销售退回
    C. 或有项目　　D. 已证实资产发生了减值
11. 资产负债率，对其正确的评价有（　　）。
    A. 从债权人角度看，负债比率越大越好
    B. 从债权人角度看，负债比率越小越好
    C. 从股东角度看，负债比率越高越好
    D. 从股东角度看，当全部资产利润率高于债务利息率时，负债比率越高越好

三、判断题

1. 对于债权人而言，企业资产负债率越高越好。（　　）
2. 对于任何企业而言，速动比率大于1才是正常的。（　　）
3. 现销业务越多，应收账款周转率就越高。（　　）
4. 从稳健性角度出发，现金比率用于衡量企业偿债能力最为保险。（　　）
5. 资产的流动性越强，其变现能力越强。（　　）
6. 短期偿债能力是指用企业流动资产作为偿还负债的现金保证程度。（　　）

7. 在所有流动资产中，货币资金的流动性和变现性最强。 （ ）

8. 速动资产包括货币资金、交易性金融资产、应收票据、存货。 （ ）

9. 产权比率反映了经营者运用财务杠杆的程度，当该指标过低时，表明企业不能充分发挥负债带来的财务杠杆效应。 （ ）

10. 一般来说，利息保障倍数至少要小于1。 （ ）

四、分析题

试分析流动比率有哪些局限性。

五、实务操作题

1. 万达公司20×5年财务报告有关数据如下。

（1）利润表与现金流量表数据为营业收入净额90 000元、现销收入10 000元、利息支出4 500元、营业成本41 130元、利润总额18 800元、净利润6 204元；经营净现金流量7 550元。

（2）资产负债表资料如表7.6所示。

要求：在表7.7内计算各项财务比率指标。

表7.6 资产负债表 （单位：元）

资　产	年初金额	年末金额	负债及所有者权益	年初金额	年末金额
货币资金	12 500	3 750	短期借款	9 162.5	15 725
应收账款	21 250	18 750	应付账款	5 000	10 525
存货	1 612.5	18 750	非流动负债	15 000	18 750
固定资产	31 000	41 250	股本	11 250	11 250
			资本公积	13 500	13 625
			盈余公积	6 450	6 475
			未分配利润	6 000	6 150
总　计	66 362.5	82 500	总　计	66 362.5	82 500

表7.7 财务比率计算表

流动比率=	有形净资产负债率=
速动比率=	利息保障倍数=
现金比率=	资产非流动负债率=
应收账款周转天数=	现金流量比率=
应收账款周转次数=	存货周转天数=
净资产负债率=	非流动负债营运资金比率=
固定资产非流动负债比率=	现金债务总额比率=
资产负债率=	利息现金流量保证倍数=

2. 盛兴公司和速达公司有关财务数据如表7.8所示。

要求：

（1）计算两家公司的营运资金、流动比率和速动比率；

（2）分析两家公司的短期偿债能力。

表7.8 盛兴公司与速达公司财务数据 （单位：元）

项　目	盛兴公司	速达公司	项　目	盛兴公司	速达公司
货币资金	4 698 000	4 266 000	流动资产合计	25 758 000	32 076 000
交易性金融资产	5 400 000	2 808 000	应付账款	8 154 000	9 882 000
应收账款	10 098 000	8 316 000	短期借款	6 156 000	6 966 000
存货	4 212 000	11 556 000	流动负债合计	14 310 000	16 848 000
待摊费用	1 350 000	5 130 000			

3. 科辉公司 20×5 年资产负债表如表 7.9 所示，试分析资产负债表，并评价科辉公司的长期偿债能力。

表 7.9　资产负债表简表

20×5 年 12 月 31 日　　（单位：万元）

资　　产	年初金额	年末金额	负债及所有者权益	年初金额	年末金额
流动资产：			流动负债：		
货币资金	68	34	短期借款	390	310
交易性金融资产	37	62	应付票据	55	67
应收账款	289	151	应付账款	152	39
存货	863	771	预收账款	316	208
待摊费用	36	29	流动负债合计	913	624
流动资产合计	1 293	1 047	非流动负债：		
非流动资产：			长期借款	271	290
长期股权投资	101	93	负债合计	1 184	914
固定资产	802	670	所有者权益：		
累计折旧	120	130	实收资本	590	590
无形资产	79	81	资本公积	98	136
			盈余公积	269	210
			未分配利润	263	171
			所有者权益合计	1 220	1 107
总　　计	2 404	2 021	总　　计	2 404	2 021

第八章

企业获利能力分析

【知识目标】

1. 了解获利能力分析的目的及内容。
2. 理解获利能力分析的内涵。
3. 掌握获利能力评价指标的计算。

【技能目标】

1. 根据企业资料能够对其获利能力指标进行计算。
2. 根据获利能力指标计算的结果，能够对企业获利能力进行评价。

【引例导读】

巨人集团多元化经营影响了公司的获利能力

珠海巨人高科技集团公司，于1992年10月成立，其前身是珠海巨人新技术公司。创业之初，公司总裁史玉柱竭力将公司开发的M-6401系列桌面排版系统推向市场，取得了极大的成功。1992年，公司出售M-6403汉卡2.8万套，销售总值1.6亿元，实现利润3 500万元，年发展速度达500%。1993年1月，巨人集团加快扩张步伐，在全国成立了8家全资公司，一年之内推出了中文手写电脑、中文笔记本电脑、巨人传真卡、巨人中文电子收款机、巨人钻石财务软件、巨人防病毒卡、巨人加密卡等产品，当年实现销售额3.6亿元，利润4 600万元，成为中国极具实力的计算机企业。可见，当时巨人集团在同行业中的获利能力是很强的。

正当此时，全国开始兴起房地产和生物保健品热，巨人集团适时提出第二次创业的口号，开始迈向多元化经营之路。1994年巨人集团在生物工程项目尚未巩固的情况下，毅然向房地产这一陌生的领域进军，将拟建的巨人科技大厦设计方案一变再变，楼层节节拔高，从最初的18层，一直涨到70层，投资也从2亿元上升到12亿元，1994年2月这幢大厦破土动工。正是这一巨人科技大厦，给资产规模仅1亿元的巨人集团埋下了覆灭的种子。当时，巨人集团为了筹措资金，除挪用生物工程和软件开发的流动资金外，还通过出售楼花在中国香港筹款6 000万元港币，在内地获得4 000万元人民币，其中在内地签订的楼花买卖协议规定，三年后大楼一期工程（20层）完工后履行，如未能如期完工，巨人集团应退还定金并给予经济补偿。到了1996年年底，一期工程未能如期完工，这4 000万元楼花就成了巨人集团财务危机的导火索，巨人集团终因财务状况不良而陷入破产的危机之中。

（曹刚，2002年）

点评：巨人集团的失败，表面看来是由4 000万楼花引起的。究其深层原因，则是多元化经营战略决策的失误。多元化经营是一种理念，一种经营模式，有其存在的价值，但是多元化经营有时候会影响企业的获利能力，如果没有处理好主导产品和相关产品的关系，会导致行动上的失败。多元化经营的基础是量力而为、抓住核心、步步为营、稳扎稳打。

第一节　获利能力分析的目的与内容

一、获利能力分析的含义及影响因素

获利能力通常是指企业在一定时期内赚取利润的能力。追求利润是投资者的直接目的，利润是企业发展壮大的直接动力。获利能力的大小是一个相对的概念，即利润是相对于一定的资源投入、一定的收入而言。利润率越高，获利能力越强；利润率越低，获利能力越差。企业经营业绩的好坏最终可通过企业的获利能力来反映。

获利能力是一个经济效益指标，是投入与利润的比例，反映单位投入的获利金额，或每百元投入的获利金额。它不仅可以用于不同企业获利能力的对比，还可以反映同一个企业在不同时间获利能力的提高情况。单纯从利润总额的变化上是不能直接说明获利能力的提高与降低的，但是在投入一定的情况下，利润总额的变化能够直接表明获利能力的变化方向，而且通过对利润总额中各因素的分析，可以寻求到提高获利能力的途径。从这一意义上讲，影响利润总额变化的因素就会对企业的获利能力产生影响。

企业实现的利润主要来自企业的生产、销售、投资等各环节的活动，它是企业生产经营、对外投资、营业外业务各个环节活动效益的综合反映，因此，影响企业实现利润的因素应包括：营业收入、营业成本、税金及附加、销售费用、管理费用、财务费用、投资收益以及营业外收支等。这些因素同时也是影响获利能力的主要因素。

此外，企业的投入资产也是影响获利能力的重要因素。当利润额一定时，投入加大，获利能力下降；反之，获利能力提高。

二、获利能力分析的目的

从企业的角度来看，企业从事经营活动，其直接目的是最大限度地赚取利润并维持企业持续、稳定的经营和发展。持续、稳定的经营和发展是获取利润的基础；最大限度获取利润又是企业持续、稳定发展的目标和保证。只有在不断获取利润的基础上，企业才可能发展；同样，获利能力较强的企业比获利能力较弱的企业具有更大的活力和更好的发展前景。不同的信息使用者分析的角度不同，分析的目的也各有侧重。

1. 企业经理人员进行获利能力分析的目的

获利能力是企业经理人员最重要的业绩衡量标准，也是其发现问题、改进企业管理的突破口。对企业经理人员来说，企业获利能力分析的目的具体表现在以下两个方面。

（1）利用获利能力的有关指标反映和衡量企业经营业绩。企业经理人员的根本任务就是通过自己的努力使企业赚取更多的利润。各项收益数据反映着企业的获利能力，也反映了经理人员工作业绩的大小。用已达到的获利能力指标与标准、基期、同行业平均水平、其他企业相对比，可以衡量经理人员工作业绩的优劣。

（2）通过获利能力分析发现经营管理中存在的问题。获利能力是企业各环节经营活动的具体表现，企业经营的好坏都会通过获利能力表现出来。通过对获利能力的深入分析，可以发现经营管理中的重大问题，进而采取措施解决问题，提高企业收益水平。

2. 企业债权人进行获利能力分析的目的

对于债权人来讲，利润是企业偿债的重要来源，特别是对长期债务而言。获利能力的强弱直接影响企业的偿债能力。企业举债时，债权人势必审查企业的偿债能力，而偿债能力的强弱最终取决于企业的获利能力。因此，分析企业的获利能力对债权人也是非常重要的。

3. 企业股东进行获利能力分析的目的

对于股东（投资人）而言，企业获利能力的强弱更是至关重要的。在市场经济条件下，股东往往会认为企业的获利能力比财务状况、营运能力更重要。股东们的直接目的就是获得更多的利润，因为对于信用相同或相近的多个企业，人们总是将资金投向获利能力强的企业。股东们关心企业赚取利润的多少并重视对利润率的分析，是因为他们的股息与企业的获利能力是紧密相关的。此外，企业获利能力增加还会使股票价格上升，从而使股东们获得更多的资本收益。

三、获利能力分析的内容

获利能力的分析是企业财务分析的重点，财务结构分析、偿债能力分析等的根本目的是通过分析，及时发现问题，改善企业财务结构，提高企业偿债能力、经营能力，最终提高企业的获利能力，促进企业持续、稳定发展。对企业获利能力的分析主要指对利润率的分析。因为尽管利润额的分析可以说明企业财务成果的增减变动状况及其原因，为改善企业经营管理指明了方向，但是，由于利润额受企业规模或投入总量的影响较大，一方面使不同规模的企业之间不便于对比，另一方面它也不能准确反映企业的获利能力和获利水平，因此，仅进行利润额分析一般不能满足各方面对财务信息的要求，还必须对利润率进行分析。

利润率指标从不同角度或从不同的分析目的看，可有多种形式。在不同的所有制企业中，反映企业赢利能力的指标形式也不同。在这里，我们对企业获利能力的分析将从以下几方面进行。

（1）商品经营获利能力分析。这是利用利润表资料进行利润率分析，包括收入利润率分析和成本利润率分析两方面。

（2）资本经营与资产经营赢利能力分析。资本经营赢利能力分析主要对净资产收益率指标进行分析与评价，资产经营赢利能力分析主要对总资产报酬率指标进行分析和评价。

（3）上市公司获利能力分析。这是对每股收益、每股净资产、市盈率、股利支付率等指标进行分析。

（4）收益质量分析。这是利用现金流量表的数据对以资产负债表和利润表为基础计算的获利能力指标进行补充，主要有净资产现金回收率、全部资产现金回收率、赢利现金比率、销售获现比率等。

第二节　企业经营获利能力分析

一、收入利润率分析

企业的销售收入是企业获利的主要来源，因此，可以设置若干以销售收入为基础的评价指标进行获利能力分析，主要指标有营业毛利率、营业利润率、税前利润率、营业净利率等。

1. 营业毛利率

营业毛利率是指企业营业毛利润与营业收入的比率。营业毛利率是生产经营业务带来的毛利润，因此，该指标反映了企业的主营业务经营成果状况，能够反映企业主要获利能力，其计算公式为

$$营业毛利率=\frac{毛利}{营业收入}\times100\%=\frac{营业收入-营业成本}{营业收入}\times100\%$$

营业毛利率指标反映了企业主营业务的基本获利能力，只有较高的营业毛利率，才能保证企业能够获得较高的净利润，因此，该指标越高，说明企业获利能力越强；反之，获利能力越弱。同时，销售毛利率指标与销售毛利润结合分析，能够分别从相对数和绝对数两个角度分析企业的获利能力，分析更加全面。

同行业的营业毛利率通常是比较接近的，出现差别说明企业在价格制定和变动成本控制方面的情况不同。企业可以与同行业平均值或先进水平进行营业毛利率的比较，发现差异，并根据差异产生的原因进行改进，提高获利能力。

【知识导航】

营业毛利率具有明显的行业特征，如商品零售业，营业周期短，固定费用低，其行业毛利润低；而制造业，营业周期长，固定费用高，其行业毛利润一般较高。据了解，电力、电信、医疗器械、电子、通信等行业由于其垄断性及专有技术性，营业毛利率较高，而机械、基础建设、食品、农产品加工等行业，由于劳动密集度和传统性，营业毛利率较低。

与营业收入相关的指标还有营业成本率。营业成本率是指企业营业成本与营业收入的比率。营业成本是变动成本，将随着产品销售数量的增加而按比例增加。该指标反映了企业营业成本占营业收入的比重，从而反映企业的主要获利能力，其计算公式为

$$营业成本率=\frac{营业成本}{营业收入}\times100\%$$

营业成本率反映了企业控制营业成本的情况。该比率越低，说明企业成本控制得越好，获利能力越强；反之，获利能力则较弱。

同行业的营业成本率也是比较接近的，如果与其他企业有所差别，应该分析其原因，看是成本控制不当，还是价格制定不当，从而采取相应的改进措施。只有营业成本率控制得当，企业才有能力承受期间费用等其他支出，保证有较高的净利润。

【课堂讨论 8.1】

营业成本率与营业毛利率之间有什么关系？

2. 营业利润率

营业利润率是指企业的营业利润与营业收入的比率。该指标是扣除了变动成本和主要固定成本并加上投资收益后的利润占营业收入的比率，也是评价企业获利能力的重要指标，其计算公式为

$$营业利润率=\frac{营业利润}{营业收入}\times100\%$$

与营业毛利率相比，在评价企业的获利能力方面营业利润率更进了一步，不仅考虑了变动

成本（即营业成本）和主要固定成本（即期间费用），同时也考虑了投资收益。同样，该比率越高，反映企业经营状况越好，获利能力越强；反之，说明企业获利能力较弱。

【知识导航】

营业利润是企业利润总额中最基本的组成部分，是企业获利能力高低的重要依据。由于各行业的竞争能力、经营状况、利用负债融资的程度及行业经营特征不同，使得不同行业各企业之间的营业利润率不尽相同。因此，在使用该指标进行分析时，还要注意企业的个别营业利润率与同行业其他企业进行对比分析，以发现企业获利能力的地位，从而更好地评价企业获利能力的状况。

3. 税前利润率

【课堂讨论 8.2】

如果企业前后两年的营业毛利率变化不大，营业利润率有了提高，说明了什么？

税前利润率是指企业的税前利润总额与营业收入的比率。税前利润总额没有考虑企业所得税对企业利润的影响，因此，将税前利润率与净利润率进行对比，能够说明企业所得税对企业获利能力的影响。该比率为税前利润总额与营业收入的比值，能够反映企业的获利能力，其计算公式为

$$税前利润率=\frac{税前利润总额}{营业收入}\times100\%$$

税前利润率越大，说明企业在不考虑所得税的前提下，总的利润率越高，获利能力也越强；反之，说明企业获利能力越弱。

4. 营业净利率

营业净利率是企业税后净利润与总收入的比率，该比率反映了企业最终获得的利润占总收入的比率，代表了企业最终的获利能力，其计算公式为

$$营业净利率=\frac{净利润}{营业收入}\times100\%$$

营业净利率越高，说明企业最终获利能力越强；反之，则说明企业最终的获利能力越弱。该比率的分子净利润是企业最终的利润，能够用以评价企业最终获取利润的水平。该指标与税前利润率比较，可以反映出企业所得税的情况。对于不同国家、不同地区、不同行业的企业，其企业所得税的计算方法和税率也可能不同，因此，即使税前利润率相同的企业，也会由于所得税的不同而使最终的获利能力不同。

【即学即练 8.1】 根据 WW 公司利润（如表 4.1 所示）的资料，计算并分析该公司的营业毛利率、营业利润率、税前利润率和营业净利率（如表 8.1 所示）。

表 8.1　WW 公司收入利润率分析

项　目	20×5 年	20×4 年	差异
营业收入（元）	1 550 000	1 300 000	250 000
营业成本（元）	1 100 000	1 000 000	100 000
营业利润（元）	246 100	82 000	164 100
利润总额（元）	126 400	112 000	14 400
净利润（元）	94 800	84 000	10 800
营业毛利率（%）	29.03	23.08	5.95
营业利润率（%）	15.88	6.31	9.57
税前利润率（%）	8.15	8.62	−0.47
营业净利率（%）	6.12	6.46	−0.34

分析点津　WW 公司 20×5 年营业毛利率与营业利润率都比 20×4 年的有大幅度提高，说明公司主营业务和生产经营的获利能力都有所增强。但是本年税前利润率与营业利润率较 20×5 年略有下降，如第四章利润表分析所述，主要原因是受营业外支出的影响。

二、成本费用利润率分析

反映成本费用利润率的指标有许多形式，其中主要有营业成本利润率、营业费用利润率、全部成本费用利润率等。

这类指标反映了企业投入产出水平，即所得与所费的比率，体现了增加利润是以降低成本及费用为基础的。这些指标的数值越高，表明生产和销售产品每耗费一元成本及费用取得的利润越多，劳动耗费的效益越高；反之，则说明每耗费一元成本及费用实现的利润越少，劳动耗费的效益越低。

1. 营业成本利润率

营业成本利润率是指企业营业利润与营业成本之间的比率，其计算公式为

$$营业成本利润率=\frac{营业利润}{营业成本}\times100\%$$

营业成本利润率为正指标，即指标值越高越好。分析评价时，可将各指标实际值与标准值进行对比。标准值可根据分析的目的与管理要求确定。营业成本利润率是综合反映企业成本效益的重要指标。

2. 营业费用利润率

营业费用利润率是指企业营业利润与营业费用总额之间的比率。营业费用总额包括营业成本、税金及附加、期间费用和资产减值损失。其计算公式为

$$营业费用利润率=\frac{营业利润}{营业费用}\times100\%$$

营业费用利润率中分母的营业费用包括企业为了获取营业利润所付出的所有成本费用，反映了企业利用成本费用资源创造基本利润的能力。该指标为正指标，越高越好。

3. 全部成本费用利润率

全部成本费用利润率指标可以分为全部成本费用总利润率和全部成本费用净利润率两种形式。

（1）全部成本费用总利润率计算公式为

$$全部成本费用总利润率=\frac{利润总额}{营业费用+营业外支出}\times100\%$$

（2）全部成本费用净利润率计算公式为

$$全部成本费用净利润率=\frac{净利润}{营业费用+营业外支出}\times100\%$$

全部成本费用利润率反映了企业全部投入与全部产出的水平，即所得与所费的比率，也都是正指标。对于投资者而言，当然是全部成本费用利润率越大越好。全部成本费用利润率越大，说明同样的成本费用能取得越多的利润，或者说企业取得同样的利润只需要花费更少的成本费用支出。这样，企业的获利能力越强；反之，获利能力越弱。

【即学即练 8.2】 根据 WW 公司利润（如表 8.1 所示）的资料，计算并分析该公司的营业成本利润率、营业费用利润率、全部成本费用利润率（如表 8.2 所示）。

分析点津 通过计算结果表明，WW 公司 20×5 年营业成本利润率与营业费用利润率都比 20×4

年的有大幅度提高，说明该公司营业利润的增长速度超过了营业成本和营业费用的增长速度，生产经营获利能力有所增强。但是该公司本年全部成本费用总利润率和全部成本费用净利润率都比 20×4 年有所下降，是由于营业外支出的增加导致的。

【学中做 8.1】 根据丁公司利润表部分数据，如表 8.3 所示，计算该公司 20×4 年和 20×5 年的营业毛利率、营业成本率、营业利润率、营业净利率、营业成本利润率、营业费用利润率、全部成本费用总利润率，并进行简要分析。

表 8.2 WW 公司成本费用利润率分析

项　目	20×5 年	20×4 年	差异
营业成本（元）	1 100 000	1 000 000	100 000
营业费用（元）	1 324 400	1 238 000	86 400
全部成本费用（元）	1 444 100	1 238 000	206 100
营业利润（元）	246 100	82 000	164 100
利润总额（元）	126 400	112 000	14 400
净利润（元）	94 800	84 000	10 800
营业成本利润率(%)	22.37	8.2	14.17
营业费用利润率(%)	18.58	6.62	11.96
全部成本费用总利润率（%）	8.75	9.05	−0.3
全部成本费用净利润率（%）	6.56	6.79	−0.23

表 8.3 利润表

编制单位：丁公司　20×5 年 12 月　（单位：元）

项　目	20×5 年	20×4 年
营业收入	84 000 000	65 000 000
营业成本	67 200 000	51 350 000
营业费用	4 200 000	4 355 000
营业利润	12 600 000	9 295 000
营业外收入	560 000	1 488 458
营业外支出	140 000	3 850 125
利润总额	13 020 000	6 933 333
净利润	9 765 000	5 200 000

第三节 资本经营与资产经营获利能力分析

企业的经营获利能力分析主要是针对企业收入利润率及成本费用利润率的比较分析。通俗地说，就是对企业买、卖结果的分析。对于投资人而言，仅仅了解企业目前买卖赚钱没有还不够，还需要确认相同的资本投资，在哪一家企业获得的利润更多些。这就需要我们对企业与投资相关的获利能力指标进行分析。这些指标主要有净资产收益率、资本金收益率、总资产报酬率等。

一、资本经营获利能力分析

资本经营获利能力是指企业所有者通过投入资本经营取得利润的能力。反映资本经营获利能力的指标主要有净资产收益率和资本金收益率。

1. 净资产收益率

净资产收益率，又称为股东权益报酬率、股东权益收益率或所有者权益收益率，即企业一定时期内净利润与平均净资产的比率，其计算公式为

$$\text{净资产收益率}=\frac{\text{净利润}}{\text{平均净资产}}\times 100\%$$

净资产是指企业资产减去负债后的余额，包括实收资本、资本公积、盈余公积和未分配利润等，也就是资产负债表中的所有者权益部分。

平均净资产，一般为年初与年末净资产（股东权益）的平均数，但是，如果要通过该指标观察分配能力，则取年度末的净资产更为恰当。

【即学即练 8.3】根据 WW 公司资产负债表（如表 3.3 所示）和利润表（如表 4.1 所示）的资料，计算该公司的净资产收益率如下：

$$\text{WW公司}20\times 4\text{年净资产收益率}=\frac{84\,000}{10\,652\,930}\times 100\%=0.79\%$$

$$\text{WW公司}20\times 5\text{年净资产收益率}=\frac{94\,800}{(10\,818\,770+10\,652\,930)\div 2}\times 100\%=0.88\%$$

分析点津 该公司 20 × 5 年净资产收益率为 0.88%，20 × 4 年为 0.79%，可见该公司净资产获利能力很低。20 × 5 年比 20 × 4 年略有提高，但改善不大。

通过净资产收益率的分析，报表使用者可以实现以下目的。

（1）判断企业的投资收益。准确地说，是判断企业用归所有者的资金赚取收益的能力。

（2）能够通过这一指标判断管理者管理水平的高低。投资者要考察管理者的工作业绩，仅仅有利润的绝对数额还不够，还要考虑其是用多少权益资金获得的利润。

（3）净资产收益率可以作为所有者考核自已投入企业的资本保值增值程度的基本依据，考核投资者是否获得了足够多的投资回报。

【知识导航】

净资产收益率的因素分析

1. 净资产收益率的影响因素

影响净资产收益率的因素主要有总资产报酬率、负债利息率、企业资本结构和所得税率等。

（1）总资产报酬率。净资产是企业全部资产的一部分，因此，净资产收益率必然受企业总资产报酬率的影响。在负债利息率和资本构成等条件不变的情况下，总资产报酬率越高，净资产收益率就越高。

（2）负债利息率。负债利息率之所以影响净资产收益率，是因为在资本结构一定情况下，当负债利息率变动使总资产报酬率高于负债利息率时，将对净资产收益率产生有利影响;反之，在总资产报酬率低于负债利息率时，将对净资产收益率产生不利影响。

（3）资本结构或负债与所有者权益之比。当总资产报酬率高于负债利息率时，提高负债与所有者权益之比，将使净资产收益率提高;反之，降低负债与所有者权益之比，将使净资产收益率降低。

（4）所得税率。因为净资产收益率的分子是净利润即税后利润，因此，所得税率的变动必然引起净资产收益率的变动。通常，所得税率提高，净资产收益率下降；反之，则净资产收益率上升。

下式可反映出净资产收益率与各影响因素之间的关系

净资产收益率=净利润/平均净资产

=(息税前利润−负债×负债利息率)×（1−所得税税率）/平均净资产

2. 净资产收益率因素分析

明确了净资产收益率与其影响因素之间的关系，运用连环替代法或定基替代法，可分析各因素变动对净资产收益率的影响。

2. 资本金收益率

净资产收益率体现的是所有者权益资本的获利能力，而所有者权益并不都是投资者初始投资形成的，有一部分是企业历年经营留存的，还有一些是企业通过接受捐赠等方式得到的。对于投资者而言，在确认自己“拥有的资产”的获利能力的基础上，也需要知道，自己投入的那些钱的获利能力如何，这就需要用到资本金收益率指标。

资本金收益率是一定期间内企业的净利润与资本金的比率。所谓资本金就是投资者初始投入的资本，在资产负债表上体现为“股本”或“实收资本”，这一指标用来衡量企业所有者投入资本赚取利润的能力。资本金收益率计算公式为

$$资本金收益率=\frac{净利润}{平均实收资本}\times 100\%$$

在使用资本金收益率对企业的获利能力进行分析时，要注意以下问题。

（1）在衡量指标高低时，应确定一个基准的资本金收益率。如果行业平均的资本金收益率为140%，企业当期的资本金收益率为130%，虽然说我们用100元钱赚到了130元钱，收益也不错，但和行业平均收益水平比，获利能力还处于中等以下。

（2）资本金收益率虽然反映了投资者投入资本的获利水平，却不代表真正能够分给投资者这么多钱，因为企业为了持续发展和扩大经营，每期实际支付给所有者的利润只能是净利润的一部分，具体可以分配给投资者多少，由企业的分配政策来决定。

二、资产经营获利能力分析

资产经营获利能力分析是指企业运营资产产生利润的能力。反映企业资产经营获利能力的

指标主要有总资产报酬率和总资产收益率。

1. 总资产报酬率

在分析企业总体资产的获利能力时，还常常会用到总资产报酬率这个指标。因为有观点认为“企业所有资金提供人都是平等的”。这种观点认为，不管是企业股东还是债权人，他们都向企业投入了资金，企业在关注他们的感受时，应该用平等的眼光，不能仅考虑股东。

基于这种观点，就不能用净利润来分析总资产的获利能力了。因为，我们在计算净利润的时候，扣除了分配给债权人的收益——利息费用，这就使得收益不完整了。同样道理，所得税虽然是按税法强制要求上缴给国家的，但这也是企业创造的收益，只不过这部分收益作为了企业对社会的贡献上缴了。我们在衡量企业的经营业绩时，应该考虑他们用全部资产创造的全部收益，因此，在净利润的基础上，加上利息支出和所得税费用，从而得到了息税前利润，用这一利润来衡量总资产的获利能力指标就是总资产报酬率。

总资产报酬率，即企业一定期间的息税前利润与平均总资产之间的比率。运用资产负债表和利润表的资料，可计算总资产报酬率，其计算公式为

$$总资产报酬率=\frac{息税前利润}{平均总资产}\times 100\%$$

【即学即练 8.4】根据 WW 公司资产负债表（如表 3.3 所示）和利润表（如表 4.1 所示）的资料，计算并分析该公司的总资产报酬率如下：

$$WW公司20\times 4年总资产报酬率=\frac{112\,000+10\,000}{13\,169\,380}\times 100\%=0.93\%$$

$$WW公司20\times 5年总资产报酬率=\frac{126\,400+16\,000}{(13\,169\,380+15\,402\,938)\div 2}\times 100\%=1\%$$

分析点津 WW 公司两年的总资产报酬率分别为 0.93%和 1%，该公司的资产获利能力略有提高，但总体而言资产获利能力还是很差。

总资产报酬率反映了企业的基本获利能力，因为它排除了不同资金来源方式对企业利润的影响，体现的是企业使用所拥有的全部资产获取利润的能力。

2. 总资产收益率

总资产收益率是企业一定期间内实现的收益额与该时期企业平均资产总额的比率。该指标也是用来衡量企业总体资产获利能力的指标，其计算公式为

$$总资产收益率=\frac{净利润}{平均总资产}\times 100\%$$

影响总资产收益率的因素是企业本期净利润的多少和企业总资产的规模。净利润与该指标正相关，即净利润越高，总资产收益率就越高。而企业的资产规模与该指标负相关，即净利润一定的情况下，企业资产的规模越大，其总资产的收益率就越低。就如同粮食就这么多，吃饭的人越多，每个人能吃到的就越少。

总资产收益率作为衡量企业总体资产获利能力的指标，对其分析，可以实现以下目标。

（1）该指标能够直观地衡量企业资产运用效率和资金利用效果。同一行业，甲股东投资 A 公司的收益率为 30%，此时，乙股东投资 B 公司的收益率为 50%，也就是说甲、乙都投资 100 元的话，甲比乙少赚 20 元，说明 A 公司的资产运用效率不如 B 公司。

（2）在企业资产总额一定的情况下，通过总资产收益率指标可以分析企业获利能力的稳定性和持久性，确定企业所面临的风险。只要不扩大生产经营规模，企业在每期期末都将利润全部分配给股东的情况下，资产总额就会保持在一个比较稳定的状态，如果此时比较企业不同期间内的总资产收益率，就能判断出企业获利能力的稳定性。

【即学即练 8.5】根据表 8.4 资料，计算某企业 20×5 年净资产收益率。

表 8.4　某企业资本经营与资产经营指标计算表　（单位：元）

项　目	20×5 年	20×4 年	20×3 年
净利润	27 478	108 745	35 612
利润总额	30 917	111 158	36 775
利息支出	1 887	61	440
息税前利润	32 804	111 219	37 215
平均净资产	447 074.50	462 853.5	469 215
平均资产总额	566 611	575 411.5	583 283
总资产收益率	4.85%	18.90%	6.11%
总资产报酬率	5.79%	19.33%	6.38%
净资产收益率	6.15%	23.49%	7.59%

分析点津　从表 8.4 计算结果可知，该企业 20×3 年至 20×5 年总资产收益率波动较大，20×3 年为 6.11%，20×4 年较 20×3 年有较大幅度上升，达到 18.9%，20×5 年又下降到 4.85%，说明该企业总资产创造净利润的能力明显不稳定，需要进一步分析原因。该企业 20×3 年至 20×5 年总资产报酬率波动较大，20×3 年为 6.38%，20×4 年为 19.33%，较 20×3 年有大幅度提高，20×5 年下降到 5.79%，较 20×4 年下降了 13.54%。进一步分析 20×5 年利润率降低的主要原因是当年息税前利润较 20×4 年下降，应结合该企业的资产项目进一步分析，改进管理，进一步提高该企业资产利用效率。该企业 20×3 年至 20×5 年净资产收益率波动较大，20×3 年为 7.59%，20×4 年较 20×3 年有较大幅度上升，达到 23.49%，20×5 年又下降到 6.15%，说明其资本经营获利能力不够稳定，具体原因应结合相关资料进一步分析，还应结合行业平均值或先进值进行比较分析，才能得到相对准确的分析结论。

第四节　上市公司获利能力分析

股份公司通过上市，使其股票具有最强的流通性和变现性，便于投资者通过购买股票方式直接实现对公司的投资。对于企业来说，也能便捷地在资产市场实现增资和融资。

由于上市公司成为大众投资的对象，就需要规范其财务行为，并要求其定期对外报送财务数据，做到信息公开，同时接受国家证监会和社会公众的监督，以保障广大投资者的利益不被个别不法行为所侵犯。

投资者通过购买股票的方式投资某一公司，除了要考虑行业特点外，最重要的是期望这个企业在未来一定期间内能给他们带来更多的收益。此外，投资者还要关注所投资公司的获利能力和经营情况，以确定是否对所投资的股票长期持有，在未来分得较多的红利。因此，我们要对上市公司的获利能力进行分析。

衡量上市公司获利能力的指标主要有每股收益、每股净资产、市盈率、股利支付率等指标。

一、每股收益分析

每股收益的基本含义是指每股发行在外的普通股所能分摊到的净收益额，即普通股股东每持有一份普通股所享有的净利润或承担的净亏损。

【知识导航】

普通股是随着企业利润变动而变动的一种股份，它是股份公司资本构成中最普通、最基本的股份，是股份企业资金的基础部分。普通股的基本特点是其投资收益（股息和分红）不是在购买时约定，而是事后根据股票发行公司的经营业绩来确定。公司的经营业绩好，普通股的收益就高；反之，若经营业绩差，普通股的收益就低。普通股是股份公司资本构成中最重要、最基本的股份，也是风险最大的一种股份，但又是股票中最基本、最常见的一种。

优先股是“普通股”的对称，是股份公司发行的在分配红利和剩余财产时比普通股具有优先权的股份。优先股也是一种没有期限的有权凭证，优先股股东一般不能在中途向公司要求退股（少数可赎回的优先股例外）。

优先股的主要特征有两个方面。一是优先股通常预先定明股息收益率。由于优先股股息率事先固定，所以优先股的股息一般不会根据公司经营情况而增减，而且一般也不能参与公司的分红，但优先股可以先于普通股获得股息，对公司来说，由于股息固定，它不影响公司的利润分配。二是优先股的权利范围小。优先股股东一般没有选举权和被选举权，对股份公司的重大经营无投票权，但在某些情况下可以享有投票权，如公司股东大会需要讨论与优先股有关的索偿权时。优先股的索偿权先于普通股，而次于债权人。

优先股的优先权主要表现在两个方面：①股息领取优先权。股份公司分派股息的顺序是优先股在前，普通股在后。股份公司不论赢利多少，只要股东大会决定分派股息，优先股就可按照事先确定的股息率领取股息，即使普遍减少或没有股息，优先股亦应照常分派股息。②剩余资产分配优先权。股份公司在解散、破产清算时，优先股具有公司剩余资产的分配优先权，不过，优先股的优先分配权在债权人之后，而在普通股之前。只有还清公司债权人债务之后，有剩余资产时，优先股才具有剩余资产的分配权。只有在优先股索偿之后，普通股才参与分配。

1. 基本每股收益

基本每股收益是指归属于普通股股东的当期净利润扣除应发放的优先股股利后的余额与发行在外的普通股加权平均数之比，其计算公式为

$$\text{基本每股收益}=\frac{\text{净利润}-\text{优先股股利}}{\text{发行在外的普通股加权平均股数}}$$

由于优先股股东对股利的受领权优先于普通股股东，因此在计算普通股股东所能享有的收益额时，应将优先股股利扣除。公式分母采用加权平均股数，是因为本期内发行在外的普通股数只能在增加以后的这一段时期内产生权益，减少的普通股股数在减少以前的期间内仍产生收益，所以必须采用加权平均数，以正确反映本期内发行在外的股份份额。

【即学即练 8.6】 某公司 20×5 年年初发行在外的普通股有 20 万股，20×5 年 7 月 1 日又增发了 6 万股，并且该年内未发行其他股票，也没有退股的事项，则 20×5 年度发行在外的加权平均股数为多少？

解 加权平均股数 = 20 + (6 × 6 ÷ 12) = 23（万股）

2. 稀释每股收益

稀释每股收益是指当企业存在潜在性稀释普通股时，应当分别调整归属于普通股股东的当期净利润和发行在外的普通股加权平均数，并据以计算稀释每股收益。

所谓潜在性稀释普通股是指假设当期转换为普通股会减少每股收益的潜在普通股，如可转换公司债券、认股权证和股份期权。

稀释每股收益的计算公式为

$$稀释每股收益=\frac{净利润-优先股股利}{普通股平均股数+约当普通股股数}$$

【即学即练 8.7】假设 A 公司 20×5 年 1 月 1 日发行 100 万份认股权证，行权价格为 3.5 元。20×5 年度净利润为 200 万元，发行在外的普通股加权平均股数为 500 万股，普通股市场价格为 4 元。计算基本每股收益、稀释每股收益。

解

基本每股收益 = 200 ÷ 500 = 0.4（元/股）

调整后增加的股数 = 100 − 100 × 3.5 ÷ 4 = 12.5（万股）

稀释每股收益 = 200 ÷ (500 + 12.5) = 0.39（元/股）

【即学即练 8.8】假设 A 公司 20×5 年 1 月 1 日发行利率为 4%的可转换债券，面值为 800 万元，每 100 元债券可转换为 1 元面值的普通股 90 股。20×5 年度净利润为 4 500 万元，20×5 年发行在外的加权平均股数为 4 000 万股，所得税税率为 25%。计算基本每股收益与稀释每股收益。

解

基本每股收益 = 4 500 ÷ 4 000 = 1.125（元/股）

净利润的增加 = 800 × 4% × (1 − 25%) = 24（万元）

普通股数增加数 = 800 ÷ 100 × 90 = 720（万股）

稀释每股收益 = (4 500+24) ÷ (4 000 + 720) ≈ 0.96（元/股）

每股收益是衡量上市公司赢利能力最常用的财务指标，它反映普通股的获利水平，也是衡量上市公司市场价值大小的重要指标。一般来说，每股收益越高，可用以分配给股东的每股红利也就越多，投资者从每股中取得的收益也就越多，股票价格就会随之上涨；反之，则相反。

每股收益作为评价上市公司获利能力的核心指标，其作用主要有以下几种。

（1）每股收益反映了企业的获利能力，决定了股东的平均收益水平，每一股在本期获得的收益一目了然，便于股民选择投资哪个公司的股票。

（2）每股收益是确定股票价值的主要参考指标。虽然股票价格受到市场资金供求、证券市场行情等多种因素的影响，但最终都要回归到企业的获利能力，只有真正效益好的企业才会被投资者长期投资。所以，每股收益作为企业获利状态的“温度计”，同时也决定了企业股价的高低。

（3）通过对某一企业连续若干期的每股收益变动情况及其趋势进行分析，可以帮助投资者了解企业投资报酬率在较长时期的变动规律，从而确定是否需要长期持有该公司股票。

（4）通过对同一行业不同企业间每股收益的比较分析，能够帮助投资者确认自己关注的企业指标在同行业中的地位，从而在市场影响因素类似的情况下，对所有者投资企业的获利能力做出更客观的评价。

二、每股净资产分析

每股净资产是期末归属于普通股的净资产（即股东权益）与年度末普通股股份总数的比值，也称为每股账面价值或每股权益。这一指标用来衡量企业每股股票所拥有的资产价值。企业每股净资产越高，股东拥有的资产价值就越多；每股净资产越低，股东所拥有的资产价值就越少。其计算公式为

$$每股净资产=\frac{期末股东权益总额-优先股权益}{期末普通股股份总数}$$

【即学即练 8.9】A 公司为上市公司，净资产为 160 000 万元，发行在外的普通股股数为 10 000 万股，该公司的每股净资产为多少？

解　　每股净资产 = 160 000 ÷ 10 000 = 16（元）

每股净资产是上市公司实力的体现，其原因如下。

（1）每股净资产反映了每股股票代表的公司净资产的价值。任何一个企业的经营都是以其净资产为起点和基础的。如果一个企业负债过多而实际拥有的净资产很少，就意味着其经营成果的绝大部分都将用来还债，企业可能出现资不抵债的现象，将会面临着破产的危险。因此，每股净资产是衡量上市公司经济实力的重要指标。

（2）每股净资产是支撑股票市场价格的重要基础。每股净资产值越大，表明公司每股股票代表的财富越雄厚，通常创造利润的能力和抵御外来因素影响的能力也越强。这样公司的发展潜力也越大，投资者承担的投资风险也越低。

但是，我们在用每股净资产进行财务分析时，需要关注每股净资产的"含金量"，不同的净资产内部结构，分析得出的企业发展实力也是有差别的。

【即学即练 8.10】 D 上市公司每股净资产为 7.28 元，普通股股数为 10 000 万股，在该公司的财务报表中显示，目前该公司有应收账款 28 976 万元，这么大额的应收账款，一旦出现回款困难形成坏账，其每股净资产会大幅度降低，甚至造成公司资金链断裂，影响公司正常运营。

三、市盈率分析

市盈率是反映普通股市场价格与当前每股收益之间的关系，即普通股每股市价相当于每股收益的倍数，反映的是投资者对于上市公司的每一元净利润所愿意支付的价格，可以用来判断企业股票与其他企业股票相比潜在的价值，衡量股票的投资报酬与风险，其计算公式为

$$市盈率=\frac{普通股每股市价}{普通股每股收益}$$

市盈率是衡量上市公司获利能力的重要指标。一般市盈率较高，表明市场对公司的未来看好；如果太高，则可能存在股价高估的泡沫风险。在市价确定的情况下，每股收益越高，市盈率越低，投资风险越小；反之亦然。在每股收益确定的情况下，市价越高，市盈率越高，风险越大；反之亦然。

影响股票市盈率的因素主要有以下几种。

（1）上市公司获利能力的增长性。如果一个上市公司预期未来的获利能力将不断提高，则说明公司具有较好的成长性，虽然目前的市盈率较高，也是值得投资的，因为上市公司的市盈率会随公司获利能力的提高而不断下降。

（2）投资者所获得报酬率的稳定性。如果上市公司经营效益良好且相对稳定，则投资者获取的收益也较高且稳定，投资者就愿意持有该公司的股票，这样公司的市盈率会由于众多投资者普遍看好而提高。

（3）市盈率也受利率水平变动的影响。当市场利率水平变化时，市盈率也应相应地调整。在股票市场的实务操作中，利率与市盈率之间的关系可表示为

$$市盈率=1\div 一年期银行存款利率$$

【即学即练 8.11】 如果当前一年期银行存款利率为 5%，则上市公司的市盈率为 1 ÷ 5%=20，

这是比较合理的。如果银行存款利率为6%，则市盈率为1÷6%=16.67是比较合理的。

【知识导航】

使用市盈率指标时应注意几个方面的问题：一是该指标不能用于不同市场、不同行业公司的简单比较，充满扩展机会的新兴市场和新兴行业市盈率普遍较高，而成熟市场和成熟工业的市盈率普遍较低，这并不说明后者的股票没有投资价值；二是在每股收益很小或亏损时，因市价不会降至零，其很高的市盈率往往反映高估的泡沫风险；三是市盈率的高低受净利润的影响，而净利润受可选择的会计政策的影响，从而使得公司间比较受到限制；四是市盈率的高低受市价的影响，市价变动的影响因素很多，包括投机炒作等，因此观察市盈率的长期趋势很重要。一般的期望报酬率为5%～20%，所以正常的市盈率为5～20。

读者可以从凤凰网财经频道搜索栏在"站内"搜索"上市公司行业平均市盈率统计表"，以下链接及其二维码是2014年8月27日的统计表：

http://finance.ifeng.com/a/20140827/13010364_0.shtml

四、股利支付率分析

股利支付率也称股利发放率，是指普通股每股收益中股利所占的比重，它反映公司的股利分配政策和支付股利的能力，即普通股股东从每股的全部获利中分到多少，其计算公式为

$$股利支付率=\frac{普通股每股股利}{普通股每股收益}\times 100\%$$

公式中的每股股利是实际发放给普通股股东的股利总额与流通股数的比值。股利发放率反映了企业的股利政策，其高低要根据企业对资金需要量的情况具体分析，没有一个固定的标准。

【即学即练8.12】张三和李四合伙做蔬菜生意。李四只负责出钱，张三不但要出钱，还要负责经营。年底张三告诉李四，今年的蔬菜生意赚了60 000元钱。分红时，张三给李四分了10 000元。李四问张三："我们不是赚了60 000元吗？为什么不给我分30 000元，只给我分10 000元？"李四说："我们的确是赚了60 000元，但是宏鑫酒店欠的30 000元还没有收回，而且明年年初我们还要留点资金进货啊。"他们的收益是60 000元，而分配的金额是20 000元，就是现金股利，20 000元除以60 000元就是股利支付率指标。

【即学即练8.13】E公司20×4年度、20×5年度的有关财务指标如表8.5所示，计算E公司的每股收益、每股股利、市盈率和股利支付率。

表8.5 E公司财务信息表

项　目	20×5年度	20×4年度
属于普通股的净利润（元）(1)	900 000	700 000
普通股股利实发数（元）(2)	832 000	600 000
普通股平均数（股）(3)	1 040 000	1 000 000
每股收益（元/股）(4)＝(1)÷(3)	0.87	0.7
每股股利（元/股）(5)＝(2)÷(3)	0.8	0.6
每股市价（元）(6)	10	9
市盈率（倍）(7)＝(6)÷(4)	11.49	12.86
股利支付率（%）(8)＝(5)÷(4)	0.92	0.86

【学中做 8.2】某公司有关资料如表 8.6 所示，根据资料计算该公司的每股股利、基本每股收益、股利支付率，并进行简要分析。

表 8.6　某公司每股股利与股利支付率计算表

项　目	20×5 年	20×4 年	20×3 年
普通股股利总额（元）	16 770	27 947	46 064
发行在外普通股股数（股）	226 081.081 1	226 081.081 1	225 392.405 1
普通股每股股利（元/股）	0.074	0.124	0.178
基本每股收益（元）	0.122	0.481	0.158
股利支付率（%）	60.66	25.78	112.66

第五节　收益质量分析

公司的收益质量分析是其财务质量分析的重要组成部分，只有客观揭示公司的收益质量，才能把握其总体财务状况。因为公司的发展最终取决于收益的增加和收益的质量，公司的收益质量最终会转化为资产质量和资本结构质量，有了好的收益质量，才能保证公司健康成长。因此，只有充分研究公司的收益质量，才能更好地揭示其财务质量。

收益质量是指会计收益所表达的与公司经济价值有关信息的可靠程度。高质量的收益是指报表收益对公司过去、现在的经营成果和未来经济前景的描述是可靠和可信的。高质量的公司收益具体表现为资产运转状况良好，公司所依赖的业务具有较好的市场发展前景，公司具有较强的支付能力，收益所带来的净资产增加能够为公司的未来发展奠定良好的资产基础。反之，如果报表收益对公司过去、现在经济成果和未来经济前景的描述具有误导性，那么该收益就被认为是低质量的。低质量的公司收益具体表现在资产运转状况较差、运转速度较慢，公司发展前景不被看好，公司的获利能力不能转化为现金流量等。

【课堂讨论 8.3】

影响公司收益质量的因素有哪些?

收益质量分析是在获利能力评价的基准上，以收付实现制为计算基础，以现金流量表所列示的各项财务数据为基本依据，通过一系列现金流量指标的计算，对公司获利能力进行进一步修复和检验。通过现金流量指标的计算来修正和补充获利能力指标，更有利于对公司获利能力进行多视角、全方位综合分析，从而反映公司获取利润的品质。

利用现金流量数据反映获利能力的指标非常丰富，主要有净资产现金回收率、全部资产现金回收率、赢利现金比率、销售获现比率、每股经营现金流量和现金分配率等。

一、净资产现金回收率分析

净资产现金回收率是经营活动净现金流量与平均净资产之间的比率。该指标是对净资产收益率的有效补充，对于已经确认收益，而长期不能收现的公司，可以用净资产现金回收率与净资产收益率进行对比，从而观察净资产收益率的获利质量。其计算公式为

$$净资产现金回收率=\frac{经营活动净现金流量}{平均净资产}\times 100\%$$

【即学即练 8.14】根据 WW 公司资产负债（如表 3.3 所示）和现金流量表（如表 5.5 所示）的资料，计算该公司净资产现金回收率如下：

$$\text{WW公司20×4年净资产现金回收率} = \frac{299\,000}{10\,652\,930} \times 100\% = 2.81\%$$

$$\text{WW公司20×5年净资产现金回收率} = \frac{500\,508}{(10\,652\,930 + 10\,818\,770) \div 2} \times 100\% = 4.66\%$$

二、全部资产现金回收率分析

全部资产现金回收率是指经营活动产生的净现金流量与平均总资产之间的比率。该指标可以作为对总资产报酬率的补充，反映企业利用资产获取现金的能力，可以衡量企业资产获取现金能力的强弱，其计算公式为

$$\text{全部资产现金回收率} = \frac{\text{经营活动净现金流量}}{\text{平均总资产}} \times 100\%$$

三、赢利现金比率分析

赢利现金比率也称盈余现金保障倍数，这一比率反映公司本期经营活动产生的现金净流量与净利润之间的比例关系，其计算公式为

$$\text{赢利现金比率} = \frac{\text{经营活动净现金流量}}{\text{净利润}} \times 100\%$$

【即学即练 8.15】根据 WW 公司利润表（如表 4.1 所示）和现金流量表（如表 5.5 所示）的资料，计算该公司赢利现金比率如下：

$$\text{WW公司20×4年赢利现金比率} = \frac{299\,000}{84\,000} \times 100\% = 355.95\%$$

$$\text{WW公司20×5年赢利现金比率} = \frac{500\,508}{94\,800} \times 100\% = 527.96\%$$

一般而言，赢利现金比率越大，公司收益质量就越高。如果该比率小于 1，说明本期净利润中存在尚未实现的现金收入。此时，即使公司赢利，也可能发生现金短缺。在进行收益质量分析时，仅仅靠一年的数据未必能说明问题，需要进行连续的赢利现金比率比较。若公司的赢利现金比率一直小于 1 甚至为负数，则说明公司的收益质量差，严重时会导致破产。

四、销售获现比率分析

销售获现比率是以销售商品、提供劳务收到的现金与营业收入相比。该指标反映企业通过销售获取现金的能力，其计算公式为

$$\text{销售获现比率} = \frac{\text{销售商品、提供劳务收到的现金}}{\text{营业收入}} \times 100\%$$

使用该指标进行分析时，应注意当期收到的预收账款和收回前期的应收账款的影响。

五、每股经营现金流量分析

每股经营现金流量是指经营活动净现金流量与发行在外的普通股股数的比率。该指标反映

发行在外的普通股所平均占有的经营净现金流量。其值越大，说明企业进行资本支出和支付股利的能力越强，其计算公式为

$$每股经营现金流量=\frac{经营活动净现金流量}{发行在外的普通股股数}\times 100\%$$

六、现金分配率

现金分配率是指企业现金股利与经营活动净现金流量之间的比率。该指标反映经营活动取得的现金有多大比重用于现金股利，其计算公式为

$$现金分配率=\frac{现金股利}{经营活动净现金流量}\times 100\%$$

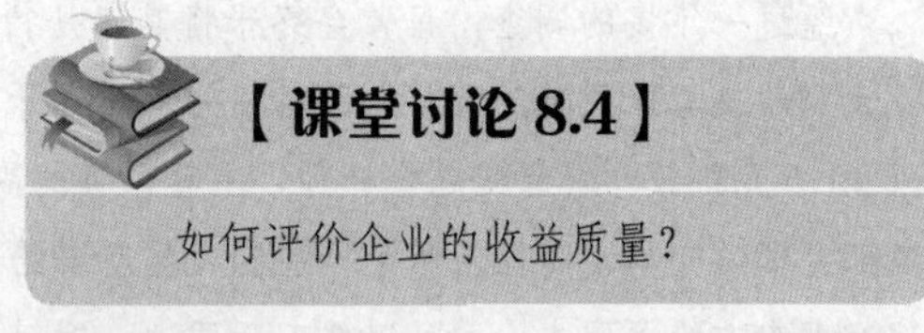

【课堂讨论 8.4】

如何评价企业的收益质量？

小　结

获利能力通常是指企业在一定时期内赚取利润的能力。获利能力的大小是一个相对的概念，即利润相对于一定的资源投入、一定的收入而言。利润率越高，获利能力越强；利润率越低，获利能力越差。

企业获利能力的分析包括以下几方面。①商品经营赢利能力分析。这是利用利润表资料进行利润率分析，包括收入利润率分析和成本利润率分析两方面。②资本经营与资产经营赢利能力分析。资本经营赢利能力分析主要对净资产收益率指标进行分析与评价。资产经营赢利能力分析主要对总资产报酬率指标进行分析和评价。③上市公司获利能力分析。这是对每股收益、每股净资产、市盈率、股利支付率等指标进行分析。④收益质量分析。这是利用现金流量表的数据对以资产负债表和利润表为基础计算的获利能力指标进行补充，主要有净资产现金回收率、全部资产现金回收率、赢利现金比率、销售获现比率等。

推荐阅读

连续六年造假虚增利润逾 2.2 亿　新中基胆子真大

据 2014 年 7 月 9 日《上海证券报》报道（记者　黄群）历经一年多时间，新中基违法事实终被监管部门“做实”：通过非关联企业和设立空壳公司进行私下交易，连续六年虚增利润超过 2.2 亿元，成为其避免退市屡试不爽的法宝，时任公司管理层和关联人士因此受到严厉处罚。

新中基今日披露证监会的行政处罚决定书。据证监会调查，新中基主要存在通过设立空壳公司以及通过非关联企业私下进行体内自买自卖，以达到虚增利润，改变公司业绩，避免退市的目的。经查，2006 年 1 月，新中基通过隐蔽出资，设立了空壳贸易公司天津晟中。天津晟中成立后，先从新中基采购番茄酱，再销售给新中基的番茄制品公司天津中辰。此外，2007 年至 2010 年，新中基利用非关联贸易企业新疆豪客先从天津晟中采购番茄酱，加上应缴税款与新疆豪客获得的纯利润后，再转手全部销售给天津中辰。相关证据显示，新中基利用非关联企业新疆豪客中转与过账，货物基本不动，实际上的交易就是仓单的转移。

如此，按照调查核查计算口径，2006 年新中基虚增收入 3.16 亿元，虚增成本 2.25 亿元，虚增利润 9 085.55 万元，虚增利润占经核查更正后净利润的 138.57%，导致当年利润由亏损变赢利；2007 年、2008 年，新中基分别虚增收入 2.68 亿元、7 559.67 万元；而 2007 年至 2011 年的五年中，新中基分别虚增利润 1 933.81 万元、2 805.84

万元、675.04 万元、5 648.11 万元、1 890.47 万元，分别占经核查更正后净利润的 34.5%、68.57%、25.43%、26.25%和 1.64%。算上 2006 年的虚增利润数，新中基 2006 年至 2011 年六年合计虚增净利润超过 2.2 亿元。

2012 年 3 月，新中基接到证监会新疆监管局立案调查通知书，因公司涉嫌违反证券法律法规，决定对公司进行立案调查。值得一提的是，当时，新中基正由于 2010 年和 2011 年连续两年净利润亏损，且 2011 年期末净资产为负值，于 2012 年开始“披星戴帽”变身“*ST 中基”。不过，2012 年公司经历破产重整后，实现营业收入 1.25 亿元，净利润 6 402 万元，期末净资产为 4.14 亿元，目前主营业务正常运营，但持续经营能力仍然存在重大不确定性。

经过一年多的调查，证监会终于将其违法行为公之于众，并责令新中基改正，给予警告，并处以 40 万元罚款。与此同时，证监会还对相关责任人开出罚单。其中，对新中基时任董事长刘一给予警告，并处以 30 万元罚款；对时任总会计师、主管财务的副总经理吴光成给予警告，并处以 20 万元罚款；对时任财务部经理侯守军、时任新疆豪客控制人吴新安给予警告，并分别处以 10 万元罚款；对时任天津中辰财务部经理李方给予警告，并处以 5 万元罚款；对时任总经理兼天津中辰董事文勇、时任董事会秘书成屹给予警告，并分别处以 3 万元罚款。

习 题

一、单项选择题

1. 总资产报酬率是指（ ）与平均总资产的比率。

A. 利润总额　B. 息税前利润　C. 净利润　D. 息前利润

2. （ ）是反映赢利能力的核心指标。

A. 总资产报酬率　B. 股利发放率　C. 总资产收转率　D. 净资产收益率

3. 股利支付率的计算公式是（ ）。

A. 每股股利/每股市价　B. 每股股利/每股收益

C. 每股股利/每股账面价值　D. 每股股利/每股金额

4. 在企业的各种收入利润率中，（ ）通常是计算其他利润的基础。

A. 产品销售利润率　B. 营业收入利润率

C. 总收入利润率　D. 销售净利润率

5. （ ）是指股东权益总额减去优先股权益后的余额与发行在外的普通股数的比值。

A. 每股收益　B. 每股股利　C. 每股金额　D. 每股账面价值

6. （ ）是普通股股利与每股收益的比值，反映普通股股东从每股的全部获利中分得多少。

A. 每股收益　B. 普通股权益报酬率　C. 市盈率　D. 股利发放率

7. 获利能力主要是由（ ）指标体现。

A. 利润率　B. 毛利率　C. 销售收入　D. 每股收益

8. A 公司的销售收入为 180 000 元，其中赊销形成应收账款为 15 000 元，期初存货为 18 000 元，期末存货为 12 500 元，销售成本为 112 500 元，销售费用为 79 000 元，企业所得税为 12 800 元。公司的毛利率为（ ）%。

A. 21.33　B. 9.67　C. 37.5　D. 18.67

9. 某公司普通股为 20 000 万股，当年实现的利润总额为 100 000 万元，股票市场上该股票的价格是 60 元/股，则该企业的市盈率为（ ）。

A. 10　B. 12　C. 16　D. 30

10. 不能反映公司获利能力指标的是（　　）。
A. 产权比率　　B. 每股收益　　C. 市盈率　　D. 总资产报酬率

二、多项选择题

1. 影响净资产收益率的因素主要有（　　）。
A. 总资产报酬率　　B. 负债利息率　　C. 企业资本结构
D. 总资产周转率　　E. 所得税率

2. 反映企业商品经营赢利能力的指标有（　　）。
A. 营业利润　　B. 利息保障倍数　　C. 净资产收益率　　D. 成本利润率

3. 影响总资产报酬率的因素有（　　）。
A. 资本结构　　B. 总资产报酬率　　C. 产品成本
D. 销售息税前利润率　　E. 总资产周转率

4. 反映上市公司赢利能力的指标有（　　）。
A. 每股收益　　B. 普通股权益报酬率　　C. 股利发放率　　D. 价格与收益比率

5. 普通股权益报酬率变化受（　　）因素的影响。
A. 普通股股息　　B. 净利润　　C. 优先股息
D. 普通股权益平均额　　E. 普通股股数

6. （　　）是企业发放每股股利与股票价格之比。
A. 股利发放率　　B. 股利报酬率　　C. 价格与收益比率
D. 股利与市价比率　　E. 市盈率

7. 下列指标中，比率越高，说明企业的获利能力越强的有（　　）。
A. 总资产净利率　　B. 销售费用利润率　　C. 负债比率　　D. 应收账款周转率

8. 资产获利能力受（　　）的影响。
A. 资本经营获利能力　　B. 商品经营获利能力　　C. 资产运营效率　　D. 产品经营获利能力

9. （　　）需要利用现金流量表才能计算得出。
A. 净资产现金回收率　　B. 赢利现金比率　　C. 销售获现比率　　D. 现金分配率

10. 营业费用总额包括（　　）。
A. 营业成本　　B. 管理费用　　C. 销售费用　　D. 财务费用

11. 属于企业赢利能力分析指标的是（　　）。
A. 总资产报酬率　　B. 资本保值增值率　　C. 资本收益率　　D. 营业利润率

三、判断题

1. 资本经营赢利能力分析主要对全部资产报酬率指标进行分析和评价。（　　）
2. 对企业赢利能力分析主要指对企业利润额的分析。（　　）
3. 总资产报酬率越高，净资产收益率就越高。（　　）
4. 资产经营、商品经营和产品经营都服从于资本经营目标。（　　）
5. 净资产收益率是反映企业赢利能力的核心指标。（　　）
6. 股票价格变动对每股收益不产生影响。（　　）
7. 普通股权益报酬率与净资产收益率是相同的。（　　）
8. 营业利润率越高，说明企业的获利能力越强。（　　）

9. 成本费用利润率越高，说明企业的获利能力越差。（ ）

10. 两家企业，营业收入相同且净利润相同，说明获利能力相同。（ ）

四、实务操作题

1. 某公司20×4年度和20×5年度有关资料如表8.7所示。

要求：

（1）根据所给资料计算该公司20×5年度的每股收益、普通股权益报酬率、股利发放率和价格与收益比率等指标；

（2）用差额分析法对普通股权益报酬率进行分析。

表8.7　数据资料表

项　目	20×4年度	20×5年度
净利润（元）	200 000	250 000
优先股股息（元）	25 000	25 000
普通股股利（元）	150 000	200 000
普通股股利实发数（元）	120 000	180 000
普通股权益平均数（元）	1 600 000	1 800 000
发行在外的普通股平均数（股）	800 000	1 000 000
每股市价	4	4.5

2. 某公司20×5年净利润为10 000 000元，发行在外的普通股为2 000 000股，可转换债券名义金额为100 000 000元，利率为5%，每1 000元债券可以转换成20股普通股股票。不考虑债券溢折价的摊销额，所得税率为25%。计算该公司的稀释每股收益。

五、案例分析题

20×4年末A公司拥有B公司20%有表决权资本的控制权，20×5年A公司有意对B公司继续投资。A公司认为B公司的赢利能力比财务状况、营运能力更重要，他们希望通过投资获得更多的利润。因此，搜集了B公司如表8.8至表8.10所示的三份资料。

表8.8　利润表　（单位：千元）

项　目	20×4年度	20×5年度
一、营业收入	1 200 000	1 500 000
减：营业成本	1 050 000	1 100 000
营业税费	8 000	15 000
销售费用	2 000	3 000
管理费用	12 000	15 000
财务费用	4 000	1 000
资产减值损失	1 000	2 000
加：投资净收益	2 000	5 000
二、营业利润	125 000	371 000
加：营业外收入	8 200	30 100
减：营业外支出	18 000	6 000
三、利润总额	115 200	395 100
减：所得税费用	38 016	130 383
四、净利润	77 184	264 717

表8.9　财务费用表　（单位：千元）

项　目	20×4年度	20×5年度
利息支出	8 000	5 000
减：利息收入	10 039	2 893
汇兑损失	3 809	3 108
减：汇兑收益	956	1 320
其他	186	105
财务费用合计	1 000	4 000

表8.10　有关资产负债及所有者权益情况资料表　（单位：千元）

项　目	20×4年	20×5年
平均总资产	2 815 000	3 205 000
平均净资产	1 063 000	1 885 000

请根据上述资料，做好以下工作，以便A公司管理层做出20×5年度的投资决策。

（1）计算反映资产经营赢利能力和资本经营赢利能力的指标；

（2）采用因素分析法分析总资产报酬率变动的原因；

（3）评价企业赢利能力状况。

第九章

企业营运能力分析

【知识目标】

1. 了解营运能力分析的目的和内容。
2. 掌握营运能力分析指标的计算方法。
3. 掌握企业资产质量和发展指标的计算方法。

【技能目标】

1. 能够根据不同的资产类型对流动资产的运营能力、固定资产的运营能力、总资产的运营能力进行分析。
2. 能够评价企业资产质量及发展速度指标的应用。

【引例导读】

哈空调业绩大增为何“见光死”

哈尔滨空调股份有限公司（以下简称哈空调）(600202) 公布 2008 年半年报，基本每股收益 0.513 元，扣除非经常性损益后的每股收益为 0.359 元，净资产收益率 20.86%，归属于所有者的净利润为 1.64 亿元。但当天哈空调的股市表现为收盘报 12.09 元，全天下挫 8.69%，远大于当天上证综指 3.43%的跌幅。在报表业绩大增的情况下，市场的表现为何如此不堪？

半年报显示，今年上半年公司经营状况良好，营业收入、税后利润等指标均快速增长。上半年公司实现营业收入 7.52 亿元，较上年同期增长 48.93%，其中电站空冷产品实现营业收入 4.37 亿元，同比增长 62.04%；石化空冷产品实现营业收入 2.26 亿元，同比增长 32.13%。公司上半年实现净利润 1.64 亿元，较上年同期增长 87.72%。

不过，半年报也显示，上半年公司应收账款增长迅速，6 月末应收账款达 11.59 亿元，而去年同期的数据为 7.13 亿元，同比增长了 62.39%，对此公司解释为销售收入增长所致。同时，公司上半年经营活动产生的现金净流量为−2.31 亿元，去年同期则为 0.65 亿元，显然由于更多的收入反映为应收账款形式，使得公司经营利润含金量有所降低。由于资金压力，公司贷款规模有所增加，从去年上半年的 2 亿元增长至 4.1 亿元，未来如果应收账款高的情况不能有所改善的话，公司将会面临更大的资金压力。

所以，考虑到公司应收账款方面存在的问题，其股价在业绩大增的背景下出现“见光死”也就不足为奇了。

（张崎，2008 年）

点评：通过“哈空调业绩大增为何‘见光死’”案例，可以看出企业的经营目的在于有限运用各项资产获得最大利润。利润来源于营业收入，但只有凭借营运资产才能取得营业收入。企业的营运能力越强、资产运用效率越高、企业的业务越发达、营业收入越多，企业的利润越多。企业赢利能力的高低，既取决于产品本身的赢利能力，也受资产运营能力的影响，赢利能力和营运能力都反映了企业的经营绩效。营运能力分析将为企业改善经营管理、增强企业营运能力指明方向。

第一节　企业营运能力分析的目的与内容

一、营运能力分析的含义

企业营运能力是指企业充分利用现有资源创造社会财富的能力。其实质是以尽量少的资产占用，尽可能短的时间周转，生产尽可能多的产品，创造尽可能多的营业收入和利润。广义的营运能力是指企业所有要素所能发挥的营运作用；狭义的营运能力则仅指企业资产的营运效率，不直接体现人力资源的合理使用和有效利用。

本章对营运能力的研究，实际上是对企业在资产管理方面所表现的效率研究，是狭义的营运能力分析；这种能力表现为企业充分利用现有资源创造社会财富的能力，它可以用来评价企业对所拥有资源的利用程度。从这个意义上说，企业营运资产的利用及其能力如何，从根本上反映了企业的经营状况和经济效益。

企业要想独立进行生产经营活动，必须拥有一定数量、一定种类的资产，并使资产处于营运状态。资产是企业从事生产经营活动的物质基础，而资产处于良好的营运状态，又是企业维持不断生产的前提条件。实质上，企业生产经营过程也就是对资产的不断运用过程，而企业的生产经营状况又受企业理财活动的制约，并影响着企业的理财活动。

企业经营规模的大小受企业能为经营活动提供资金多少的制约，而企业所提供的资金规模在相当程度上又受企业经营效益的影响。企业能合理配置和运用存量资产，生产出高质量、适销对路的产品是实现高收入、高利润的基础。企业可供分配利润提高了，资本积累增加，可用于生产、发展的资金就充足，企业就会处于良好的循环状态。因此，企业的营运能力分析主要是对企业资产运用、循环效率高低的分析。资产运用效率高，循环快，则企业可以较少的投入获得较多的收益。

企业营运能力是影响企业财务状况稳定和获利能力的关键环节。建立和推行科学、合理、有效的企业营运能力评价指标，有助于正确引导企业经营行为，帮助企业寻找经营差距及产生的根本原因，促进企业加强各项资产的管理和提高经济效益，并为国家宏观经济政策的制定及投资者、相关利益人的决策提供依据。

二、营运能力分析的目的

企业营运能力主要指企业营运资产的效率与效益。营运资产的效率通常指资产的周转速度。营运资产的效益则指营运资产的利用效果，即通过资产的投入与产出相比较来体现。因此，对企业营运能力进行分析有以下几个目的。

（1）评价企业资产的流动性。企业资产的两大基本特征是收益性和流动性。企业经营的基本动机就是获取预期的收益。从一定意义上讲，流动性是比收益性更重要的概念。当企业的资产处在静止状态时根本谈不上什么收益，当企业运用这些资产进行经营时，才可能有收益的产生。企业的营运能力越强，资产的流动性越高，企业获得预期收益的可能性就越大。流动性是企业营运能力的具体体现，通过对企业营运能力的分析，就可以对企业资产的流动性做出评价。

（2）评价企业资产利用的效益。提高企业资产流动性是企业利用资产进行经营活动的手段，其目的在于提高企业资产利用的效益。企业资产营运能力的实质就是以尽可能少的资产占用，尽可能短的时间周转，生产出尽可能多的产品，实现尽可能多的营业收入，创造出尽可能多的纯收入。通过企业产出额与资产占用额的比较，就可以评价企业资产利用的效益，为提高企业经济效益指明方向。

（3）挖掘企业资产利用的潜力。企业营运能力的高低，取决于多种因素，通过企业营运能力分析，可以了解企业资产利用方面存在哪些问题，尚有多大的潜力，不断总结经验，进而采取有效措施，以最少的资产占用获取最大经济效益，提高企业资产营运能力。

三、营运能力分析的内容

资产作为企业生产经营过程持续不断进行下去的经济资源和物质基础，不仅包括各种实物形态的财产，还包括企业拥有的债权和其他权利。一个企业的资产按照其变现速度和价值转移方式不同可以分为短期资产和长期资产两大部分。

营运能力分析主要依据资产负债表中的数据以及利润表中的有关资料分析以下三个方面的内容。

（1）总资产营运能力分析。通过对总资产周转率、总资产产值率和总资产收入率的分析，揭示总资产周转速度和利用效率变动的原因，评价总资产营运能力。

（2）流动资产营运能力分析。通过对流动资产周转率、存货周转率和应收账款周转率的分析，揭示流动资产周转速度变动的原因，评价资产的流动性。

（3）非流动资产营运能力分析。通过固定资产周转率、固定资产产值率和固定资产收入率的分析，揭示固定资产利用效果和周转速度变动的原因，评价固定资产的营运能力。

【课堂讨论 9.1】

教学建议：老师可将学生分为三组，根据讨论内容，以小组为单位分别进行讨论，并由各组代表介绍讨论结果，以加深学生对所学内容的理解。

问题一：企业资产营运能力分析的资料从哪里取得？

问题二：企业资产营运能力分析的目的有哪些？

问题三：企业资产营运能力主要包括哪些内容？

第二节　总资产营运能力指标分析

资产营运能力主要是指企业资产的营运效率。资产营运能力分析就是通过对反映企业资产营运效率的指标进行计算和分析，评价企业的营运能力，为企业提高经济效益指明方向。资产营运能力分析以各种资产周转率或周转期为计算主体，分析企业使用其经济资源的有效性，所以又称为企业资产周转能力分析及资产管理效率分析。

企业总资产营运能力主要指企业总资产的效率和效益。总资产周转率可以反映出企业总资产的效率，即总资产的周转速度。总资产产值率和总资产收入率可以反映出企业总资产的效益，即投入或使用总资产所形成的产出的能力。为此，总资产的营运能力可以通过总资产产值率、总资产收入率、总资产周转率等指标反映。总资产产值率和总资产收入率是反映企业总资产使用效果的指标，而总资产周转率是反映企业总资产使用效率的指标。

一、总资产产值率

总资产产值率反映了企业总资产与总产值之间的对比关系，其计算公式为

$$总资产产值率=\frac{总产值}{平均总资产}\times 100\%$$

式中：

$$平均总资产=\frac{期初资产总额+期末资产总额}{2}$$

公式中的总资产资料可以从资产负债表中找到。该指标数值越高说明企业资产的投入产出率越高，企业总资产运营状况越好。在利用该指标评价企业总资产利用效果时应该注意到，企业总产值在按不变价格计算时，可以把它理解为企业在一定时期内生产的按价值计算的全部产品产量，是企业利用全部资产为社会创造的物质产品。但由于总产值中既包括完工产品，又包括在产品，所以总产值仅仅表示出本期生产了多少产品，并不表明是否得到了社会的承认。企业生产出来的产品如果得不到社会的承认，那么，生产出来的产品再多，也没有任何价值。所以分析时只有将该指标与固定资产收入率结合起来，才能做出正确的评价。

企业产出与总资产之间的关系还可以从另一角度来反映，即百元产值占用资金。该指标本质上是总资产产值率的倒数，反映每百元产值占用的资产，其计算公式为

$$百元产值占用资金=\frac{平均总资产}{总产值}=\frac{1}{总资产产值率}$$

该指标越低，说明每一单位产出所占用的资产越少，表明企业资产营运能力越高。该指标具体变动原因的分析可依据以下分解式进行：

$$百元产值占用资金=\left(\frac{流动资产}{总产值}+\frac{固定资产}{总产值}+\frac{其他资产}{总产值}\right)$$

从以上分解式中可以看出，百元产值占用资金受各类资产营运效率的影响，分析时可采用连环替代法，分别说明各类资产营运效率变动对百元产值占用资金的影响。

二、总资产收入率

总资产收入率反映了企业总资产与营业收入之间的对比关系，其计算公式为

$$总资产收入率=\frac{营业收入}{平均总资产}\times 100\%$$

式中：

$$平均总资产=\frac{期初资产总额+期末资产总额}{2}$$

该指标越高，说明企业总资产营运能力越强。如果说总资产产值率仅仅反映了企业生产过程中资产的利用效果，总资产收入率则反映出企业整个经营过程中资产的利用效果。收入的实现表明企业的产品得到了社会的承认，满足了社会的某种需要，是企业资产的真正有效利用。因而，该指标比总资产产值率能更准确、更真实地反映出企业总资产的营运能力。为此，这两个指标之间具有密切关系

$$总资产收入率=\frac{营业收入}{平均总资产}\times 100\%$$

$$=\frac{营业收入}{总产值}\times\frac{总产值}{平均总资产}\times 100\%$$

$$=产值销售率\times 总资产产值率$$

从以上分解式中可以看出，提高总资产收入率取决于两个方面：一是提高产品的生产效率，这是提高企业营运能力的基础，没有产品，就谈不上销售，更谈不上效益；另一方面，要提高产值的销售率，应把生产出来的产品尽快、尽可能多地销售出去，使单位产值实现较大的销售收入。

三、总资产周转率

总资产周转率的表示方式有两种：一是总资产周转率（总资产周转次数），二是以时间形式表示的总资产周转天数。总资产周转率计算公式为

$$总资产周转率=\frac{主营业务收入}{总资产平均余额}$$

式中：

$$总资产平均余额=\frac{期初总资产余额+期末总资产余额}{2}$$

【知识导航】

总资产周转率公式中的分子是主营业务收入，其数额可以从利润表中找到。尽管企业的收入包括主营业务收入、其他业务收入、营业外收入、补贴收入、投资收益等，但在计算总资产周转率时应使用主营业务收入。这是因为主营业务收入代表了企业绝大部分收入，体现了取得资产的目的，而其他类别的收入则是次要的、附带的或并非购置资产的主要目的。而且，在利润表中其他业务收入和投资收益并没有单独列示，而是以收支相抵后的净额体现的，外部使用者无法取得这两项收入的数据，而补贴收入和营业外收入与企业资产之间并无必然联系和特定的比例关系。

总资产周转天数计算公式为

$$总资产周转天数=\frac{总资产平均余额}{主营业务收入}\times 计算期天数=\frac{计算期天数}{总资产周转率}$$

公式中“计算期天数”应和总资产周转率的“主营业务收入”的时期相对应。如果“主营业务收入”是年收入，那么，“计算期天数”就是360天；如果“主营业务收入”是半年收入，那么，“计算期天数”就是180天；以次类推。

总资产周转率是考察企业资产运营效率的一项重要指标，体现了企业经营期间全部资产从投入到产出的流转速度，反映了企业全部资产的管理质量和利用效率。该指标常与本企业历史数据比较，或者与同行业数据比较。通过该指标的对比分析，可以反映企业本年度以及以前年度总资产的运营效率和变化，发现企业与同类企业在资产利用上的差距，促进企业挖掘潜力、积极创收、提高产品市场占有率、提高资产利用效率。

一般情况下，该数值越高，表明企业总资产周转的次数越多，周转速度越快，企业的销售能力越强，资产利用效率越高。总资产周转天数反映企业总资产从投入到产出所需要的天数。需要的时间越短，说明企业对资产运营效率越高；反之亦然。

【知识导航】

在对有关项目和指标进行比较分析时，既要与本企业不同时期水平进行比较，更要结合行业平均水平进行分析，这样才能了解和反映本企业各资产变化的实际情况，同时也能较好地反映本企业资产营运能力在行业中的水平和地位。

【即学即练 9.1】根据WW公司资产负债（如表 3.3 所示）和利润表（如表 4.1 所示）的资料，计算WW公司总资产周转率，如表 9.1 所示。

表 9.1　总资产周转率和总资产周转天数计算表

项　目	20×4 年	20×5 年	增　减
营业收入（元）(1)	1 300 000.00	1 550 000.00	250 000.00
期初总资产（元）(2)		13 169 380.00	
期末总资产（元）(3)	13 169 380.00	15 402 938.00	2 233 558.00
总资产平均余额（元）(4) = [(2) + (3)]÷2	13 169 380.00	14 286 159.00	1 116 779.00
总资产周转率（次）(5) = (1) ÷ (4)	0.099	0.108	0.009
总资产周期天数（天）(6) = 360÷(5)	3 636	3 333	−303

分析点津　从即学即练 9.1 的计算中可以看出，WW公司 20×4 年的总资产周转率为 0.099 次，周转天数为 3 636 天；20×5 年总资产周转率为 0.108 次，周转天数为 3 333 天。两年数字相比较，20×5 年总资产周转率高，周转天数较少，说明资产管理效率较高。

对总资产周转率的分析应注意以下几点。

（1）年度报告中只包括资产负债表的年初数和年末数，外部报表使用者可直接用资产负债表的年初数来代替上年平均数进行比率分析。这一代替方法也适用于其他的利用资产负债表数据计算的比率。

（2）如果企业的总资产周转率突然上升，而企业的销售收入却无多大变化，则可能是企业本期报废了大量固定资产造成的，而不是企业的资产利用效率提高了。分析时应该考虑到这一点。

（3）如果企业的总资产周转率较低，且长期处于较低的状态，企业应采取措施提高各项资产的利用效率，处置多余、闲置不用的资产，提高销售收入，从而提高总资产周转率。

（4）如果企业一年内资产所占用资金波动较大，那么，仅仅根据总资产的期初、期末数计算的“平均总资产”不够准确，应采用更详细的资料进行计算，如按照月份计算。计算方法如下：

$$\text{平均总资产}=\frac{\dfrac{\text{1月初总资产}+\text{1月末总资产}}{2}+\cdots+\dfrac{\text{12月初总资产}+\text{12月末总资产}}{2}}{12}$$

（5）企业的总资产包括流动资产和长期资产，通常企业流动资产的流动性强，周转速度快，长期资产流动性弱，周转速度慢，所以总资产周转率和企业资产结构有关。因此，流动资产周转速度的快慢是决定企业总资产周转速度的关键性因素。下面的分解式能反映出这种关系，也为进行总资产周转率分析，提高总资产周转速度指明了方向。

$$\begin{aligned}\text{总资产周转率}&=\frac{\text{主营业务收入}}{\text{流动资产平均余额}}\times\frac{\text{流动资产平均余额}}{\text{总资产平均余额}}\\&=\text{流动资产周转率}\times\text{流动资产占总资产的比重}\end{aligned}$$

【课堂讨论 9.2】

F公司财务报表的有关资料如表9.2所示，计算该公司总资产周转率有关指标，并分析原因。

表 9.2 总资产周转率分析信息表（单位：千元）

项目	本年	上年	差异
营业收入	2 316 444	1 798 408	518 036
总资产平均余额	3 377 257	3 155 936	221 321
流动资产平均余额	2 369 361	2 131 559	237 802

注：因资料所限，假定期初余额即为上年平均余额，以下相同。

上面的分解式表明，总资产周转速度的快慢取决于两大因素。一是流动资产周转率。流动资产周转速度要高于其他类资产周转速度，加速流动资产周转，就会使总资产周转速度加快；反之，则会使总资产周转速度减慢。二是流动资产占总资产的比重。由于流动资产周转速度快于其他类资产周转速度，所以，企业流动资产所占比例越大，总资产周转速度越快；反之，则越慢。

第三节 流动资产营运能力分析

企业的营运过程，实质上是资产的转换过程，由于流动资产和固定资产的性质和特点不同，决定了它们在这一过程中的作用也不同。企业经营成果的取得，主要依靠流动资产的形态转换。尽管固定资产的整体实物形态都处在企业营运过程之中，但从价值形态上讲，只有相当于折旧的那部分资金参与了企业当期的营运，它的价值实现（或者说是价值回收）要依赖于流动资产的价值实现。一旦流动资产的价值实现或者说形态转换出现问题，不仅固定资产价值不能实现，企业所有的经营活动都会受到影响，因此可以说，流动资产营运能力分析是企业营运能力分析最重要的组成部分。对企业流动资产营运能力分析主要是对企业应收账款的营运能力、存货的营运能力及流动资产的综合营运能力进行分析。

一、应收账款营运能力分析

应收账款是指企业因销售商品、提供劳务等经营活动应收取的款项。企业通过应收账款为顾客提供资金上的便利，从而扩大企业的销售规模，提高企业产品的市场占有率。

应收账款在流动资产中占有举足轻重的地位。及时收回应收账款，不仅能增强企业的偿债能力，也反映出企业管理应收账款的效率，有利于对企业现有信用政策进行评价并加以完善，同时还可以指明企业是否存在利用应收账款操纵利润的行为。

【知识导航】

对应收账款进行分析时应注意两个问题：

（1）应收账款必须经过一段时间之后才能收回，有占用资金的成本问题；

（2）应收账款有可能收不回来，形成坏账的问题。

反映应收账款周转速度的指标主要有两个：一是应收账款周转率，也称应收账款周转次数，是指一段时间内企业从产生应收账款到收回货币资金的周转次数；另一指标为应收账款周转天数，是指企业从取得应收账款到收回款项所需要的时间，也称为平均收现期。应收账款周转率的计算公

式为

$$应收账款周转率=\frac{赊销收入净额}{平均应收账款}=\frac{主营业务收入}{应收账款平均余额}$$

式中：

平均应收账款=（期初应收账款+期末应收账款）÷2

在计算该指标时需要注意以下几点。

（1）在计算应收账款周转率时，分子应采用“赊销收入净额”，不包括“现金收入”。但财务报表的外部使用者很难区分赊销和现销收入，即便是内部使用者获取这项数据也不容易，为了准确评价应收账款管理效率，应进一步收集资料进行分析。在分析者确实无法取得赊销资料的情况下，也只好利用利润表中主营业务收入的数据，但应注意保持分析的一致性。

（2）公式中，主营业务收入来自利润表，平均应收账款来自资产负债表“期初应收账款”与“期末应收账款”的平均数。

（3）如果企业以应收票据作为提供商业信用的常规方式之一，分母中的“应收账款”则应该包括报表中的“应收账款”和“应收票据”等全部赊销账款在内，而“应收账款”是指未扣除坏账准备的应收账款金额。

（4）计算应收账款周转天数时，“计算期天数”和应收账款周转率的“赊销收入”的时期需要一致。如果“赊销收入”是年收入，那么，“计算期天数”就是360天；如果“赊销收入”是半年收入，那么，“计算期天数”就是180天；以次类推。

【即学即练9.2】根据WW公司资产负债表（如表3.1所示）和利润表（如表4.1所示）的资料，计算出该公司应收账款周转率，如表9.3所示。

表9.3　WW公司应收账款周转率计算表

项　目	20×4年	20×5年
主营业务收入（元）	1 300 000.00	1 550 000.00
年初应收账款（元）		487 580.00
年末应收账款（元）	487 580.00	816 580.00
平均应收账款（元）	487 580.00	652.080.00
应收账款周转率（次）	2.67	2.38

一般来说，应收账款周转率越高，平均收现期越短，说明应收账款周转越快，应收账款实现速度越快；同时，说明资产流动性强，短期偿债能力强。否则，过多的营运资金被应收账款占用，会影响企业资金正常周转，机会成本、坏账损失和收账费用也会增加。此外，通过应收账款账龄指标与原定的赊销期限进行对比，还可以评价购买单位的信用程度，以及企业原定的信用条件是否恰当。

反映应收账款周转速度的另一个指标是应收账款周转天数，也称应收账款账龄或应收账款平均收账期，其计算公式为

$$应收账款周转天数=\frac{计算期天数}{应收账款周转率}=\frac{应收账款平均余额\times计算期天数}{赊销收入净额}$$

$$=\frac{应收账款平均余额}{平均每日赊销净额}=\frac{应收账款平均余额\times计算期天数}{主营业务收入净额}$$

其中，计算期天数取决于实际计算期的长短，通常为一年，按360天计算。

应收账款周转天数可以用来反映企业应收账款的变现速度：应收账款周转天数越短，说明应收账款变现速度越快，流动性越强，管理工作的效率越高。在一定时期内，周转次数多，周

转天数少，可以说明以下问题。

（1）平均收现期越短，表明企业收回应收账款的速度越快，信用销售管理严格。

（2）应收账款的流动性强，从而增加企业短期偿债能力。

（3）可以减少收账期和坏账损失，相对增加流动资产的投资收益。

（4）通过比较应收账款周转天数与企业信用期限，可评价客户的信用程度，以调整企业信用政策；反之，企业的营运资金过多的滞留在应收账款上，影响资金的周转，流动资产变现能力弱，资金的机会成本变大。

【即学即练 9.3】根据表 9.3 的资料，WW公司应收账款周转天数计算如下。

解

$$20 \times 4\text{ 年应收账款周转天数} = 360 \div 2.67 = 134.83\text{（天）}$$

$$20 \times 5\text{ 年应收账款周转天数} = 360 \div 2.38 = 151.26\text{（天）}$$

分析点津　应收账款周转天数 20×4 年为 134.83 天，而 20×5 年为 151.26 天，其周转天数增加 16.43 天，周转速度变慢，流动性变弱。说明该公司在管理应收账款上面是有问题的，应继续深入分析其原因。

【知识导航】

影响应收账款周转率的主要因素有哪些？

影响应收账款周转率的因素主要有以下五点。

（1）企业信用政策。宽松的信用政策在增加销售收入的同时，应收账款平均占用会增加，导致应收账款周转率降低，周转天数延长。同时，宽松的信用政策有助于企业增加客户、提高市场占有率，增加收入和利润，所以相对低的应收账款周转率或许对企业是有利的。反之，很严格的信用政策，应收账款平均占用额会降低，但公司却可能减少了收入和利润，这种情况下，即使应收账款周转率升高，周转天数短，也不一定对企业有利。所以，应平衡销售收入增长与应收账款增加，全面考虑机会成本和收账费用等因素。

（2）应收账款管理水平。高的应收账款管理水平可以加速其周转速度，降低损失的可能性。

（3）应收账款质量。应该冲销应收账款的长期挂账，减少有名无实的应收账款。

（4）企业总资产规模的变动。由于企业总资产要保持一定的结构，所以总资产的变化必然带来其组成部分的变化，应收账款也必然随之变化。

（5）企业会计政策变更。有关应收账款方面的会计政策变更，应收账款也会发生相应变化。如应收账款提取的坏账准备的提取方法由账龄分析法改为期末余额百分比法，就可能引起应收账款余额的变动。

在对应收账款周转率进行分析时还应注意以下几个问题。

（1）季节性经营。季节性经营的企业使用这个指标时，不能很好地反映应收账款管理效率的实际情况。例如，雨伞生产企业，夏季销量大，冬季销量少，资产负债表日“应收账款”账面价值低，相应地，应收账款周转率高，但此时并不能说明企业对应收账管理效率高。为消除季节性影响，可以采用各个月末的应收账款平均余额计算，会取得相对来说较为准确的数字。

（2）大量采用分期收款结算。企业大量采用分期收款结算方式，会导致大量的应收账款，使得企业应收账款周转率很低，但是并不能说明企业对应收账款的管理效率低下。而大量使用现金结算方式，应收账款账面价值会很低，导致企业应收账款周转率很高，这与企业的信用政策有关，也不能说明企业对应收账款的管理效率高。

（3）应收账款周转次数并非越高越好，如果应收账款周转次数过高，可能是企业的信用政策、信用条件过于苛刻所致，这样会限制企业销货量的扩大，影响企业的赢利水平。

【课堂讨论 9.3】

三家公司的相关数据如表9.4所示，试对它们的应收账款周转率进行比较。

表 9.4　应收账款周转率资料表　（单位：%）

公司＼年分	20×5	20×6	20×7	20×8	20×9
浪潮软件	1.95	2.14	4.36	4.61	4.43
方正科技	11.62	10.37	9.58	20.9	9.56
同方股份	6.05	3.72	5.87	6.81	7.89

（4）在评价应收账款指标时，可以将该指标与企业历史数据进行比较分析，也可以将同行业不同企业的数据进行比较分析，判断企业对应收账款的管理效率。但是，当两个企业的计提坏账方法和比例有很大差异时，它们的应收账款周转率则不具有可比性。

（5）通过对应收账款回收速度的分析，可以考核企业的销售收入质量、现金流量以及潜在的亏损，促使企业尽快回收账款，加速资金周转，使坏账损失减少到最低点。

以上这些因素都会对该指标的计算结果产生较大的影响。

二、存货营运能力分析

【案例 9.1】

上海通用的零库存与存货周转率

上海通用汽车有限公司（以下简称上海通用）的生产线上基本做到了零库存。它的部分零件，有些是本地供应商生产的。供应商会根据上海通用公司生产的要求，在指定的时间直接将零部件送到生产线上。这样，上海通用保持了接近于零的库存，省去大量的存货资金占用。

同时，上海通用聘请了一家第三方物流供应商设计配送路线，然后到不同的供应商处取货，再直接送到上海通用。利用“牛奶取货”或者叫“循环取货”的方式使上海通用的零部件运输成本下降了30%以上。

为了有效实施零库存，上海通用非常注意协调与供应商之间的关系。它的“柔性化生产”（即一条生产流水线可以生产不同平台多个型号的产品）对供应商的要求极高，供应商必须时常处于“时刻供货”状态，这样会给供应商带来很高的存货成本。为了克服这个问题，上海通用与供应商时刻保持着透明的信息沟通，包括让供应商了解其生产计划。

（佚名）

点评：上海通用的这种管理方式在很大程度上提高了存货周转率，提高了资金的利用效率，同时也降低了运营成本。

存货指企业在正常生产经营过程中持有以备出售的产成品或商品，或者为了出售仍然处在生产过程中的在产品，或者将在生产过程或提供劳务过程中耗用的材料、物料等。存货在企业流动资产中占有非常重要的地位。

存货的存在可以防止企业停工待料导致的损失；当市场需求突然增加时，存货的存在能够使企业适应市场变化；当供应方给予商业折扣时，大批进货会降低企业的进货成本，这也会产生存货。同时，存货的增加必然要占用更多的资金，将使企业付出更多的存货持有成本（或称为机会成本），而且存货的储存成本与管理费用也会增加，影响企业的获利能力。所以，企业对存货进行管理时，应该保证在企业不缺货的情况下，加快存货的周转速度。

反映企业存货周转速度的指标主要有两个：存货周转率和存货周转天数。存货周转率是衡量和评价企业购入存货、投入生产、销售收回等各环节管理状况的综合性指标，它是销货成本与平均存货的比值，其计算公式为

$$存货周转率（次数）=\frac{主营业务成本}{平均存货}$$

式中：

$$平均存货=\frac{期初存货+期末存货}{2}$$

零库存是一种特殊的库存概念，零库存并不是等于不要储备和没有储备。相关知识可以参阅360百科“零库存管理”词条，其链接及二维码如下：

http://baike.so.com/doc/5609160.html

存货周转率指标的好坏反映了企业存货管理水平，它不仅影响企业的短期偿债能力，也是整个企业管理的重要内容。一般来讲，存货周转率越高，存货周转速度越快，存货占用水平越低，流动性越强，存货转换为应收账款或现金的速度越快。提高存货周转率可以提高企业的变现能力，而存货周转速度越慢则变现能力越差。企业要扩大产品销售数量，增强销售能力，就必须在原材料购进、生产过程中的投入、产品的销售、现金的收回等方面做到协调和衔接。因此，存货周转率不仅可以反映企业的销售能力，而且还能用以衡量企业生产经营中各方面运用和管理存货的工作水平。

此外，存货周转率还可以衡量存货的存储是否适当，是否能保证生产不间断进行和产品有秩序销售。存货既不能存储过少，造成生产中断或销售紧张；又不能储存过多形成呆滞、积压。同时，存货周转率也反映存货结构合理与质量合格状况。因为只有结构合理才能保证生产和销售正常顺利地进行。只有质量合格，才能有效地流动，从而达到赢利的目的。

当企业存货周转率偏低时，可能是由于以下原因引起的：①经营不善，产品滞销；②预测存货将升值而故意囤积居奇，以等待时机获取更多的利润；③企业销售政策发生变化。而当企业存货周转率较高时，也要一分为二地分析：一方面，企业确实对存货管理得很好，通过缩短存货的生产周期以及加快存货的销售，提高存货的变现速度；另一方面，指标过高可能意味着企业存货不足，产品脱销，也可能反映出企业生产规模太小，达不到规模效应对存货的数量要求。所以，信息使用者在分析企业的存货周转率时，应结合企业的行业背景、企业的销售政策以及企业的生产规模等进行分析。同时，一个适度的存货周转速度也应该参考企业的历史水平和同行业的平均水平。

【即学即练 9.4】根据WW公司资产负债表（如表3.3所示）和利润表（如表4.1所示）的有关资料，WW公司的存货周转率的计算如表9.5所示。

表 9.5 WW 公司存货周转率计算表

项　目	20×4 年	20×5 年
主营业务成本（元）（1）	1 000 000.00	1 100 000.00
期初存货（元）（2）		5 508 400.00
期末存货（元）（3）	5 508 400.00	5 139 100.00
存货平均余额（元）（4）=[(2)÷(3)]÷2	5 508 400.00	5 323 750.00
存货周转率（次）（5）=（1）÷（4）	0.18	0.21

分析点津　通过计算比较可知：WW公司存货周转率在两年间的变化，主营业务成本是逐年上升的，原因是WW公司扩大销售引起的正常成本增加，而存货则小幅下降了184 650元（523 750−5 508 400=18 465），这表明该公

司在扩大销售的同时加强了存货管理，向生产和管理两方面要效益。为进一步评价企业业绩，还需要利用存货构成等数据做进一步分析。

存货周转指标的另一种表示方式是存货周转天数，所谓存货周转天数是指企业的存货周转一次需要的天数。该指标反映企业存货的变现速度。其计算公式为

$$存货周转天数=\frac{计算期天数}{存货周转次数}=\frac{存货平均余额\times 计算期天数}{主营业务成本}$$

其中，计算期天数取决于实际计算期的长短，通常为一年，按360天计算。

【即学即练9.5】根据表9.5提供的资料，WW公司的存货周转天数计算如下。

解　20×4年存货周转天数=360÷0.18=2 000（天）

20×5年存货周转天数=360÷0.21=1 714（天）

分析点津　【即学即练9.4】和【即学即练9.5】的计算结果显示，WW公司20×4年存货周转率为0.18次，20×5年由于主营业务成本增加了100 000元（1 100 000−1 000 000），平均存货降低了184 650元（5 323 750−5 508 400），二者结合致使2010年存货周转率加快了0.03次（0.21−0.18），存货周转天数减少了286天（1 714−2 000），存货周转速度变快。存货周转率提高，存货周转天数减少，说明存货周转加快，存货管理水平取得了一定成绩。但这种周转速度是否合理，还应该与同行业的其他企业比较分析。

【知识导航】

影响存货周转率的因素主要有以下几点。一是企业规模。规模比较大的企业存货周转速度一般比规模比较小的企业周转速度要慢。二是存货发出的计价方法。存货发出的计价方法不同会影响存货成本，从而影响存货周转率。三是企业经营者的经营思想。企业经营者的经营思想也会影响企业存货量的大小。

分析评价存货周转率指标时，应注意以下几个问题。

（1）季节性生产企业，其存货流动较大，可按季或月计算平均存货，再计算存货周转率和存货周转天数指标，以消除季节性因素影响。

（2）关注企业的竞争战略，分析企业存货周转率。采用高周转率/低毛利的企业应当是薄利多销。由于低价，毛利较低，要获得成功，企业必须严格控制成本，以保证毛利不至于过低。而采用低周转率/高毛利策略的企业，竞争的基础是产品的差异化。企业要不断保持发展创新，增加产品的总量品种，生产消费者需要的产品，并改进企业售后服务。如果获得成功，便可收取较高的价格，以高毛利获取利润。通过分析企业所采用的竞争策略，可关注企业的存货周转率。

（3）分析了解企业目前所处的产品寿命周期，并针对不同生命周期的财务特征考察企业的存货周转率。

（4）存货周转率指标好坏反映存货管理水平，不仅影响企业短期偿债能力，也反映整个企业的管理水平。因此，企业有条件的外部报告使用者除了分析批量因素、生产销售的季节性变化等情况外，还应对存货的内部结构以及影响存货周转速度的重要项目进行分析。如为进一步判断存货的内部结构，还可以分别计算原材料、在产品、产成品的周转率，借以分析其对整个存货周转率的影响，其计算公式分别为

$$材料周转率=\frac{当期材料消耗额}{平均库存材料占用额}$$

$$在产品周转率=\frac{当期完工产品成本}{平均在产品成本}$$

$$产成品周转率=\frac{主营业务成本}{平均产成品成本}$$

这三个周转率的评价标准与存货评价标准相同，都是周转次数越多越好。

【课堂讨论 9.4】

教学建议：可将学生分为三组，分别对相关问题进行分析研究，最后加以综合，以使学生真正掌握存货周转速度的计算方法，并会应用。

问题一：存货周转率是否越高越好。

问题二：根据某企业有关数据计算存货周转速度。

问题三：根据计算结果做出评价。

相关资料如表9.6所示。

表 9.6 某企业存货周转率分析资料表 （单位：元）

项目	20×4 年	20×5 年	20×6 年
主营业务成本	7 346 024 765.10	2 519 058 123.12	7 378 015 616.84
年初存货	502 146 979.52	649 573 269.30	752 978 054.88
年末存货	649 573 269.30	752 978 054.88	1 205 355 634.12

三、流动资产综合营运能力分析

流动资产综合营运能力的大小主要体现为流动资产的周转速度，可以分别以流动资产周转率及流动资产周转期来表示。流动资产周转率（次数）指企业一定时期内主营业务收入同平均流动资产总额的比率，即企业流动资产在一定时期内（通常为一年）周转的次数，它是评价企业资产利用率的一个重要指标，其计算公式为

$$流动资产周转率（次数）=\frac{主营业务收入}{平均流动资产}$$

其中：

$$平均流动资产=（期初流动资产+期末流动资产）\div 2$$

流动资产周转速度也可以用流动资产周转天数来反映，它表示流动资产周转一次需要的时间，因而更能直观地说明企业流动资产的周转速度，其计算公式为

$$流动资产周期（天数）=\frac{计算期天数}{流动资产周转率}=\frac{计算期天数\times 流动资产平均余额}{主营业务收入}$$

流动资产周转率反映了企业流动资产的周转速度，是从企业全部资产中流动性最强的流动资产角度对企业资产的利用效率进行分析，以进一步揭示影响企业资产质量的主要因素。要实现该指标的良性变动，应以主营业务收入增幅高于流动资产增幅做保证。

通过该指标的对比分析，可以促使企业加强内部管理，充分有效地利用流动资产，如降低成本，调动暂时闲置的货币资金用于短期投资创造收益等，还可以促进企业采取措施扩大销售，提高流动资产的综合使用效率。而生产经营任何一个环节的工作得到改善，都会反映到周转天数的缩短上来。

按天数表示的流动资产周转率更能直接地反映生产经营状况的改善，便于比较不同时期的流动资产周转率，所以应用较为普遍。一般情况下，该指标越高，表明企业流动资产周转速度

越快，利用越好。在较快的周转速度下，流动资产会相对节约，相当于流动资产投入的增加，在一定程度上增强了企业的赢利能力；而周转速度慢，则需要补充流动资金参加周转，会形成资金浪费，降低企业赢利能力。

【即学即练 9.6】根据WW公司资产负债表（如表 3.3 所示）和利润表（如表 4.1 所示）提供的资料，WW公司流动资产周转率的计算如表 9.7 所示。

表 9.7 WW 公司流动资产周转率计算表

项 目	20×4 年	20×5 年
主营业收入（元）(1)	1 300 000.00	1 550 000.00
期初流动资产（元）(2)		10 936 080.00
期末流动资产（元）(3)	10 936 080.00	12 708 638.00
流动资产平均余额（元）(4)= [(2) + (3)] ÷ 2	10 936 080.00	11 822 359.00
流动资产周转率（次）(5) = (1) ÷ (4)	0.12	0.13
流动资产周转天数（天）(6)= 360 ÷ (5)	3 000	2 769

分析点津 根据表 9.7 的计算结果可知，20 × 5 年主营业务收入增加了 250 000 元（1 550 000−1 300 000），平均流动资产增加了 886 279 元（11 822 359− 10 936 080），这两项因素导致 20 × 5 年流动资产周转率加快 0.01 次（0.13−0.12），流动资产周转天数减少 231 天（2 769 − 3 000）。另外，对该指标还应进一步结合公司的历史、行业平均水平或行业先进水平进行分析判断。

由于流动资产占用额的多少与流动资产周转速度有着密切的关系：在销售收入一定的条件下，流动资产周转速度越快，占用的流动资产数额就越少；反之，则越多。因此，流动资产周转速度的快慢必然直接影响流动资产占用额的节约或浪费。其计算公式为

$$\text{流动资产节约（浪费）额}=\frac{\text{报告期主营业务收入}}{\text{计算期}}\times\text{（报告期周转天数−基期周转天数）}$$

$$=\text{报告期主营业务收入}\times\text{（报告期流动资产实际占用率}-\text{基期流动资产实际占用率）}$$

其中：

$$\text{流动资产占用率}=\frac{1}{\text{流动资产周转率}}$$

其计算结果如果为正值，则表示了流动资产的浪费额；如果为负值，则表示了流动资产的节约额。

【即学即练 9.7】根据表 9.7 的资料计算WW公司 20 × 5 年流动资产与 20 × 4 年的相对节约额。

解

$$\text{流动资产节约额}=\frac{1\,550\,000}{360}\times\text{（2 769−3 000）}=-994\,583.32\text{（元）}$$

分析点津 计算结果表明，由于周转速度加快，在保证销售规模扩大的基础上 20 × 5 年较 20 × 4 年相对节约流动资产 994 583.32 元。

此外，如果将流动资产周转率进行分解，可分解出影响全部流动资产周转率的因素。

$$\text{流动资产周转率}=\frac{\text{主营业务收入}}{\text{流动资产平均占用金额}}$$

$$=\frac{\text{主营业务成本}}{\text{流动资产平均占用余额}}\times\frac{\text{主营业务收入}}{\text{主营业务成本}}$$

$$=\text{流动资产垫支周转次数}\times\text{成本收入率}$$

根据以上分解公式，可以看出影响流动资产的因素主要有以下几种。

（1）流动资产垫支周转次数准确地反映了流动资产在一定时期内的周转次数。

（2）成本收入率说明了企业的投入和产出的关系。当成本收入率大于 1 时，说明企业有经济效益，此时的流动资产垫支次数越快，流动资产的营运能力就越好；反之，如果成本收入率小于 1，则说明企业的产出弥补不了投入，此时的流动资产垫支次数加快促使流动资产周转加快，亏损就会越来越严重，反而不利于企业经济效益的提高。可见，由主营业务收入计算的流动资产周转率不仅反映企业流动资产的周转速度，还可以反映企业生产经营过程中新创造纯收入的情况。同时，流动资产周转率还可以用产品销售成本来计算，使用此方法计算出的流动资产周转率不仅可以反映企业流动资产占用资金的周转速度，还可以剔除企业赢利水平的影响。

流动资产变现能力可以反映企业短期偿债能力的强弱，企业应有一个较为稳定的流动资产数额，并在此基础上提高流动资产使用效率，而不能在现有管理水平下，以大幅度降低流动资产为代价去追求高的周转率。企业在进行流动资产周转率分析时，应以企业以前年度水平及同行业水平、预算标准等作为对比基础进行对比分析，并结合企业存货和应收账款分析，以促使企业采取措施扩大消费，提高流动资产的综合使用效率。

【知识导航】

应收账款、存货等流动资产项目的构成及各项目的周转速度直接影响流动资产的周转速度，其相互关系可用以下公式表示:

流动资产周转率= 应收账款周转率×应收账款占全部流动资产的比重

流动资产周转率= 存货周转率 × 存货占全部流动资产的比重 ÷ 主营业务收入成本率

其中:

主营业务收入成本率 = 主营业务成本 + 主营业务收入

此外，由于企业资产中周转速度最快的应为流动资产，因此，流动资产在总资产中所占比重必然会对总资产周转率产生影响。为此，可对总资产周转率指标进行分解，以便对总资产周转率进行因素分析。其相互关系，亦可用下式表示:

$$总资产周转率=\frac{主营业务收入}{总资产平均余额}=\frac{主营业务收入}{流动资产平均余额}\times\frac{流动资产平均余额}{总资产平均余额}$$

$$=流动资产周转率\times 流动资产平均余额占总资产平均余额的比重$$

【课堂讨论 9.5】

某公司20 × 5—20 × 9年有关数据如表9.8所示，试计算该公司流动资产周转速度指标，并进行影响因素分析。

表 9.8　某公司 20 × 5—20 × 9 年有关数据　（单位：元）

	20×5 年	20×6 年	20×7 年	20×8 年	20×9 年
主营业务收入	527 672.45	693 673.41	750 795.91	862 069.00	1 001 985.71
流动资产年初余额	223 355.37	220 301.08	281 363.99	298 196.53	346 965.14
流动资产年末余额	230 301.08	281 363.99	298 196.53	346 965.14	319 388.91
主营业务成本	315 193.24	405 799.81	432 607.91	502 743.00	594 410.10

第四节 固定资产营运能力分析

固定资产是指同时具有下列两个特征的有形资产：①为生产商品、提供劳务、出租或经营管理而持有的；②使用寿命超过一个会计期间。对固定资产的营运能力分析主要是从固定资产运用状况、固定资产更新率、固定资产利润率等几个方面进行。

一、固定资产运用状况分析

固定资产运用状况分析就是对固定资产的增减变化进行分析，从而考察固定资产的利用状况，为资产营运能力分析提供可靠的依据。

企业的固定资产按照使用情况，可以分为使用中固定资产、未使用固定资产和不需用固定资产。由于未使用和不需用的固定资产在企业的生产经营中不能发挥正常的生产能力，因此，企业应尽可能降低未用、不需用固定资产所占的比例，以达到合理、充分利用固定资产的目的。

企业使用中的固定资产按照经济用途还可以分为生产经营用固定资产和非生产经营用固定资产。生产经营用固定资产是指直接服务于企业生产经营过程的各种固定资产。而非生产经营用固定资产是指不直接服务于企业生产经营过程的各种固定资产。随着科学技术的不断发展，企业生产经营用固定资产与非生产经营用固定资产应按比例协调增长。

分析固定资产的运用现状，可以通过编制固定资产增减变化表来反映。该表按每类固定资产列示其原价和折旧，同时，列示年初数和年末数，分析一年中的增减变化情况。

【即学即练 9.8】安达公司固定资产增减变化情况如表 9.9 所示。

表 9.9 固定资产资产增减变化表

项目	原价（万元）				折旧（万元）		占固定资产比例（%）	
	年初	本年增加	本年减少	年末	年初	年末	年初	年末
生产用	200	80	40	240	60	80	74.07	80.00
非生产用	40	20	10	50	12	14	14.82	16.67
未使用	20		20	0	8	0	7.41	0
不需用	10			10	4	4	3.70	3.33
合　计	270	100	70	300	84	98	100	100

分析点津 从表 9.9 可以看出，安达公司生产用固定资产的比重从年初的 74.07%增长到年末的 80%，同时，非生产用固定资产从年初的 14.82%增长到年末的 16.67%，说明该公司的生产性固定资产增长的同时，非生产性的固定资产也有所增长；而未使用、不需要的固定资产则从年初的 11.11%（7.41%+3.70%）下降到年末的 3.33%，表明该公司在该年度内充分利用固定资产，减少未使用的固定资产，因此，本年度内安达公司的固定资产利用状况是比较合理的。

二、固定资产周转率分析

固定资产营运能力一般通过固定资产周转率反映，固定资产周转率反映了固定资产的周转状况，可以提高固定资产的运用效率。固定资产周转速度也有两种表示方式：一是固定资产周转率（次数）；二是固定资产周转天数。固定资产周转率是指企业的主营业务收入净额与固定资产平均占用额的比率，即企业一定时期（通常是一年）内固定资产的周转次数。该比率是反映固定资产的周转情况，衡量企业利用固定资产获得销售收入的相对效率的一项指

标，其计算公式为

$$固定资产周转率=\frac{主营业务收入净额}{固定资产平均占用额}$$

其中：

$$固定资产平均占用额=\frac{期初固定资产占用额+期末固定资产占用额}{2}$$

$$主营业务收入净额=主营业务收入-销货退回-销售折让与折扣$$

固定资产周转天数是一定时期内计算期天数与固定资产周转率的比，其计算公式为

$$固定资产周转天数=\frac{计算期天数}{固定资产周转率}=\frac{计算期天数\times固定资产平均余额}{主营业务收入净额}$$

在计算固定资产周转率时，对外进行比较一般用固定资产原值，以剔除由于选用折旧方法的不同而带来指标不可比问题。企业自身前后期的比较可选用固定资产净值计算。

固定资产周转率与周转天数都是反映固定资产利用效率的指标。固定资产周转率越高，周转天数越少，表明单位固定资产创造的营业收入越多，固定资产的利用效率越高，同时也表明企业固定资产投资规模适当，结构合理，能够充分发挥效率；反之，则表明固定资产使用效率不高，提供的生产成果不多，营运能力不强。由于固定资产不同于流动资产，其投资是一次投入，多次收回，因此，固定资产的周转速度会明显慢于流动资产。利用固定资产周转率指标进行分析时，要注意以下问题。

（1）固定资产的周转速度受折旧方法的影响，因此应注意折旧政策的变化及差异。

（2）固定资产周转速度的快慢受固定资产内部结构的影响，因此应进一步分析固定资产内部结构，分析生产经营用、非生产经营用、使用中、未使用及不需用固定资产内部结构，分析生产经营用、非生产经营用、使用中、未使用及不需用固定资产各自占固定资产总额的比例。在固定资产结构中，生产经营用和使用中的固定资产所占比例大，有助于加速固定资产的周转，提高其利用效率。

（3）固定资产周转没有绝对的判断标准，一般通过与企业历史水平相比较，加以考察，进行趋势分析。由于企业间机器设备与厂房等固定资产在种类、数量、形成时间等方面存在较大差异，因此同业之间的比较分析意义不大。

（4）由于固定资产的增加不是渐进的，所以企业因购置全新固定资产而导致净值的突然增加，这会导致企业固定资产周转率的变化。

（5）宏观经济形势也会影响固定资产周转率。在企业固定资产、销售情况都未发生变化的条件下，由于通货膨胀因素导致物价上涨而使销售收入虚增，也会使固定资产周转率提高，但企业的固定资产实际营运效率并未增加。

【即学即练 9.9】根据WW公司资产负债表（如表 3.3 所示）和利润表（如表 4.1 所示）的资料，计算的固定资产周转指标如表 9.10 所示。

表 9.10 固定资产周转率和周转天数计算表

项目	20×4 年	20×5 年
主营业务收入（元）（1）	1 300 000.00	1 550 000.00
年初固定资产（元）（2）		1 422 900.00
年末固定资产（元）（3）	1 422 900.00	1 265 900.00
固定资产平均余额（元）（4）=[（2）+（3）]÷2	1 422 900.00	1 344 400.00
固定资产周转率（次）（5）=（1）÷（4）	0.91	1.15
固定资产周转天数（天）（6）=360÷（5）	395.60	313.04

分析点津 由表 9.10 的计算可知，WW公司 20×5 年由于营业收入的增加，致使固定资产的周转次数加快了 0.24 次，周转天数减少 82 天，说明该公司的固定资产使用率较高，营运能力较高，对此应结合固定资产的使用情况和配置情况做进一步分析。

此外，为进一步分析影响固定资产周转率的因素，可将固定资产周转率指标分解为流动资产平均余额占固定资产平均余额的比例与流动资产周转率的乘积。企业通过加速流动资产的周转速度，或提高流动资产平均余额占固定资产平均余额的比例，可以提高固定资产的周转速度。用公式表示为

$$\text{固定资产周转率}=\frac{\text{流动资产平均余额}}{\text{固定资产平均余额}}\times\frac{\text{主营业务收入}}{\text{流动资产平均余额}}$$

$$=\frac{\text{流动资产平均余额}}{\text{固定资产平均余额}}\times\text{流动资产周转率}$$

$$=\text{流动资产平均余额占固定资产平均余额的比例}\times\text{流动资产周转率}$$

【学中做 9.1】

某公司 20×7—20×9 年有关数据如表 9.11 所示，计算该公司固定资产周转速度指标并做出分析与评价。

表 9.11 某公司 20×7—20×9 年有关数据 （单位：元）

项　目	20×7 年	20×8 年	20×9 年
主营业务收入	8 728 709 011.24	9 310 340 388.39	8 825 589 022.18
年初固定资产	1 509 631 344.61	1 456 149 615.64	1 499 868 259.68
年末固定资产	1 456 149 615.64	1 499 868 259.68	1 874 727 461.71

三、固定资产更新率分析

企业在实际经营过程中，会不断更新固定资产，以适应企业生产发展的需要。企业都非常重视固定资产投资、更新和改造，以求得不断扩大生产经营规模，降低生产成本，实现规模经济。所以，企业固定资产的新旧程度在一定意义上反映了企业的实际生产能力和潜力。

反映固定资产更新率的主要指标有固定资产更新率、固定资产退废率、固定资产磨损率和固定资产净值率。

1. 固定资产更新率

固定资产更新率是企业本期新增固定资产原价与期初固定资产原价的比值，该指标反映了一定时期内企业固定资产现代化的提高程度，其计算公式为

$$\text{固定资产更新率}=\frac{\text{本期新增固定资产原价}}{\text{期初固定资产原价}}\times100\%$$

【即学即练 9.10】安达公司 20×7 年、20×8 年和 20×9 年固定资产原价年末数分别为 383 217.37 元、412 911.73 元和 454 164.46 元，而行业固定资产更新率平均值为 7%，计算安达公司固定资产更新率。

解

$$20\times8\text{ 年固定资产更新率}=\frac{412\,911.73-383\,217.37}{383\,217.37}\times100\%=7.75\%$$

$$20\times9\text{ 年固定资产更新率}=\frac{454\,164.46-412\,911.73}{412\,911.73}\times100\%=9.99\%$$

分析点津 通过计算可知，安达公司固定资产更新率 20×8 年为 7.75%，20×9 年为 9.99%，而行业平均水平仅为 7%，说明该公司的固定资产更新速度较快。

2. 固定资产退废率

固定资产退废率是企业本期退废固定资产原价与期初固定资产原价的比值。该指标反映一定时期内企业报废固定资产的原始价值，从固定资产退废的角度反映了固定资产的更新速度。其计算公式如下：

$$固定资产退废率=\frac{本期退废固定资产原价}{期初固定资产原价值}\times 100\%$$

3. 固定资产磨损率

固定资产磨损率是指企业的固定资产累计折旧与固定资产原价的比值。该指标反映企业固定资产的平均磨损程度，其计算公式为

$$固定资产磨损率=\frac{累计折旧}{固定资产原价}\times 100\%=1-固定资产净值率$$

【即学即练9.11】根据表9.9的资料，计算安达公司的固定资产退废率和固定资产磨损率。

解　　固定资产退废率=（70÷270）×100%=25.93%

年初固定资产磨损率=（84÷270）×100%=31.11%

年末固定资产磨损率=（98÷300）×100%=32.67%

4. 固定资产净值率

固定资产净值率是指企业的固定资产净值与固定资产原价的比值。该指标反映企业固定资产的平均新旧程度，其计算公式为

$$固定资产净值率=\frac{固定资产净值}{固定资产原价}\times 100\%$$

【即学即练9.12】根据表9.9的资料，计算安达公司的固定资产净值率。

解　　年初固定资产净值率=[（270−84）÷270]×100%=68.89%

年末固定资产净值率=[（300−98）÷300]×100%=67.33%

四、固定资产利润率分析

固定资产利润率是指企业的利润总额与该时期固定资产平均占用额的比值。该指标反映企业固定资产的管理效果，其计算公式为

$$固定资产利润率=\frac{净利润或利润总额}{固定资产平均占用额}\times 100\%$$

其中：

$$固定资产平均占用额=\frac{期初固定资产占用额+期末固定资产占用额}{2}$$

计算时分母固定资产平均占用额可以采用原值也可以采用净值。如采用固定资产净值计算本指标时，将受到固定资产新旧程度及企业固定资产折旧政策的影响，在一定程度上削弱了指标的可比性。分子可以选取净利润或利润总额。利润的变动一般受销售数量和单位销售利润的影响。在销售良好情况下，可以认为销售量等于生产量，此时固定资产的生产能力就会影响企业利润，并且，固定资产的使用状况也会影响企业的利润水平。

固定资产的利润率能综合反映固定资产的管理效果：固定资产利润率越高，固定资产的管

理效果越好。

【即学即练 9.13】根据WW公司资产负债表（如表 3.3 所示）和利润表（如表 4.1 所示）的有关资料，WW公司固定资产利润率的计算如表 9.12 所示。

表 9.12 固定资产利润率计算表

项 目	20×4 年	20×5 年
利润总额（元）(1)	112 000.00	126 400.00
期初固定资产（元）(2)		1 422 900.00
期末固定资产（元）(3)	1 422 900.00	1 265 900.00
固定资产平均余额（元）(4) = (2) + (3)] ÷ 2	1 422 900.00	1 344 400.00
固定资产利润率（%）(5) = (1) ÷ (4)	7.87	9.40

分析点津 由于企业利润的多少直接影响固定资产利润率，WW公司 20×5 年由于利润增加，固定资产平均占用减少，使固定资产利用率提高 1.53%，说明WW公司固定资产的管理效果较好。但是，企业利润的变动直接受到销售数量和销售利润的影响，而与固定资产没有直接的关系，所以还应结合其他指标进行分析。

【学中做 9.2】CJ 机床厂年度资产负债表与利润表有关资料如表 9.13 和表 9.14 所示，根据资料计算 CJ 机床厂 20×4 年度和 20×5 年度的应收账款周转率与应收账款周转天数、存货周转率和周转天数、流动资产周转率和周转天数、固定资产周转率和周转天数、总资产周转率和周转天数，并进行分析与评价。

表 9.13 CJ 机床厂 20×3—20×5 年资产负债表资料 （单位：元）

报告期	20×5 年	20×4 年	20×3 年
流动资产：			
货币资金	31 001 508	5 859 128	6 019 221
应收账款净额	30 563 647	22 171 670	29 017 890
存货净额	33 343 224	21 311 019	20 519 019
流动资产合计	104 589 768	60 169 600	58 169 320
固定资产净值	37 695 030	22 467 853	23 412 632
资产总计	160 895 115	85 937 123	89 967 350

表 9.14 CJ 机床 20×4—20×5 年利润表有关资料 （单位：元）

报告期	20×5 年	20×4 年
营业收入	195 756 919	154 521 866
销售折扣与折让	0	0
主营业务收入净额	195 756 919	154 521 866
营业成本	158 306 191	125 234 737

第五节 资产质量与企业增长率分析

企业资产质量的好坏，直接影响企业资产的偿债能力、获利能力和营运能力，进而影响企业的发展能力。因此，分析企业的偿债能力、获利能力、营运能力，就必须关注和分析企业的资产质量，了解企业的增长率。

一、衡量资产质量的主要指标

对企业资产质量和增长率的分析，可以通过计算各种财务指标来进行。反映资产质量的比率主要有不良资产比率、资产损失比率和固定资产成新率等指标。

1. 不良资产比率

不良资产是指企业中存在问题的资产，是难以参加正常生产经营运转的资产，主要包括三年以上应收账款、积压商品和不良投资等。不良资产比率是指不良资产占资产总额的比率，其计算公式为

$$不良资产比率=\frac{年末不良资产总额}{年末资产总额}$$

不良资产比率从企业资产管理的角度说明企业资产的运营情况，反映企业的资产质量，表明企业的资产管理和使用上存在的问题。该指标越高，说明不能参加正常经营运转的资金越多，资产质量越差，利用效率越低。

2. 资产损失比率

资产损失是指企业待处理资产损失，主要包括待处理流动资产净损失、待处理固定资产净损失、待报废的固定资产等。

资产损失比率是企业年末待处理资产损失净额占年末资产总额的比率，其计算公式为

$$资产损失比率=\frac{年末待处理资产损失净额}{年末资产总额}$$

资产损失比率反映企业资产损失的严重程度，该指标越高，表明企业资产质量越差。该指标为零，是企业资产的最高水平。

企业外部分析者由于不能从资产负债表中直接得到不良资产及资产损失的数额，一般需要通过阅读会计报表附注获取有关信息；而企业的内部分析者则可以通过定期进行财产清查，获取不良资产及资产损失的有关资料。通过对不良资产及资产损失的分析，有利于发现企业存在的问题，改善管理，提高资产利用效果。

3. 固定资产成新率

固定资产成新率是企业固定资产平均净值与固定资产平均原值的比率，其计算公式为

$$固定资产成新率=\frac{固定资产平均净值}{固定资产平均原值}\times 100\%$$

其中：

$$固定资产平均净值=\frac{期初固定资产净值+期末固定资产净值}{2}$$

$$固定资产平均原值=\frac{期初固定资产原值+期末固定资产原值}{2}$$

固定资产成新率反映企业所拥有的固定资产的新旧程度，体现了企业固定资产更新快慢和持续发展能力。该指标高，表明企业的固定资产比较新，资产质量较高。

【即学即练 9.14】根据安达公司 20×7—20×9 年固定资产净值与原值的数据，如表 9.15 所示，计算安达公司固定资产成新率。

表 9.15 安达公司 20×7—20×9 年固定资产净值与原值的数据表 （单位：万元）

项目	20×7 年 12 月 31 日	20×8 年 12 月 31 日	20×9 年 12 月 31 日
固定资产净值	275 056.52	276 421.89	280 233.36
固定资产原值	383 217.37	412 911.73	454 164.46

解

$$20\times 8年固定资产成新率=\frac{(275\,056.52+276\,421.89)\div 2}{(383\,217.37+412\,911.73)\div 2}\times 100\%=69.27\%$$

$$20\times 9年固定资产成新率=\frac{(276\,421.89+280\,233.36)\div 2}{(412\,911.73+454\,164.46)\div 2}\times 100\%=64.20\%$$

二、衡量企业增长率的主要指标

企业发展能力是企业实现赢利的持续程度及价值增长的可能性。企业的规模和实力是企业价

值的核心内容，表明企业未来潜在的获利能力。然而，企业的发展在于可持续性，需要不断地注入新的血液。企业的资本实力和潜在获利能力是衡量和评价企业持续稳定发展的实质内容，包括企业的营业收入增长能力、资产增长能力，它们的增长为企业的生存和发展注入了新的能量。

增长率是企业会计报表上某项目本期的增加额与上期（或上期期末）数额的比率，其通用计算公式为

$$某项目增长率=\frac{某项目增长额}{某项目上期（或上期期末）数额}\times 100\%$$

$$=\frac{某项目本期（或本期期末）数额-某项目上期（或上期期末）数额}{某项目上期（或上期期末）数额}\times 100\%$$

我们就是通过某些能够反映企业增长情况的分析指标，来评价企业的发展潜力，这可以通过计算主营业务收入增长率、总资产增长率、净收益增长率和资本积累率数据指标的增长率来进行。

1. 主营业务收入增长率

主营业务收入的增长是企业获利的源泉。一个企业只有保持主营业务收入的稳定增长，才能不断地增加收入，提高获利能力。获利能力的提高，利润的增加，才能为企业占领市场、开发新产品、进行技术改造扩大资金来源，才能促进企业进一步发展。因此，主营业务收入增长指标是评价企业发展状况和发展能力的重要指标。

主营业务收入增长率是指企业本年主营业务收入增长额同上年主营业务收入总额的比率，它可以反映本年主营业务收入的增减变动情况，反映企业在销售方面的增长能力，是评价企业发展状况和发展能力的重要依据，其计算公式为

$$主营业务收入增长率=\frac{本年主营业务收入增长额}{上年主营业务收入总额}\times 100\%$$

其中：

$$本年主营业务收入增长额=本年主营业务收入-上年主营业务收入$$

式中，上年主营业务收入是上年全年的主营业务收入总额。主营业务收入增长额是一个反映营业增长的相对指标，扣除了企业规模对于主营业务增长绝对额的影响。

通过计算主营业务收入增长率反映企业营业收入的增减变动情况，表明企业当期资本、资产投入带来的产出增长能力，同时在一定程度上反映企业的经营状况和市场占有能力。为此，在分析时还应注意以下问题。

（1）该指标从业务规模扩张方面衡量企业的持续发展能力。该指标若大于 0，表示企业销售收入有所增长，该指标值越高，说明企业销售情况越好，产品销售增长越快，表明企业业务经营规模扩张的能力越强，企业赢利增长趋势也就越好，企业生存和发展的能力越强。如果企业能连续几年保持 30%以上的主营业务收入增长率，基本上可以认为该企业具备发展能力。反之，该指标越低，说明企业销售情况越差，产品销售增长越慢，企业赢利增长后劲不足，其赢利趋势不容乐观。若该指标小于 0，则说明企业产品不适销对路，或质次价高，或是在售后服务等方面存在问题，从而导致产品销售不出去，市场份额萎缩。

（2）分析企业销售收入增长的效益性。对企业而言，销售收入增长速度通常越快越好，但企业不能只关注销售收入量的增长，而忽视其质的方面，即效益性。因为企业要确保以后销售收入能持续增长和具有良好的成长性，就必须使销售收入增长具有效益性。如果销售收入的增加纯粹依赖于企业规模的扩张，销售收入的增长率低于资产增长率，则说明企业的销售增长不

具有效益性，也反映出企业销售的未来成长性并不好，可持续发展能力不强。

（3）分析企业销售增长率的来源。企业销售增长情况是综合企业各种产品销售情况的结果，因此，我们要通过观察企业产品结构，进一步分析企业销售收入的成长性。可以将企业的销售收入按产品构成分解为单一产品的销售收入，从而计算每一主要产品的销售收入增长率。这样可以从整体上把握企业销售增长的主要来源，并结合产品的生命周期分析产品的销售增长率及其可持续性。对于一个较理想的企业来说，不同产品所处的生命周期应该分散，这样可以确保企业总有处于成长期或成熟期的产品，使得销售收入具有持续增长的来源。

（4）根据产品销售增长率指标分析，可以判断产品所处的生命周期和企业的发展能力。产品生命周期理论认为，任何一种产品的生命周期阶段均可以划分为四个阶段：第一阶段为试销期，产品开发成功，投入正常生产，该阶段销售规模较小，且增长还不太快；第二阶段为成长期，产品市场空间被打开，大规模地放量生产和销售，该阶段产品销售较快扩展和增长；第三阶段为成熟期，销售较为稳定，增长不会太快；第四阶段为衰退期，产品销售开始萎缩。根据这个原理，借助产品销售增长率指标，大致可以看出企业生产经营的产品所处的生命周期阶段，据此也可以判断企业的发展趋势。

【即学即练 9.15】根据某公司有关主营业务收入数据，计算该公司主营业务收入增长率，如表 9.16 所示。

表 9.16　某公司主营业务收入增长率计算与分析表

项目 \ 年度	20×5	20×6	20×7	20×8	20×9
主营业务收入（万元）	40 000	45 000	55 000	70 000	80 000
主营业务收入增加额（万元）		5 000	10 000	15 000	10 000
主营业务收入增长率（%）		12.50	22.22	27.27	14.29
总资产增长率（%）		10	15	14	11

分析点津　通过表 9.16 可以看出，该公司 20×6—20×9 年每年的主营业务收入增长率分别为 12.5%、22.22%、27.27%和 14.29%。总体上，该公司的销售收入呈增长趋势，其中 20×7 年度和 20×8 年度主营业务收入有较大的增长幅度，增长率都超过 20%；但 20×9 年度的主营业务收入增长速度相对于 20×7 年度有所下降。

【知识导航】

在实际分析时，应结合企业历年销售水平、市场占有情况和其他影响企业发展的潜在因素进行具体分析。

该公司 20×6—20×9 年度的总资产增长率分别为 10%、15%、14%和 11%，与主营业务收入增长率相比较，每年的主营业务收入增长率都高于总资产增长率。由此可见，该公司的销售增长具有效益性，销售增长的可持续性较好，说明该公司生产经营管理效率高，生存和发展能力强。

2. 总资产增长率

资产是企业生产经营活动的物质条件，是企业用以取得收入的经济资源，也是企业偿还债务的保障。企业的资产规模与其经营规模是相适应的，资产规模的扩大表明企业兴旺发达。通常情况下，发展能力强的企业都能保证资产的稳定增长，因此，资产的增长可以表明企业的发展状况和发展能力，也是实现企业价值的重要手段。

总资产增长率是指企业本年总资产增长额同年初资产总额的比率。该指标可以衡量企业本期资产规模的增长情况，从资产总量扩张方面衡量企业的发展能力，其计算公式为

$$总资产增长率=\frac{本年总资产增长额}{年初资产总额}\times 100\%$$

其中：

$$本年总资产增长额=资产总额年末数-资产总额年初数$$

通过计算总资产增长率可以衡量企业本期资产规模的增长情况，表明企业当期资产增长是否满足企业扩大规模的需要，评价企业经营规模总量上的扩张程度。该指标越高，表明企业在一个经营周期内资产经营规模扩张的速度越快。实际分析时，应注意资产扩张的质与量的关系，以及企业的后续发展能力。

【即学即练 9.16】根据某公司 20×6—20×9 年资产总额资料（如表 9.17 所示），计算该公司总资产增长率。

表 9.17 某公司 20×6—20×9 年的资产总额 （单位：元）

项　目	20×6 年 12 月 31 日	20×7 年 12 月 31 日	20×8 年 12 月 31 日	20×9 年 12 月 31 日
资产总额	1 528 321.25	1 660 500.98	1 763 751.17	1 867 036.73

解

$$20\times 7\text{ 年总资产增长率}=\frac{1\,660\,500.98-1\,528\,321.25}{1\,528\,321.25}\times 100\%=8.65\%$$

$$20\times 8\text{ 年总资产增长率}=\frac{1\,763\,751.17-1\,660\,500.98}{1\,660\,500.98}\times 100\%=6.22\%$$

$$20\times 9\text{ 年总资产增长率}=\frac{1\,867\,036.73-1\,763\,751.17}{1\,763\,751.17}\times 100\%=5.86\%$$

分析点津 从表 9.17 的计算结果可以看出，某公司 20×7 年、20×8 年、20×9 年的总资产增长率分别为 8.65%、6.22%、5.86%，均大于 0，说明该公司连续三年资产在不断增加，生产经营规模在不断扩大，即该公司资产规模有较好的发展；但从三年的增长趋势看，该指标在逐年递减，说明该公司采取稳健发展的经营战略，为未来发展奠定基础，而不是盲目扩张。

运用总资产增长率指标应注意以下问题。

（1）总资产增长率是用于考核企业规模增长的财务指标。该指标从资产总量扩张方面衡量企业的持续发展能力，说明企业规模增长水平对企业发展后劲的影响。总资产增长率为正数，说明企业资产规模增加，该指标越高，表明企业资产经营规模扩张的速度越快；总资产增长率为零，说明企业资产规模没有变化；总资产增长率为负数，则说明企业资产规模缩减。

（2）分析企业资产规模增长的效益性。总资产增长率高并不意味着企业的资产规模增长就一定适当，具有效益。要评价企业的资产规模增长是否合适，必须与销售增长、利润增长等情况结合起来分析。只有在企业的销售增长率、利润增长率超过总资产增长率的情况下，这种资产规模的增长才属于效益型增长，才是合理的、正常的；相反，如果企业的销售增长率、利润增长率远远低于资产增长率，并且这种状态持续存在，则投资者对此应该保持警惕，这可能意味着企业的投资是失效的，可能存在盲目扩张的风险。

（3）分析企业资产增长的稳定性。一个健康的、处于成长期的企业，其资产规模应该是不断增长的，如果时增时减，则反映出企业的经营业务不稳定，说明企业并不具有良好的、稳定的增长能力。因此，我们应该采用趋势分析法将企业不同时期的总资产增长率加以比较，以便正确评价企业资产的增长能力。

（4）总资产增长率指标的缺陷。总资产增长率作为反映企业发展能力的一个重要指标，自身存在着缺陷。该指标计算中所使用变量的数值为账面价值，这样就会产生两个问题：一是受会计处理方法中历史成本原则的影响，资产总额反映的只是资产取得的成本，并不是总资产的现时价值；二是受会计处理方法的限制，没有反映企业全部资产的价值。企业很多重要的资产如无形资产、人力资源等无法在报表中体现，这使得资产增长率指标无法反映企业真正的资产增长情况，尤其是无形资产占总资产较大份额的企业表现得更为明显，无法准确地反映企业的发展能力。

由于总资产增长率存在受资产短期波动因素影响的缺陷，为弥补这一不足，我们可以计算资产平均增长率，以反映企业较长时期内的资产增长情况。实务中一般计算三年资产平均增长率。三年资产平均增长率表明的是企业资产连续三年的增长情况，体现企业的发展潜力，其计算公式为

$$三年资产平均增长率=\left(\sqrt[3]{\frac{年末资产总额}{三年前年末资产总额}}-1\right)\times 100\%$$

3. 净收益增长率

留存收益是盈余公积和未分配利润的总和。净收益增长率是企业当年留存收益增长额与年初净资产的比率。其中，当年留存收益是指在年初净资产增长的基础上，留在企业用于企业发展并形成净资产的收益。留存收益包括盈余公积和未分配利润。其计算公式为

$$净收益增长率=\frac{当年留存收益的增长额}{年初净资产}\times 100\%$$

式中，当年留存收益的增长额是年末留存收益减去年初留存收益的差额。

【即学即练 9.17】 F公司 20×7—20×9 年所有者权益如表 9.18 所示，计算 F 公司净收益增长率。

表 9.18 F公司 20×7—20×9 年的所有者权益（单位：万元）

项　目	20×7 年 12 月 31 日	20×8 年 12 月 31 日	20×9 年 12 月 31 日
实收资本（或股本）	216 421.14	216 421.14	216 421.14
资本公积	406 764.17	407 604.37	409 128.02
盈余公积	489 884.76	482 968.43	486 004.79
未分配利润	204 707.76	168 225.75	182 122.98
所有者权益（或股东权益）合计	1 317 777.83	1 275 219.69	1 293 676.93

解

20×8 年留存收益的增长额=（482 968.43 + 168 225.75）-（489 884.76 + 204 707.76）

=−43 398.34（万元）

20×9 年留存收益的增长额=（486 004.79 + 182 122.98）-（482 968.43 + 168 225.75）

=16 933.59（万元）

$$20\times 8\ 年净收益增长率=\frac{-43\,398.34}{1\,317\,777.83}\times 100\%=-3.92\%$$

$$20\times 9\ 年净收益增长率=\frac{16\,933.59}{1\,275\,219.69}\times 100\%=1.33\%$$

分析点津 表 9.18 计算结果显示，F公司 20×8 年净资产增长率为 - 3.92%，反映该公司 20×8 年的发展能力受到了资产收益率的影响，出现了负增长；20×9 年净资产增长率为 1.33%，反映该公司发展能力有所增强。

净收益增长率是企业发展能力分析的一个重要方面，它与净资产收益率、留存比率等各种因素有着直接的关系，是综合反映企业发展能力的指标。影响净收益增长率的因素主要有以下几种。

（1）营业收入。营业收入是企业收入的主要来源。一个企业只有保证营业收入的稳定增长，才能不断地扩大收入，有了充足的收入才能为企业进一步扩大市场、研发新产品、进行技术改造提供资金来源，促进企业的进一步发展。

（2）净资产规模。在资产经营收益不变的情况下，净资产规模与收入规模之间存在着正比例关系，只有净资产规模不断增长，才能反映新的资本投入，表明所有者对企业的发展有信心，同时为企业的再融资提供保障。

（3）净收益。净收益反映企业一定期间的经营成果，在收入一定的情况下，费用与净收益之间存在着反向关系，只有不断降低成本，才能增加净收益。企业净收益是企业价值增长的源泉。

（4）股利分配。企业所有者从企业获得的利益分为两个方面：一是资本利得，二是股利。一个企业可能有着很强的获利能力，但企业如果把所有的利润通过各种形式转化为消费，而不注意资本积累，那么，即使这个企业效益指标很高，也不能说其发展能力很强。

4. 资本积累率

资本积累率是指企业本年所有者权益增长额同年初所有者权益的比率。其计算公式为

$$资本积累率=\frac{本年所有者权益增长额}{年初所有者权益}\times 100\%$$

其中：

$$本年所有者权益增长额=所有者权益年末数-所有者权益年初数$$

资本积累率是企业当年所有者权益总的增长率，反映了企业所有者权益在当年的变化水平。资本积累率反映了投资者投入企业资本的保全性，是评价企业发展能力的重要指标，体现了企业的资本积累情况。该指标越高，表明企业资本保全性越强，其应付风险、持续发展能力也越大。该指标如为负数，则表明企业的资本受到侵蚀，所有者权益受到损害。从财务报表上看，资本积累主要来源于企业实现净利润的留存和股东追加的投资。但前者更能表现资本积累的本质，表现出良好的企业发展能力和发展后劲。

【即学即练 9.18】根据[即学即练 9.17]F 公司提供的相关数据，计算 F 公司的资本积累率。

解

$$20\times 8\text{ 年资本积累率}=\frac{1\,275\,219.69-1\,317\,777.83}{1\,317\,777.83}\times 100\%=-3.23\%$$

$$20\times 9\text{ 年资本积累率}=\frac{1\,293\,676.93-1\,275\,219.69}{1\,275\,219.69}\times 100\%=1.45\%$$

解析点津 以上计算结果显示，F 公司 20×8 年资本积累率为 −3.23%，为负值，说明该公司的所有者权益受到损害；20×9 年资本积累率为 1.45%，反映了该公司的资本得以保全，发展能力有所增强。

资本积累率在运用时，应注意本期与上期所有者权益变动的偶然性因素，特别是实收资本的变动对资本积累率的影响。为消除此影响，可以通过计算连续三年的平均资本积累率，来反映企业在较长时期内的权益资本增长情况，从权益资本的长期增长趋势和稳定发展程度判断企业的发展能力。三年资本平均增长指标反映企业权益资本连续三年的增长情况，能够较好地体现企业发展水平和发展趋势，其计算公式为

$$三年资本平均增长率=\left(\sqrt[3]{\frac{年末所有者权益总额}{三年前年末所有者权益总额}}-1\right)\times 100\%$$

式中，年末所有者权益总额是指所有者权益的年末数；三年前年末所有者权益是指企业三年前的所有者权益年末数。

小　结

企业营运能力是指企业充分利用现有资源创造社会财富的能力。营运能力分析主要从总资产、流动资产、非流动资产三个方面进行。

总资产营运能力分析是对总资产产值率、总资产收入率和总资产周转率等指标进行分析。

企业流动资产营运能力分析主要对企业应收账款的营运能力、存货的营运能力及流动资产的综合营运能力进行分析，其主要指标包括应收账款周转率、存货周转率、流动资产周转率等。

对非流动资产的分析，其主要指标有固定资产运用状况、固定资产周转率、固定资产更新率、固定资产利润率等。

企业经营发展能力分析是对企业正常生产活动所具有的成长性等进行的分析和评价，主要采用营业收入增长指标、总资产增长指标。

企业财务发展能力分析是对企业财务所具有财务的成长性进行的分析和评价，主要采用净收益增长率、资本积累率等指标进行分析和评价。

推荐阅读

天津利安隆存货周转率低　利润翻倍或"痴人说梦"

中国经济网北京 2014 年 7 月 9 日讯（记者韦伟）天津利安隆新材料股份有限公司（以下简称"利安隆"）于近日披露了招股说明书，公司拟在深交所上市，发行 3 000 万股，募资约 2.7 亿元，募集资金大部分将用于抗氧化剂生产装置项目与紫外线吸收剂项目。

按照募投项目的建设周期，利安隆在三年后就可以实现净利润翻倍。不过有报道指出，公司的这一目标在分析人士看来，简直是痴人说梦。

此外，其招股书显示，报告期内公司营业收入和毛利率均逐年上升，而与其处于同行业的其他上市公司却在同一时期出现了不同程度的亏损。值得注意的是，在如此"靓丽"的业绩之下，却是低得可怜的存货周转率，有分析直指其过度粉饰了财务报表。

针对上述问题，中国经济网记者致电利安隆询问，不过截至记者发稿，尚未收到回复。

利润翻倍目标被指"痴人说梦"

资料显示，利安隆是一家专业从事高分子材料抗老化化学助剂产品研发、生产、销售和服务的高新技术企业。公司主要产品为抗氧化剂、光稳定剂和 U-PACK 产品。

据悉，利安隆此次上市募集的资金将主要用于扩建年产 11 500 吨抗氧化剂生产装置项目、年产 6 000 吨紫外线吸收剂项目（二期工程），以及新建研发中心建设项目和全球营销网络建设项目。同时，利安隆预计，年产 11 500 吨抗氧化剂项目和年产 6 000 吨紫外线吸收剂项目两个产业化项目完全达产后，每年将分别给公司新增销售收入 3.27 亿元和 2.04 亿元，每年分别贡献净利润 3 963.61 万元和 2 096 万元。仅两个扩产项目每年的净利润就可达到 2013 年公司 4 031.91 万元净利润的 1.5 倍。

公司同时表示，如果高分子材料行业面临整体下滑，导致项目投产后销售不能实现预定的目标，或者出现了对产品销售不利的其他因素，公司可能面临募投项目产品销售风险。

对此，《中国经济时报》报道指出，以目前的市场环境来看，公司的这一目标在分析人士看来，简直是痴人说梦。

公司还有一个募投项目为全球营销网络建设。据报道，这个项目在业内人士眼中是不接近市场的行为。分析人士指出，目前化工行业已是微利，国际巨头开拓市场的策略多是选择接近市场建设新项目，而利安隆反其道而行，将会明显增加营销成本，降低产品的竞争力。

存货周转率远低于同行

中国经济网记者从招股书中获悉，2011 年至 2013 年，公司营业收入节节攀升，分别为 2.61 亿元、3.2 亿元和 4.04 亿元。同时期，公司的主营业务综合毛利率也在逐年上升，分别为 21.65%、24.52%、26.08%，远远高于同行业水平。

与利安隆的靓丽业绩形成鲜明对比的是与其处于同行业的上市公司。在招股书中，利安隆列举的几家同行业公司在近年来都出现了不同程度的亏损。如行业老牌公司亚星化学，2011 年和 2012 年出现巨额亏损，亏损额度分别达 7 749.67 万元和 4.77 亿元，2013 年勉强赢利 879.30 万元。此外，瑞丰高材从 2011 年 7 月份上市后，净利润连年出现下滑，每年的下滑幅度都在 10%以上。

公司表示，这是因为公司产品均与其他公司产品不同。不过，据《中国经济时报》报道，有分析直指利安隆过度粉饰了财务报表。

值得注意的是，在利安隆非凡的赢利能力背后，其存货周转率却远远低于同行。

招股书显示，从 2011 年至 2013 年利安隆存货周转率（次）分别为 2.41、2.78、2.67。据中金在线援引相关人士分析指出，利安隆的存货周转率即使对比同行业间的平均水平 6.48，2.67 这个数值也是拿不出手的。过低的存货周转率将会影响企业的短期偿债能力，同时也会对企业的变现能力产生不利的影响。

对此，利安隆在招股书中解释，公司一直受产能瓶颈所限制，通常情况下同一时间某条生产线只能生产一种型号的产品，生产线在生产另一型号产品前须检修、清洗，因此通常在生产一种型号产品时需要留出部分库存，造成库存商品金额较高。

习 题

一、单项选择题

1. 评价企业营运能力是通过（　　）有关项目的结合分析确定的。

A. 资产负债表　　B. 利润表
C. 资产负债表和利润表　　D. 利润表和现金流量表

2. 应收账款周转率是指企业在一定时期内（　　）与应收账款平均余额的比率。

A. 净利润　　B. 营业利润　　C. 利润总额　　D. 主营业务收入

3. 企业自商品销售出去开始至应收账款收回为止经历的天数，称为（　　）。

A. 应收账款周转率　　B. 应收账款周转天数
C. 现金周转率　　D. 应收账款与日营业额比

4. 下列衡量存货管理效率，反映企业销售全部存货所需时间长度的指标是（　　）。

A. 存货周转率　　B. 存货周转天数　　C. 营业额　　D. 营业周期

5. 企业的主营业务收入与固定资产平均净值的比率是（　　）。

A. 固定资产周转率　　B. 固定资产更新率　　C. 固定资产利润率　　D. 固定资产净值率

6. 企业一定期间内实现的利润总额与该时期企业总资产平均余额的比率是（　　）。

A. 净资产收益率　　B. 总资产利润率　　C. 每股收益　　D. 市盈率

7. 营业收入增长比率越大，说明企业（　　）。

A. 市场前景越好　B. 销售萎缩　C. 产品不适销对路　D. 售后服务欠佳

8. 为了消除由于营业收入引起波动而对营业收入增长率产生的影响而设置的指标是（　　）。

A. 总资产增长率　B. 流动资产增长率　C. 营业收入增长率　D. 营业收入均增率

9. 资产更新指标是指固定资产的更新指标，主要是指（　　）。

A. 固定资产增长率　B. 固定资产成新率　C. 固定资产收益率　D. 固定资产周转率

10. 从企业资产总量扩张方面衡量企业发展能力的指标是（　　）。

A. 总资产报酬率　B. 总资产周转率　C. 总资产增长率　D. 总资产收益率

11. 某企业应收账款周转次数为4.5次，假设一年按360天计算，则应收账款周转天数是（　　）。

A. 0.2天　B. 81.1天　C. 80天　D. 730天

二、多项选择题

1. 营运能力分析主要从（　　）对企业的营运能力进行分析和评价。

A. 流动资产　B. 非流动资产　C. 总资产　D. 固定资产

2. 应收账款营运能力分析的主要指标有（　　）。

A. 应收账款周转率　B. 应收账款周转天数　C. 现金周转率　D. 现金回笼率

3. 应收账款周转率较高，说明企业（　　）。

A. 催收账款速度较快　B. 可以减少坏账损失　C. 资产的流动性较强　D. 短期偿债能力较强

4. 存货周转率是指企业一定时间（　　）与（　　）的比率。

A. 主营业务成本　B. 营业收入　C. 期末存货　D. 存货平均

5. 反映总资产营运能力的指标是（　　）。

A. 总资产报酬率　B. 总资产周转天数　C. 总资产周转率　D. 总资产利润率

6. 可用于反映企业增长能力的财务指标有（　　）。

A. 资产增长率　B. 销售增长率　C. 资本增长率　D. 以上均不正确

7. 经营发展能力的资产增长指标主要包括（　　）。

A. 总资产增长率　B. 流动资产增长率　C. 固定资产增长率　D. 资产收益率

8. 营业收入增长指标包括（　　）。

A. 总资产增长率　B. 流动资产增长率　C. 营业收入增长率　D. 营业收入均增率

9. 影响净收益增长率的因素主要有（　　）。

A. 营业收入　B. 净资产规模　C. 净收益　D. 股利分配

10. 影响固定资产成新率的因素主要有（　　）。

A. 固定资产折旧方法　B. 营业收入　C. 企业的发展周期　D. 净收益的增长

11. 应收账款周转率指标的是（　　）。

A. 测定企业收回赊销账款能力　B. 反映企业应收账款变现速度

C. 反应企业收账费用投入情况　D. 反映企业信用政策严苛程度

E. 反映企业管理效率

三、判断题

1. 应收账款周转率一般以月为基础计算。（　　）

2. 流动资产是指在一年或者超过一年的一个营业周期以上变现或耗用的资产。（　　）

3. 通常情况下，流动资产周转率越高，说明流动资产周转速度越快。（　　）

4. 应收账款周转天数越短，说明应收账款变现速度越快。（　）

5. 在正常情况下，如果企业经营顺利，存货周转率越高，说明存货周转得越慢。（　）

6. 较高的总资产周转率也可能是由于总资产过少引起的。（　）

7. 本年主营业务收入增长额是本年主营业务收入与上年主营业务收入的差额。（　）

8. 营业收入增长率是指企业本年营业收入增长额同本年营业收入总额的比率。（　）

9. 总资产增长率指标大于零，说明企业本年度资产减少了。（　）

10. 一般来说，处在发展阶段的企业，其固定资产成新率较高。（　）

四、分析计算题

1. 某企业 20×5—20×9 年有关数据如表 9.19 所示，试计算该企业的总资产周转率，并做出评价？

表 9.19　某企业 20×5—20×9 年收入与资产资料表　（单位：万元）

项　目	20×5 年	20×6 年	20×7 年	20×8 年	20×9 年
主营业务收入	527 672.45	693 673.41	750 795.91	862 068.78	1 001 985.71
年初总资产	697 895.81	824 383.84	893 861.56	900 220.27	98 7 800.48
年末总资产	824 383.83	893 861.56	900 220.27	98 7 800.48	958 911.67

2. 某企业 20×9 年比较资产负债表及比较利润表如表 9.20 和表 9.21 所示，试计算应收账款周转率、存货周转率、固定资产周转率，并做出评价。

表 9.20　某企业 20×9 年比较资产负债表　（单位：万元）

项　目	20×8 年	20×9 年	项　目	20×8 年	20×9 年
货币资金	164 551.57	10 551.92	流动负债：	487 674.33	571 762.19
交易性金融资产	109 598.57	113 635.64	非流动负债：	857.15	1 597.61
应收账款	540 996.09	579 794.09	负债合计	488 531.48	573 359.80
预付账款	10 337.70	12 581.96	股东权益：		
存货	594 130.03	719 287.39	资本金（股本）	216 421.14	216 421.14
其他流动资产	450.94	143.10	资本公积	406 516.08	408 075.74
流动资产合计	1 420 064.90	1 525 909.10	盈余公积	484 056.72	487 057.09
长期股权投资	19 802.18	13 913.55	未分配利润	168 225.75	182 122.98
固定资产	276 421.89	280 233.36			
无形资产及其他资产	47 462.20	46 980.72	股东权益合计	1 275 219.69	1 293 676.93
资产合计	1 763 751.17	1 867 036.73	负债与股东权益合计	1 763 751.17	1 867 036.73

表 9.21　某企业 20×9 年比较利润表　（单位：万元）

项　目	20×8 年	20×9 年
一、营业收入	965 198.42	1 262 365.78
减：营业成本	836 366.82	1 066 346.16
税金及附加	6 791.82	4 602.50
营业费用	93 354.06	126 426.03
管理费用	18 686.30	39 471.74
财务费用（利息费用）	7 829.45	12 775.17

续表

项　目	20×8 年	20×9 年
资产减值损失		
加：公允价值变动收益（损失以"–"填列）		
投资收益（损失以"—"填列）	12 026.23	7 764.67
其中：对联营企业和合营企业的投资收益		
二、营业利润	14 196.20	20 508.85
加：营业外收入	1 228.61	1 388.09
减：营业外支出	4 264.05	1 233.64
其中：非流动资产损益		
三、利润总额（亏损以"—"填列）	11 160.76	20 663.30
减：所得税	2 307.17	3 043.03
四、净利润	8 853.59	17 620.2 7
五、其他综合收益税后净额		
（一）以后不能重分类进损益的其他综合收益		
（二）以后将重分类进损益的其他综合收益		
六、综合收益总额		
七、每股收益		
（一）基本每股收益		
（二）稀释每股收益		

3. 某企业固定资产变动如表 9.22 所示，试计算固定资产更新率、退废率、磨损率及净值率。

表 9.22　某企业固定资产变动表　（单位：元）

固定资产原值	生产用	非生产用	租出	未使用	不需用	合计	累计折旧
1. 期初固定资产原值	3 287 679	593 138	190 647	76 850	88 386	423 6700	853 240
2. 本期增加固定资产	678 359	62 400		93 841		834 600	
其中：购入	465 459			93 841		559 300	
接受捐赠							
建设完工	212 900	62 400				275 300	
融资租入							
投资转入							
盘盈							
其他							
3. 本年减少固定资产	120 991	50 280				171 271	228 650
其中：出售	120 991	50 280				171 271	228 650
报废							
盈亏							
非常损失							
投资转出							
其他							
4. 期末固定资产原值	3 845 047	605 258	190 647	170 691	88 386.	171 271	1 081890

4. 试根据某公司 20×6—20×9 年主营业务收入资料（如表 9.23 所示），计算该公司主营业务收入增长率，并加以说明。

表 9.23　某公司 20×6 年—20×9 年的主营业务收入　（单位：万元）

项　目	20×6 年	20×7 年	20×8 年	20×9 年
主营业务收入	980 237.25	1 089 613.16	970 150.10	1 275 093.10

5. A公司和B公司 20×5—20×8 年各年的资本总额如表 9.24 所示，试计算 20×6—20×8 年各年的总资产增长率及三年平均总资产增长率。

表 9.24　A 公司和 B 公司的资产总额　（单位：万元）

单位＼年度	20×5 年	20×6 年	20×7 年	20×8 年
A 公司	10 000	11 000	12 000	12 500
B 公司	9 000	10 000	10 500	11 500

第十章

财务报告综合分析与评价

【知识目标】

1. 理解财务报告综合分析的含义。
2. 掌握杜邦分析体系的原理。
3. 掌握沃尔比重评分法的原理。

【技能目标】

1. 能够运用杜邦分析体系对企业财务报告进行综合分析。
2. 能够运用沃尔比重评分法对企业财务报告进行综合分析。

【引例导读】

杜邦公司的管理控制技术方法

20 世纪早期，纵向一体化的多元经营活动公司出现，为了协调和控制其多样化活动，管理控制实务技术方法的需求应运而生。

在开发管理控制系统以协助多元活动及纵向一体化企业的成长方面，最成功、最具代表性的是杜邦公司（Du Pont Powder Company）。作为最早的纵向一体化多元经营活动公司之一，它要决定的不再仅是经营单一产品的营业规模大小，还要决定应拓展的营业活动类型，于是，杜邦公司开创了许多管理控制技术方法。到 1910 年为止，当今大公司进行管理控制所用的差不多所有基本技术方法在杜邦公司都已得到使用。在这些基本技术方法中，最主要、影响最持久的则是投资净利率（return-on-investment，ROI）指标的运用。该指标最早被杜邦公司的 Pierre du Pont 用作衡量各个营业部门的效率和整个公司财务业绩的指标，而当时广为使用的销售净利率、成本净利率指标在杜邦公司则受到冷落。

1912 年，杜邦公司的财务经理 Donaldson Brown 进一步将 ROI 指标分解为产品销售周转率和营业销售净利率两大指标。这样，既可以让各部门知悉其业绩如何影响产品销售周转率或营业销售净利率并进而影响公司总的投资净利率，又可以让管理者解释在特定期间内 ROI 的实际数为何偏离预算数。Pierre du Pont 和 Donaldson Brown 将 ROI 指标应用于部门层面上，这也是现代多数公司所用的利润中心和投资中心的起源。另外，杜邦公司还为审批营业预算和资本预算专门建立了资本配置程序和系统。无疑，在当时，杜邦公司成为管理会计控制方法应用的先驱者。

1920 年，通用汽车公司（General Motors，GM）成为杜邦公司的子公司后，Pierre du Pont、Donaldson Brown 和 Alfred Sloan 又于 20 世纪 20 年代早期在 GM 进行了管理控制系统的革新。实际上，多数现代企业的组织形式和报告评价体系都是从 GM 演进过来的。GM 的目标是着眼于整个商业周期获取满意的 ROI，而不强求盈余逐年增长，把企业管理控制系统的目标定位在整体管理水平的最高，而不仅仅是利润的增长。

我们可以从中看出现代行为管理思想的缩影。Donaldson Brown 独创性地设计了一套定价模式，在生产量和销售量为正常、标准量（生产能力的 80%）的条件下，来决定能达到期望 ROI 水平的目标价格，这套定价模式使高层管理的财务策略与部门的短期营业计划保持紧密的沟通和联动。Pierre du Pont 和 Alfred Sloan 为公司的高层经理设计了程式化的激励和利润分享计划，其利润观念是公司利润而非部门利润。后者还采用了市场基础的内部转移价格制度。

（资料来源：http://www.chinaacc.com/new/287%2F288%2F300%2F2006%2F1%2Fad43042646351716002208.htm）

点评：单项财务指标分析只是从单一方面反映了公司的财务效率，而要评价公司的综合财务情况，我们要用到上述的综合分析方法。这些管理会计控制技术方法的应用，不但大大促进了企业管理会计的发展，而且使其管理控制系统更趋完善。

财务分析的目的在于为财务信息使用者提供客观、及时、全面、准确的财务信息，为信息使用者的决策提供帮助。通过前面的学习，我们用比率分析法可以从企业的偿债能力、营运能力、获利能力、发展能力等方面进行财务分析，但是，它们各自从不同的立场就某个方面进行分析，任何一类财务指标都不足以全面地评价企业的财务状况和经营成果。比如，有的企业利润表中显示利润很多，但却没有足够的现金流量用以偿还债务；有的企业的资产周转率高于行业平均水平，说明企业资产管理水平较高，但是资本收益率却很低。因此，对企业财务状况、经营成果和现金流量进行全面、综合的分析是非常重要的。

财务报告综合分析与评价是将各项财务指标作为一个整体，系统、全面、综合地对企业财务状况和经营成果进行剖析和评价，说明企业整体财务状况和效益的好坏。财务报告综合分析与评价的目的在于全面、准确、客观地揭示企业的财务状况、经营成果和现金流量，并借以对企业经济效益的优劣做出合理的评价。因此，我们仅仅计算几个财务比率，不能得出合理、正确的综合性结论。分析时只有将各种不同财务报表、不同指标分析融为一体，才能从总体意义上把握企业财务状况、经营成果和现金流量的优劣。

本章我们将介绍三种最常用的综合分析法：杜邦分析体系、沃尔比重分析法和综合系数评分法。

第一节 杜邦分析体系

一、杜邦分析体系的内涵及特点

（一）杜邦分析体系的内涵

杜邦财务分析就是根据某些财务比率之间的内在联系来综合分析公司理财状况的一种方法。其目的就是：找出影响公司理财的各方面的因素，从而总结经验教训，进一步加强管理。因其最初由美国杜邦公司创立并成功运用而得名。

杜邦分析体系以净资产收益率为中心，以总资产收益率和权益乘数为基本点，重点揭示企业各相关指标之间的相互关系，以及获利能力和权益乘数对净资产报酬率的影响，从而分析造成这种影响的内部原因。由净资产收益率这一因素入手，层层分解，建立起企业业绩考核和评价指标体系。

企业的财务状况是一个完整的系统，内部各因素是相互依存、相互作用的，任何一个因素的变化都会引起企业整体财务状况的改变。因此，财务分析人员在进行财务状况分析时，必须深入了解企业财务状况内部的各项因素以及其相互之间的关系，这样才能比较全面地揭示企业财务状况的全貌。为了更好地了解和评价企业的财务状况和经营成果，需要利用若干相互关联的指标对营运能力、偿债能力以及获利能力进行综合性的分析和评价。

（二）杜邦分析体系的特点

杜邦分析体系是将若干个用以评价企业经营效率和财务状况的比率，按其内在联系有机地结合起来，形成一个完整的指标体系，并最终通过净资产收益率进行综合反映。它将净资产收益率指标层层细化，从纯财务的角度构建了一套比较完整的企业业绩考核、评价体系。

杜邦分析体系中的几个主要财务指标的关系为

$$净资产收益率=总资产收益率\times权益乘数$$

$$总资产收益率=销售净利率\times总资产周转率$$

$$净资产收益率=销售净利率\times总资产周转率\times权益乘数$$

【知识导航】

杜邦分析体系基本公式的推导过程如下：

$$净资产收益率=\frac{净利润}{平均净资产}=\frac{净利润}{平均总资产}\times\frac{平均总资产}{平均净资产}=总资产收益率\times权益乘数$$

$$总资产收益率=\frac{净利润}{平均总资产}=\frac{净利润}{营业收入}\times\frac{营业收入}{平均总资产}=销售净利率\times总资产周转率$$

1. 销售净利率

销售净利率反映了净利润与营业收入之间的关系，这种关系可以表示为

$$销售净利率=\frac{净利润}{营业收入}\times100\%$$

一般而言，营业收入增加，企业的净利润也会随之增加。但是，要想提高销售净利率，必须一方面提高营业收入，另一方面降低各种成本费用，使净利润的增长速度高于营业收入的增长速度，从而提高销售净利率。

2. 权益乘数

权益乘数反映了企业资产总额是所有者权益总额的倍数，它通常表示企业的负债程度。权益乘数越大，表明企业的负债程度越高。该指标与资产负债率密切相关，其表达式为

$$权益乘数=1\div(1-资产负债率)$$

在杜邦分析体系中，资产负债率是指全年平均资产负债率，即企业全年平均负债总额与全年平均资产总额的百分比。这样做是为了便于与其他指标进行对比。

3. 总资产周转率

总资产周转率反映了营业收入与平均总资产之间的关系，其关系可以表述为

$$总资产周转率=营业收入\div平均总资产$$

资产的周转速度直接影响企业的获利能力，如果企业资产周转较慢，就会占用大量资金，增加资金成本，减少企业的利润。

杜邦分析体系是对企业财务状况进行自上而下的综合分析，它通过几种主要财务指标之间的关

系，直观、明了地反映出企业的偿债能力、营运能力、获利能力及其相互关系，从而提供了解决财务问题的思路和财务目标。杜邦分析体系是一种分解财务比率的方法，而不是另外建立财务指标，它可以用于各种财务比率的分解。该方法的关键不在于指标的计算，而在于对指标的理解和运用。

净资产收益率按销售净利率、总资产周转率和权益乘数三个因素分别进行比较分析。权益乘数受资产负债率的影响，权益乘数与资产负债率成正比；销售净利率从销售额和销售成本两方面进行分析；资产周转率需要对资产各组成部分从占用量和周转率两个方面进行分析。

二、杜邦分析体系分析图

利用杜邦分析体系进行综合分析时，可以将各项财务指标之间的关系绘制成杜邦财务体系分析图，如图 10.1 所示。

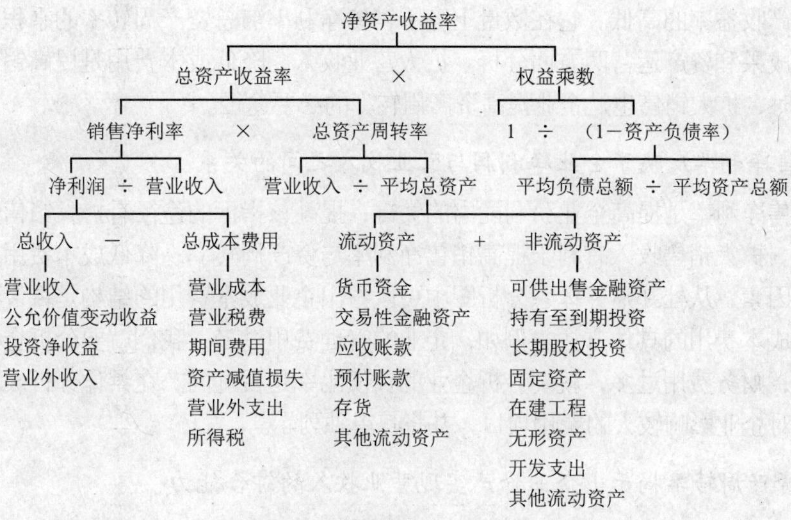

图 10.1 杜邦分析体系分析图

该图表明企业的财务指标经过层层分解，可以分解为财务报表项目。这样就可以找出净资产收益率提高或降低的原因所在，便于查明原因，采取措施。杜邦财务体系分析图通过几种主要财务比率的相互关系，全面、系统、直观地反映出企业整体的财务状况，从而节省了财务分析人员分析报表的时间。

三、杜邦分析体系的作用

杜邦分析体系对企业财务状况进行综合分析，解释了指标变动的原因和趋势，为企业采取措施改善管理指明了方向。它可以从两个方面进行分析，即本企业不同时期的分析和本企业与同行业的分析，从杜邦分析体系中可以了解企业以下财务信息。

1. 净资产收益率是杜邦分析体系的核心

净资产收益率是一个综合性极强的财务比率，是杜邦分析体系的核心。其他指标都围绕这一核心，通过研究彼此之间的依存和制约关系，从而揭示企业的获利能力及其原因。

财务管理的目标是企业价值最大化，净资产收益率反映了投资者投入资本的获利能力，反映企业筹资、投资、资产运营等活动的效率。提高净资产收益率是实现财务管理目标的根本保证。该指标的高低取决于总资产收益率和权益乘数。总资产收益率反映企业运营资产进行生产经营活动效率的高低，而权益乘数反映所有者权益与资产之间的关系，主要反映企业的筹资情况，即企业资金来源结构。权益乘数还表示企业的负债程度，反映了企业利用财务杠杆进行经营活动的程度。

在总资产需要量一定的前提下，企业开展适度的负债经营，相对减少所有者权益所占的份额，可以提高权益乘数。资产负债率越大，权益乘数越大，说明公司负债程度越高，公司有较多的财务杠杆效益，但风险也较高；反之亦然。这样层层分解可以帮助财务分析人员找出净资产收益率变动的具体原因。

2. 总资产收益率是影响净资产收益率的最重要的指标

总资产收益率是影响净资产收益率的最重要的指标，综合性也很强。总资产收益率是反映企业获利能力的一个重要财务比率，它揭示了企业生产经营活动的效率。

企业的营业收入、成本费用、资产结构、资产周转速度以及资金占用量等各种因素，都直接影响总资产收益率的高低。它在数量上等于销售净利率与总资产周转率的乘积。因此，要进一步从销售成果和资产运营两方面分析。扩大营业收入、降低成本费用是提高销售净利率的根本途径；同时，扩大销售也是企业提高资产周转率的必要途径。

3. 销售净利率反映了企业净利润与营业收入之间的关系

提高销售净利率是提高企业获利能力的关键，提高该指标的途径有扩大销售收入、降低成本费用两种。扩大销售收入有利于提高销售净利率与资产周转率；降低成本费用是提高销售净利率的重要因素，从杜邦财务体系分析图中可以看出企业成本费用的结构是否合理，从中找到降低、控制成本费用的具体方法。例如，企业的管理费用过多，我们就要分析企业是否行政机构过于庞杂；财务费用过多，就要分析企业的负债比率是否过高。在具体分析成本费用时，可以重点分析对企业影响较大的费用项目，并将其单独列示。

4. 总资产周转率揭示出企业资产实现营业收入的综合能力

总资产周转率反映了企业资产占有与营业收入之间的关系，揭示出企业资产实现营业收入的综合能力。总资产周转率反映了总资产的周转速度，当以较小的资产占用产生较多的营业收入时，总资产周转率就会加快。对资产周转率的分析，需要对影响资产周转的各因素进行分析，以判断公司资产周转的主要问题在哪里。

分析企业的资产结构是否合理，即流动资产与非流动资产的比例是否合理。它们之间的结构合理与否将直接影响资产的周转速度。一般而言，流动资产直接体现了企业的偿债能力和变现能力，非流动资产体现了企业的经营规模与发展潜力，二者之间要有一个合理的比例关系。

如果发现企业的某项资产比重过高，影响企业的资金周转，从而影响企业的净资产收益率，就应深入分析原因。如果企业的流动资产中货币资金过多，应分析其现金持有量是否合理，有无现金闲置现象，因为货币资金的变现能力最强，但获利能力最弱；如果流动资产中存货和应收账款过多，就会占用大量的资金，影响企业资金周转。企业具体分析时要联系收入情况分析资产投资的合理性。

5. 权益乘数对净资产收益率有倍数的影响

当总资产收益率一定时，权益乘数决定了净资产收益率相对于总资产收益率的倍数。如前所述，权益乘数主要受资产负债率指标的影响，资产负债率越大，权益乘数越高，说明企业的负债程度越高，给企业带来较多的财务杠杆效益，同时，风险也升高。因此，企业在合理使用全部资产的同时，要妥善安排资金结构。此外，由权益乘数可以进一步结合财务杠杆来分析企业的资本结构是否合理，结合权益结构分析企业的偿债能力。在资产总额一定的情况下，适当开展负债经营，可以减少所有者权益资金的份额，从而提高净资产收益率。

总之，通过杜邦分析体系可以看出，企业的获利能力涉及经营活动的方方面面。净资产收益率与企业的筹资结构、销售规模、成本水平、资产管理等因素密切相关，这些因素构成了一个完整的系统，系统内部各因素之间相互作用。只有协调好系统内部之间的关系，才能使净资产收益率提高，从而实现企业价值最大化的目标。

四、杜邦分析体系应用举例

【即学即练 10.1】根据 WW 公司资产负债表（如表 3.3 所示）及利润表（如表 4.1 所示）的资料，对该公司进行杜邦分析，如图 10.2 所示。

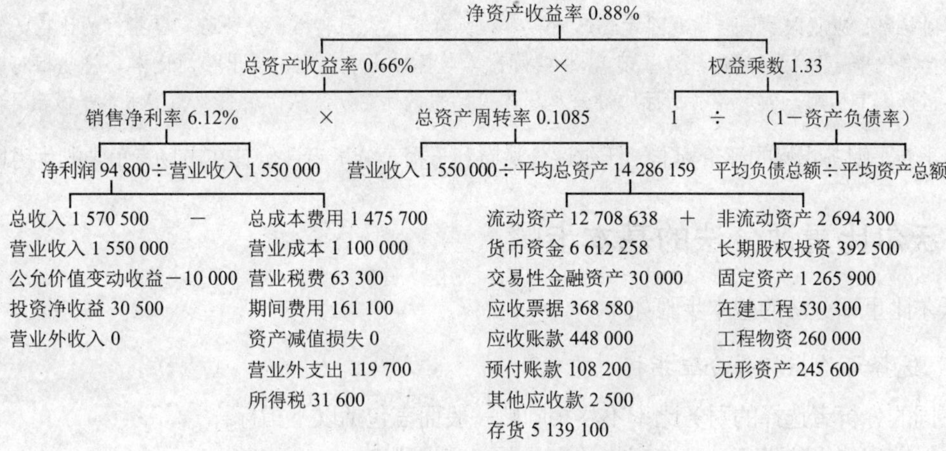

图 10.2　WW 公司杜邦财务体系计算的指标

【学中做 10.1】Z 公司为农业机械制造企业，属于一般纳税人，增值税税率为 17%，所得税税率为 25%。根据 Z 公司资产负债表与利润表资料，摘录数据如表 10.1 所示。

要求：根据 Z 公司上述有关资料，运用杜邦分析法对该公司的会计报表进行综合分析。

表 10.1　Z 公司主要会计报表数据　　（单位：元）

年度	净利润	营业收入	营业成本	平均资产总额	平均负债总额	平均净资产
20×4	4 645 402.5	77 260 933.5	62 617 368.5	42 968 561.5	28 110 828.5	14 857 733
20×5	5 982 228	97 878 459.5	79 153 095.5	61 708 059.5	28 463 498	33 244 561.5

第二节　沃尔比重评分法

沃尔比重评分法是指将选定的财务比率用线性关系结合起来，并分别给定各自的分数比重，然后通过与标准比率进行比较，确定各项指标的得分及总体指标的累计分数，从而对企业的信用水平做出评价的方法。

【知识导航】

1928年，亚历山大·沃尔（Alexander Wole）在其著作《信用晴雨表研究》和《财务报表比率分析》中提出了信用能力指数的概念，他选择了七个财务比率，即流动比率、产权比率、固定资产比率、存货周转率、应收账款周转率、固定资产周转率和所有者权益周转率，分别给定各指标的比重，然后确定标准比率（以行业平均数为基础），将实际比率与标准比率相比，得出相对比率，将此相对比率与各指标比重相乘，确定各项指标的得分及总体指标的累计得分，从而对企业的信用水平做出评价。

由于有了财务指标的评价标准，沃尔评分法有利于报表分析者评价其在市场竞争中的优劣地位。

一、沃尔比重评分法的基本步骤

沃尔比重评分法的基本步骤如下。

1. 选择评价指标并分配指标权重

不同的分析者选择的财务比率不尽相同，一般而言包括以下指标：

（1）赢利能力的指标，净资产收益率、总资产报酬率；

（2）偿债能力的指标，资产负债率、已获利息倍数；

（3）营运能力的指标，总资产周转率、流动资产周转率；

（4）发展能力的指标，营业增长率、资本积累率。

2. 确定各财务比率的权重

要将100分的总分合理分配给所选择的各个财务比率，是沃尔评分法中的一个非常重要的环节。分配的标准是依据各个比率的重要程度，越重要的比率分配的权重越高。对各个比率重要程度的判断，应结合企业经营状况、管理要求、发展趋势以及分析目的等情况而定。具体分配可以参照以下标准进行。

偿债能力指标为20，资产负债率12、已获利息倍数8；

获利能力指标为38，净资产收益率25、总资产报酬率13；

运营能力指标为18，总资产周转率9、流动资产周转率9；

发展能力指标为24，营业增长率12、资本累积率12。

3. 确定各项财务比率指标的标准值

确定各项财务比率指标的标准值，即各该指标在企业现时条件下的最优值。

财务比率的标准值就是判断财务比率高低的比较标准。只有有了标准，我们才能判定企业某个财务指标是偏高还是偏低。这个标准可以是企业历史水平，可以是竞争企业的水平，也可以是同行业的平均水平等。

4. 计算企业各项财务比率指标的实际值

利用财务比率的计算公式，根据企业实际财务数据对指标进行计算。

5. 计算各个财务比率的得分

通过各个财务比率实际值与标准值比较，得出各个财务比率状况好坏的判断，再结合各个比率的权重，即所分配的分数，计算各个财务比率的得分。

各项评价指标的计分按下列公式进行：

各项评价指标的得分=各项指标的权重×（指标的实际值÷指标的标准值）

6. 计算综合得分

将各财务比率的实际得分相加，得到综合得分：

综合分数 = ∑各项评价指标的得分

企业的综合得分如果接近 100 分，说明企业的综合财务状况接近行业的平均水平；如果企业的综合得分明显超过 100 分，说明企业的综合财务状况优于行业平均水平；如果企业的综合得分大大低于 100 分，则说明企业的综合财务状况较差，应当采取措施予以改善。

在沃尔比重评分法的各个步骤中，最重要的是确定财务比率的权重和标准值，要给各个财务比率分配合理的权重，并为每个财务比率确定恰当的标准值，需要综合考虑多方面的因素，并且在长期实践应用中予以修正。

二、沃尔比重评分法应用举例

【即学即练 10.2】宏达公司有关财务比率的标准值、实际值及权重如表 10.2 所示，根据资料编制沃尔比重评分表，并对该公司的总体财务状况进行评价。

步骤一，根据沃尔比重评分法的工作步骤，编制沃尔比重评分表，如表 10.3 所示。

表 10.2　宏达公司有关财务比率数据

指　标	权重	标准值	实际值
资产负债率	12	60%	40%
已获利息倍数	8	10	20
净资产收益率	25	25%	30%
总资产报酬率	13	10%	20%
总资产周转率	9	2	1.50
流动资产周转率	9	5	4.5
销售增长率	12	25%	45%
资本积累率	12	15%	12%

表 10.3　沃尔比重评分表

评价内容	分配权重	标准值	实际值	关系比率	实际得分
一、偿债能力指标	20				
1. 资产负债率	12	60%	40%	0.67	8.04
2. 已获利息倍数	8	10	20	2.00	16.00
二、获利能力指标	38				
1. 净资产收益率	25	25%	30%	1.20	30.00
2. 总资产报酬率	13	10%	20%	2.00	26.00
三、运营能力指标	18				
1. 总资产周转率	9	2	1.5	0.75	6.75
2. 流动资产周转率	9	5	4.5	0.90	8.10
四、发展能力指标	24				
1. 销售增长率	12	25%	45%	1.80	21.60
2. 资本积累率	12	15%	12%	0.80	9.60
合计	100				126.09

步骤二，分析评价。

因为宏达公司的财务状况综合得分为 126.90 分，高于 100 分，说明该公司的财务状况整体优于评价标准，财务状况较好。

步骤三，按照标准值的 1.5 倍和 0.5 倍设定指标值的上限和下限，调整计算沃尔评分表，如表 10.4 所示。

表 10.4 沃尔比重评分表（调整后）

评价内容	分配权重	标准值	实际值	关系比率		实际得分
				实际比率	调整比率	
一、偿债能力指标	20					
1. 资产负债率	12	60%	40%	0.67	0.67	8.04
2. 已获利息倍数	8	10	20	2.00	1.50	12.00
二、获利能力指标	38					
1. 净资产收益率	25	25%	30%	1.20	1.20	30.00
2. 总资产报酬率	13	10%	20%	2.00	1.50	19.50
三、运营能力指标	18					
1. 总资产周转率	9	2	1.5	0.75	0.75	6.75
2. 流动资产周转率	9	5	4.5	0.90	0.90	8.10
四、发展能力指标	24					
1. 销售增长率	12	25%	45%	1.80	1.50	18.00
2. 资本积累率	12	15%	12%	0.80	0.80	9.60
合计	100					111.99

三、沃尔比重评分法评价

沃尔比重评分法从理论上讲有一个明显的问题，就是未能证明为什么要选择这七个指标，而不是更多或更少，或者选择其他财务比率，以及未能证明每个指标所占比重的合理性。这个问题至今仍然没有从理论上得到解决。

沃尔比重评分法从技术上讲也有一个问题，就是某一个指标严重差异时，会对总评分产生不合逻辑的重大影响。这个缺陷是由于财务比率与比重相乘引起的。财务比率提高一倍，评分增加 100%；财务比率缩小一半，评分只减少 50%。尽管沃尔比重评分法在理论上和技术上不够完善，但在实践中仍然经常被应用。

第三节 综合系数评分法

综合系数评分法是指根据评价目的选择若干与此相关程度较高的财务指标，按其重要程度确定权重，然后评出每项指标得分，求出综合评分，最后将综合评分之和与标准评分值之和进行比较，以判断企业财务状况的优劣。

由于各项评价指标的得分=各项指标的权重×（指标的实际值÷指标的标准值），就意味着当某项指标实际值越大于标准值时，该指标的得分就会越高。在实务中，有些指标可能是低于标准值才代表理想值。但是，用该公式计算出来的分数却低于标准分，显然与实际不符。因此，在指标选择上，应注意评价指标的同向性，对于不同向的指标应进行同向化处理或是选择其他替代指标，例如资产负债率就可以用其倒数的值来代替。

一、综合系数评分法的基本步骤

综合系数评分法的基本步骤包括以下几个方面。

1. 选择财务指标，确定相应权重

选取评价企业财务状况的指标，应选取能说明问题的重要指标。一般认为，企业的财务评价的主要内容是获利能力，其次是偿债能力，此外还有成长能力。在每一类指标中，再选择有代表性的重要财务指标。

反映获利能力的财务指标主要有销售利润率、总资产报酬率和净资产收益率等。因为企业以经营活动为主，企业的获利性是企业的客观要求，所以这类指标“最为重要”，我们将其评分定为 50 分。

反映企业偿债能力的指标和营运能力的指标主要有自有资本比率、流动比率、应收账款周转率、存货周转率等。这类指标反映企业的稳定性，是企业生存发展的基本条件，指标的重要程度为“较为重要”，我们将其评分定位 30 分。

反映企业成长能力的指标主要包括销售增长率、净利润增长率、总资产增长率等。这类指标反映企业未来发展趋势，是保持企业活力的物质基础，指标重要程度为“一般重要”，我们将其评分定位 20 分。

【知识导航】

以上三类指标的权重是相对而言的，在应用时可以结合实际情况，根据评分对象的不同要求合理制定。比重的合理性能起到导向作用，引导企业努力完成最为重要和较为重要的重要指标，并兼顾其他相关指标。

2. 规定评分的上限和下限

为了避免个别财务比率的异常给总分造成的不合理影响，应对各指标的分值确定一个上限和下限。通常，上限为正常评分值的 1.5 倍，下限为正常评分值的 0.5 倍。

3. 确定比较标准

为了评价企业财务状况的优劣，应为各指标确定一个比较标准，即各项财务比率在本企业现实条件下最理想的数值。财务比率的标准值可以参照同行业的平均水平，并经过调整后确定。

4. 计算每分比率的差

为了克服沃尔比重评分法的缺陷，给分时不采用“乘”的关系，而采用“加”或“减”的关系处理。

例如，某企业总资产报酬率的标准值为 10%，标准得分为 20 分，行业最高比率为 20%，最高得分为 30 分，则

$$每分的财务比率差 = (20\% - 10\%) \div (30 - 20) = 1\%$$

表明总资产报酬率每提高1%，就多给1分，但该项得分最高不能超过30分。

5. 计算各项财务比率的实际得分

将各项财务比率的实际值与标准值比较，计算其差额，结合每分比率的差，计算出调整分，再用调整分加上基础分，得到实际分。计算如下：

差额 = 实际比率 − 标准比率

调整分 = 差额 ÷ 每分比率的差

实际得分 = 基本评分值 + 调整分

需要注意的是：每项指标的最高得分不得高于得分上限，最低得分不得低于得分下限。

所有各项财务比率实际得分的合计数就是财务状况的综合得分。企业财务状况的综合得分反映了企业综合财务状况是否良好。如果综合评分之和接近100分或超过100分，表明企业财务状况基本符合标准要求或财务状况较好，达到了预先确定的标准；如与100分之间有较大差距，则表明企业财务状况不佳。

二、综合系数评分法的应用

【即学即练10.3】根据WW公司资产负债表（如表3.3所示）和利润表（如表4.1所示）的数据，运用综合系数评分法对该公司20×5年财务状况进行综合分析评价，综合评分标准如表10.5所示。根据表10.5编制表10.6。

表10.5　综合评分标准

指　标	权数	标准比率（%）	行业最高比率（%）	得分上限	得分下限	每分比率的差（%）
获利能力						
总资产报酬率	20	10	20	30	10	1
销售净利率	20	15	20	30	10	0.5
净资产收益率	10	15	20	15	5	1
偿债能力						
自有资本比率	8	60	85	12	4	6.25
流动比率	8	150	350	12	4	50
应收账款周转率	8	2 000	4 000	12	4	500
存货周转率	8	800	1 200	12	4	100
成长能力						
销售增长率	6	20	30	9	3	3.33
净利润增长率	6	15	20	9	3	1.67
总资产增长率	6	15	30	9	3	5
合　计	100			150	50	

说明：① 权数根据指标的重要性确定；

② 标准比率以每个比率的行业平均水平为基准，通过适当修正得到。

得分上限 = 权数 × 1.5

得分下限 = 权数 × 0.5

每分比率的差 =（行业最高值 − 标准比率）÷（得分上限 − 权数）

表 10.6 WW 公司 20×5 年末财务状况综合评分表

指 标	标准比率（%）(1)	实际比率（%）(2)	差异 (3) = (2) − (1)	每分比率的差 (4)	调整分 (5) = (3) ÷ (4)	权数 (6)	得分 (7) = (5)+(6)
获利能力							
总资产报酬率	10	1	−9	1	−9	20	11
销售净利率	15	6.12	−8.88	0.5	−17.76	20	10
净资产收益率	15	0.88	−14.12	1	−14.12	10	5
偿债能力							
自有资本比率	60	70.24	10.24	6.25	1.64	8	9.64
流动比率	150	734.79	584.79	50	11.70	8	12
应收账款周转率	2 000	546.74	−1 453.26	500	−2.91	8	5.09
存货周转率	800	20.66	−779.34	100	−7.79	8	4
成长能力							
销售增长率	20	19.23	−0.77	3.33	−0.23	6	5.77
净利润增长率	15	12.86	−2.14	1.67	−1.28	6	4.72
总资产增长率	15	16.96	1.96	5	0.39	6	6.39
合 计						100	73.61

分析点津 从上述分析可知，WW 公司在行业中综合评分为 73.61 分，低于 100 分，说明该公司整体财务状况较差，在整个行业中处于中下等水平。

【学中做 10.2】广业公司所在行业的综合评分标准如表 10.7 所示。

表 10.7 综合评分标准

指 标	权数	标准比率（%）	行业最高比率（%）	得分上限	得分下限	每分比率的差（%）
获利能力						
总资产报酬率	20	10	20	30	10	1
销售净利率	20	15	20	30	10	0.5
净资产收益率	10	15	20	15	5	1
偿债能力						
自有资本比率	8	60	85	12	4	6.25
流动比率	8	150	350	12	4	50
应收账款周转率	8	2 000	4 000	12	4	500
存货周转率	8	800	1 200	12	4	100
成长能力						
销售增长率	6	20	30	9	3	3.33
净利润增长率	6	15	20	9	3	1.67
总资产增长率	6	15	30	9	3	5
合计	100			150	50	

说明：①权数根据指标的重要性确定；

②标准比率以每个比率的行业平均水平为基准，通过适当修正得到。

得分上限=权数 × 1.5

得分下限=权数 × 0.5

每分比率的差=（行业最高值−标准比率）÷（得分上限−权数）

广业公司 20×5 年财务指标如表 10.8 所示。

要求：根据广业公司资料，运用综合系数评分法对该公司财务状况进行综合评价。

表 10.8 广业公司 20×5 年财务指标表 （单位：%）

获利能力		偿债能力		成长能力	
指标名称	指标数值	指标名称	指标数值	指标名称	指标数值
总资产报酬率	12	自有资本比率	55	销售增长率	21
销售净利率	16	流动比率	120	净利润增长率	16
净资产收益率	18	应收账款周转率	1 800	总资产增长率	15
		存货周转率	850		

三、综合系数评分法的评价

采用综合系数评分法可以综合评价企业的财务状况，但应注意使用这一方法的有效性，它有赖于对重要权数和标准比率的正确确定，而这两项因素在确定时，往往带有一定的主观性。因此，对这两项因素应根据历史经验和现时情况合理判断并确定，只有这样才能得出正确的结果。

需要说明的是，我们所运用的各种综合分析评价方法都是采用定量分析法。在实际工作中，只有将定量分析和定性分析结合起来，才能获得正确的结论。因此，我们可以将定量分析部分按权重计分，其余分值采用定性分析法，如专家调查法，然后汇总。

小 结

通过前面的学习，我们用比率分析法可以从企业的偿债能力、营运能力、获利能力、发展能力等方面进行财务分析，但是，它们各自从不同的立场就某个方面进行分析，任何一类财务指标都不足以全面地评价企业的财务状况和经营成果。对企业财务状况、经营成果和现金流量进行全面、综合的分析是非常重要的。

财务报告综合分析与评价是将各项财务指标作为一个整体，系统、全面、综合地对企业财务状况和经营成果进行剖析和评价，说明企业整体财务状况和效益的好坏。

通过学习本章，我们将掌握三种最常用的综合分析法：杜邦分析体系、沃尔比重评分法和综合系数评分法。

杜邦财务分析就是根据某些财务比率之间的内在联系来综合分析公司理财状况的一种方法。杜邦分析体系以净资产收益率为中心，以总资产收益率和权益乘数为基本点，重点揭示企业各相关指标之间的相互关系，以及获利能力和权益乘数对净资产报酬率的影响，从而分析造成这种影响的内部原因。

沃尔比重评分法是指将选定的财务比率用线性关系结合起来，并分别给定各自的分数比重，然后通过与标准比率进行比较，确定各项指标的得分及总体指标的累计分数，从而对企业的信用水平做出评价的方法。

综合系数评分法是指根据评价的目的选择若干与此相关程度较高的财务指标，按其重要程度确定权重，然后评出每项指标得分，求出综合评分，最后将综合评分之和与标准评分值之和进行比较，以判断企业财务状况的优劣。

我们所运用的各种综合分析评价方法都是采用定量分析法。在实际工作中，只有将定量分析和定性分析结合起来，才能获得正确的结论。因此，我们可以将定量分析部分按权重计分，其余分值采用定性分析法，如专家调查法，然后汇总。

推荐阅读

行业的领跑者也需要改进

一、青岛海尔股份有限公司简介

海尔公司的主营业务涉及电器、电子产品、机械产品、通信设备制造及其相关配件制造。其中，空调和冰箱是该公司的主力产品，其销售收入是该公司收入的主要来源，两者占到该公司主业收入的80%以上。其产品的国内市场占有率一直稳居同行业之首，在国外也占有相当的市场份额。海尔冰箱在全球冰箱品牌市场占有率排序中跃居第一。

二、利用杜邦分析体系对青岛海尔公司的收益、成长进行分解分析

1. 青岛海尔股份有限公司 2005—2008 年度赢利能力如表 10.9 所示。2005—2008 年青岛海尔的营利能力持续上升，尤其是 2007 年上升较快。

表 10.9　青岛海尔股份有限公司 2005—2008 年度赢利能力

年度 \ 财务指标	资产收益率（%）	净资产收益率（%）	毛利率（%）	净利润（万元）
2005	3.53	4.27	11.76	23 912.66
2006	3.70	5.43	14.04	31 391.37
2007	5.75	10.20	19.01	64 363.20
2008	6.28	11.34	23.13	76 817.81

2. 青岛海尔股份有限公司与海信电器公司净资产收益率因素分解表分别如表 10.10 和表 10.11 所示。

表 10.10　青岛海尔股份有限公司 2005—2008 年度净资产收益率因素分解表

年度 \ 财务指标	营业利润率（%）	总资产周转率（%）	权益乘数	净资产收益率（%）
2005	1.60	2.38	1.12	4.27
2006	1.58	2.57	1.34	5.43
2007	2.14	3.00	1.59	10.20
2008	2.74	2.60	1.59	11.34

表 10.11　海信电器公司 2005—2008 年度净资产收益率因素分解表

年度 \ 财务指标	营业利润率（%）	总资产周转率（%）	权益乘数	净资产收益率（%）
2005	0.95	2.05	2.10	4.09
2006	1.17	2.16	1.86	4.72
2007	1.34	2.54	2.13	7.25
2008	1.80	2.20	1.92	7.60

青岛海尔在电器行业处于领先地位，无论是营业利润率还是总资产周转率都高于同行业水平，但与海信电器相比，财务杠杆运用不是很充分，资金利用率不高。这说明青岛海尔还有很大的发展空间。今后的发展可以从以下两方面考虑：一是提高营业利润率；二是充分利用财务杠杆效应，因为其财务杠杆低于同行业水平。

（周玉娇，2010 年）

习　题

一、单项选择题

1. 产权比率和权益乘数的关系是（　　）。

A. 产权比率 × 权益乘数 = 1　　B. 权益乘数 = 1/（1 − 产权比率）

C. 权益乘数 =（1 + 产权比率）/产权比率　　D. 权益乘数 = 1 + 产权比率

2. 沃尔比重评分法选择了（　　）财务指标。

A. 7个　　B. 8个　　C. 9个　　D. 12个

3. 在杜邦分析体系中，假设其他情况相同，下列说法中错误的是（　　）。

A. 权益乘数大则财务风险高　　B. 权益乘数大则财务风险低

C. 权益乘数等于资产权益率的倒数　　D. 权益乘数大则企业负债比例大

4. 沃尔比重评分法是沃尔于（　　）年提出来的。

A. 1928　　B. 1929　　C. 1935　　D. 1930

5. 杜邦分析体系中的核心指标是（　　）。

A. 销售净利率　　B. 总资产报酬率　　C. 所有者权益报酬率　　D. 权益乘数

6. 在综合系数评分法中，最为重要、权数最高的指标通常是（　　）。

A. 增长性指标　　B. 稳定性指标　　C. 收益性指标　　D. 其他指标

7. 某公司净资产收益率为20%，销售净利率为30%，总资产周转率为15%，则权益乘数为（　　）。

A. 5　　B. 4.44　　C. 2　　D. 3

8. 某公司的销售净利率为30%，总资产周转率为20%，现金支付比率为40%，可持续发展比率为18%，则权益乘数为（　　）。

A. 4.44　　B. 5　　C. 2　　D. 3

9. 以下指标中，属于正指标的是（　　）。

A. 资产负债率　　B. 流动比率　　C. 流动资产周转天数　　D. 资本收益率

10. 资本收益率中的资本是指（　　）。

A. 股东收益　　B. 资本公积　　C. 实收资本　　D. 资产总额

二、多项选择题

1. 根据杜邦分析体系，影响净资产收益率的因素有（　　）。

A. 业主权益乘数　　B. 速动比率　　C. 销售净利润率　　D. 总资产周转率

2. 财务报告综合分析评价的方法有（　　）。

A. 杜邦财务分析体系　　B. 沃尔比重评分法　　C. 趋势分析法　　D. 综合系数评分法

3. 影响净资产收益率的因素有（　　）。

A. 销售净利率　　B. 流动比率　　C. 总资产周转率　　D. 资产负债率

4. 在其他条件不变的条件下，下列业务可能导致总资产周转率上升的是（　　）。

A. 赊购一批原材料　　B. 偿还短期借款本金　　C. 计提坏账准备　　D. 用现金购入设备

5. 杜邦分析体系能够综合反映企业（　　）方面的能力。

A. 偿债　　B. 获利　　C. 资产管理　　D. 企业发展

6. 综合系数评分法中选择的指标类型包括（　　）。

A. 获利能力　B. 偿债能力　C. 运营能力　D. 成长能力

7. 以下指标中，属于反映企业收益能力的是（　　）。

A. 销售利润率　B. 总资产周转率　C. 总资产报酬率　D. 所有者权益报酬率

8. 综合系数评分法中，在偿债能力具体指标选择上，主要选择的指标有（　　）。

A. 流动比率　B. 应收账款周转率　C. 存货周转率　D. 自有资本比率

9. 提高企业投资者收益率的主要途径有（　　）。

A. 扩大销售，降低成本费用　B. 提高资产使用效率

C. 合理利用财务杠杆　D. 尽量降低负债水平

10. 下列关于所有者权益报酬率的计算公式中，正确的有（　　）。

A. 净利润 ÷ 平均所有者权益　B. 总资产报酬率 × 平均权益乘数

C. 销售净利率 × 总资产周转率　D. 销售净利率 × 总资产周转率 × 平均权益乘数

三、判断题

1. 最能体现企业经营目标的财务指标是净资产收益率。（　　）
2. 业主权益乘数越大，财务杠杆作用就越大。（　　）
3. 股利支付率越高，可持续增长比率就越高。（　　）
4. 只要期末所有者权益大于期初所有者权益，就说明企业通过经营使资本增值。（　　）
5. 盈余现金保障倍数的计算公式是经营净现金流量除以净利润。（　　）

四、实务操作题

1. 万达公司 20 × 5 年平均总资产为 1 000 万元，平均产权比率为 1.5，债务利率为 10%，财务杠杆系数为 2，所得税税率为 40%，年销售收入为 200 万元。

根据资料计算该公司的资产负债率、总资产报酬率、利息保障倍数、权益乘数、净资产收益率、销售净利率和总资产周转率。

2. 某公司相关资料如表 10.12 所示。

根据资料对该公司进行杜邦分析，并使用因素分析法分析各因素变动对所有者权益报酬率的影响程度。

表 10.12　某公司比较数据　（单位：万元）

项　目	20 × 4 年	20 × 5 年
平均总资产	50 000	45 000
平均所有者权益	25 000	28 000
营业收入	40 000	30 000
净利润	5 000	3 000

主要参考文献

[1] 曹军，刘翠侠. 2007. 财务报表编制与分析实务. 北京：清华大学出版社.

[2] 查尔斯·吉布森. 2002. 财务报告分析——利用财务会计信息. 北京：中国财政经济出版社.

[3] 成一虫. 2014. 马云的“现金流量表”. 证券市场周刊，(23).

[4] 崔刚. 2009. 上市公司财务报告解读与案例分析. 北京：人民邮电出版社.

[5] 杜晓光. 2012. 会计报表分析. 4版. 北京：高等教育出版社.

[6] 克里舍·佩普，保罗·希列，维克多·伯纳德. 2004. 运用财务报表进行企业分析与估价. 北京：中信出版社.

[7] 李昕. 2007. 财务报表分析. 大连：东北财经大学出版社.

[8] 刘凌冰. 2010. 会计报表阅读与分析. 大连：东北财经大学出版社.

[9] 刘颖，董莉平. 2012. 财务报告编制与分析. 哈尔滨：哈尔滨工业大学出版社.

[10] 龙可. 2006-9-21. 隐藏在四大“周转率”里的运营效率. 证券时报.

[11] 宁靖华. 2011. 财务报表编制与分析. 北京：电子工业出版社.

[12] 史光起. 2008. 年终：企业财务软盘点. 理财，(2).

[13] 宋娟. 2010. 财务报告分析从入门到精通. 北京：机械工业出版社.

[14] 田凤萍，盛文平. 2011. 企业财务报告编制与分析实训教程. 哈尔滨：哈尔滨工业大学出版社.

[15] 王德发. 2011. 财务报表分析. 北京：中国人民大学出版社.

[16] 王红珠，耿红. 2011. 财务报表解读与分析. 北京：经济科学出版社.

[17] 王璐. 2008-9-1. 中报每股再创新高，上海证券报.

[18] 王宛秋，张艳秋. 2010. 财务报表分析. 北京：北京工业大学出版社.

[19] 韦伟. 2014. 天津利安隆存货周转率低 利润翻倍或”痴人说梦”. [2014-9-10].
http://finance.ce.cn/rolling/ 201407/09/t20140709_3121928.shtml.

[20] 徐德庸. 2010. 会计报表分析. 北京：科学出版社.

[21] 徐华. 2007. 马钢股份财务管理的可持续性分析. 南京：河海大学出版社.

[22] 杨则文，陈琼. 2013. 中国财政经济出版社. 北京：中国财政经济出版社.

[23] 张利，周淑芸. 2009. 新编财务报表分析. 大连：大连理工大学出版社.

[24]张崎. 2008. 哈空调业绩大增为何“见光死”. [2010-8-10].http://www.p5w.net/stock/news/gsxw/200807/ t1776633.htm.

[25] 张伟. 2011. 财务报表分析项目化教程. 青岛：中国海洋大学出版社.

[26] 张先治，陈友邦. 2010. 财务分析. 5版. 大连：东北财经大学出版社.

[27] 张学功. 2007. 财务报告分析. 北京：经济科学出版社.

[28] 张学惠. 2007. 会计报表分析. 北京：清华大学出版社.

[29] 周凤. 2010. 财务报表分析. 北京：机械工业出版社.

[30] 周玉娇. 2010. 上市公司财务报表分析综合案例——青岛海尔股份有限公司财务报表分析. 中国乡镇企业会计，(1).

[31] 朱德峰. 2007-4-13. “一般借款”影响不一般. 上海证券报.

[32] 庄晓欧，甘娅丽. 2012. 财务报表分析. 6版. 北京：北京理工大学出版社.

配套资料索取说明

购买本书的读者可在 www.ptpedu.com.cn 注册后下载配套学习资料。

采用本书授课的老师可发邮件至 13051901888@163.com 或 education_book@163.com 索取配套教学资料。

姓　　名：________ 性　　别：____ 职　　称：__________ 职　　务：__________

办公电话：________ 手　　机：______________ 电子邮箱：______________

学　　校：__________________________________ 院　　系：______________

通信地址：__________________________________ 邮　　编：______________

本课程开设于____学年____学期，原采用________出版社出版________主编的《________》为本课程教材，______________专业_____个班共_____人使用该教材。

证 明 人：_______ 办公电话：_________ 手机：__________ 电子邮箱：_________

21 世纪高职高专财经类规划教材目录

书名（作者）	书　号	特 点 简 介
管理学基础（季辉）	978-7-115-23521-3	提供课件、教案、习题答案、案例分析
人力资源管理（吴少华）	978-7-115-31251-8	部分案例采自真实企业实践，正文内安排课堂实训等栏目；提供课件、教案、实训资料、习题答案、教学案例和试卷
公共关系管理（吴少华）	978-7-115-38147-7	大量采用 2013、2014 年案例；二维码链接案例、视频等网络资源；提供课件、教案、答案、案例和试卷等
采购管理（张晓芹）	978-7-115-38155-2	提供实训软件、实训指导、实训资料；二维码链接网络学习资源；提供课件、大纲、参考答案、试卷等
经济学基础（邓先娥）	978-7-115-30775-0	内容以微观为主、宏观为辅，素材以国内新近现实经济现象为主，提供课件、教案、习题答案、教学案例和试卷
经济学基础（杨洁）	978-7-115-23380-6	案例丰富；提供课件、教案、习题答案、模拟试卷、经济数据和经济新闻
会计基础与实务（第 2 版）（杨桂洁）	978-7-115-30254-0	山东省潍坊市第二十次社会科学优秀成果二等奖；畅销教材再版，校企合作开发，基于会计工作过程；提供教案、课件、习题答案等资料；原始凭证单独成册，方便使用
基础会计——理论与模拟训练（贺宁）	978-7-115-32913-4	考虑资格考试要求，理论与实训结合，实训用原始凭证单独成册；提供课件、教案、答案、模拟试卷等
财务会计（贾永海）	978-7-115-25428-3	提供课件、教案、教学做一体化训练参考答案；重点突出实训环节，模块后配有“教学做一体化训练”项目
财务会计——含会计准则与小企业会计准则（贾永海）	978-7-115-34493-9	同步介绍《企业会计准则》与《小企业会计准则》核算规范的不同；集教、学、做于一体，突出仿真性和互动性；提供课件、教案、答案、试卷等配套资料
成本会计（上、下册）（徐晓敏）	978-7-115-27086-3	提供课件、教案、习题及实训答案、模拟试卷；实训部分单独成册，方便使用
会计综合实训（甄立敏）	978-7-115-26146-5	校企合作开发，根据企业会计的实际情况布置教材内容；凭证单独成册；提供课件、教案、答案、电子备份文件等

续表

书名（作者）	书　　号	特 点 简 介
财务报告编制与分析（第2版）（赵威）	978-7-115-37583-4	以案例解读理论；提供课件、教案、教学案例集、习题答案、试卷样本
会计电算化（财务链·供应链）（沈清文）	978-7-115-36450-0	实训操作选用制造企业案例，拓展训练选用流通企业案例案例；提供课件、大纲、教案、习题答案、备份账套、试卷
统计基础知识与实训（胡宝珅）	978-7-115-29831-7	黑龙江省级精品课程配套教材；简明实用，提供授课计划、教学大纲、试卷样本、实训资料、电子教案
统计实用技术 统计实用技术实训（胡宝珅）	978-7-115-23366-0 /23355-4	黑龙江省级精品课程配套教材；提供课件、习题答案、实训资料；两本书互为配套教材
国际贸易实务（第2版）（张燕芳）	978-7-115-32376-7	提供课件、教案、答案、补充习题集、教学案例、试卷、真实单据样本、行业规范与法规（基于《2010通则》
国际贸易实务（张燕芳）	978-7-115-24747-6	提供课件、教案、答案、补充习题集、教学案例、试卷、真实单据样本、行业规范与法规（基于《2000通则》）
国际贸易单证实务与操作（徐薇）	978-7-115-25009-4	提供课件、教案、习题答案、仿真单据、行业规范文档；与全国国际商务单证员考试内容相衔接
报检与报关实务（熊正平）	978-7-115-30917-4	内容安排与通关实际操作过程相吻合，单据进行仿真处理；提供课件、教案、习题答案和试卷等
商务英语函电（龙朝晖）	978-7-115-28817-2	取材于真实商务信函，学习形式多样；提供课件、大纲、答案、试卷等
经济法实务（第2版）（王琳雯）	978-7-115-35654-3	根据2014年实施公司法、消法等修订；结合会计、银行、证券等从业资格的考试要求；提供课件、教案、答案和试卷等
经济法概论（刘磊）	978-7-115-31183-2	内容图表化、案例故事化，实践与实训源于工作实际；提供课件、教案、答案和试卷等
金融法理论与实务（第2版）（罗艾筠）	978-7-115-35124-1	“十二五”职业教育国家规划教材；省级精品资源共享课程配套教材；增加预付卡、票据防伪等实用知识；提供课件、教案、答案、教学案例、习题集、实训指导、试卷等
商务谈判（田玉来）	978-7-115-24962-3	提供课件、教案、补充教学案例、习题答案、模拟试卷等
金融学概论（郭晖）	978-7-115-28574-4	提供课件、教案、答案、案例、试卷等；注重教与学互动，提供扩展学习指导
金融基础知识（第2版）（韩宗英）	978-7-115-35666-6	“十二五”职业教育国家规划教材；以故事提升学习兴趣，以通俗降低学习难度；提供课件、教案、答案、试卷、视频等
证券投资理论与实务（吴作斌）	978-7-115-25960-8	提供课件、教案、习题答案、模拟试卷等
保险基础与实务（第2版）（徐昆）	978-7-115-35125-8	“十二五”职业教育国家规划教材；校企合作开发，与职业资格证书考核内容和专业岗位要求相衔接；提供课件、案例分析、答案、模拟试卷和实训资料等